Le Manuel du Whole-Hearted Healing™

(Quatrième édition)

Livres de l'Institute for the Study of Peak States Press

The Whole-Hearted Healing™ Workbook, Volume 1, Paula Courteau (2013)

Le manuel du Whole-Hearted Healing™ (4e édition), Grant McFetridge Ph.D. et Mary Pellicer M.D. (2019)

Peak States of Consciousness : Theory and Applications, Volume 1 : Breakthrough Techniques for Exceptional Quality of Life, Grant McFetridge Ph.D. avec Jacquelyn Aldana et Dr. James Hardt (2004)

Peak States of Consciousness : Theory and Applications, Volume 2 : Acquiring Extraordinary Spiritual and Shamanic States, Grant McFetridge Ph.D. avec Wes Gietz (2008)

Subcellular Psychobiology Diagnosis Handbook : Subcellular Causes of Psychological Symptoms - Peak States® Therapy, Volume 1, Grant McFetridge Ph.D. (2014)

Silence the Voices : Discovering the Biology of Mind Chatter - Peak States® Therapy, Volume 2, Grant McFetridge Ph.D. (2017)

The Inner Peace Process (2002) (vidéo de formation, 2 heures, www.peakstates.com/videos.html).

Pour commander, rendez-vous sur notre site internet www.PeakStates.com

Institute for the Study of Peak States

Le manuel du Whole-Hearted Healing™

(Quatrième édition)

de

Grant McFetridge, Ph.D.

et

Mary Pellicer, M.D.

Traduit de l'anglais par François Olivier

Institute
for the Study
of Peak States

« Méthodes pour un changement fondamental du psychisme humain »

Le Manuel du Whole-Hearted Healing™

Collaboration à la traduction : Julien Roux, Thomas Gagey, Ghita Ibnbrahim.

L'édition originale de cet ouvrage a été publiée au Canada par l'Institute for the Study of Peak States Press sous le titre : The Whole-Hearted Healing ™ Manual

© 2014 Shayne McKenzie.
© 2019 Shayne McKenzie pour la traduction française.

Tous droits de traduction, d'adaptation et de reproduction par tous procédés, réservés pour tous pays.
Toute reproduction ou représentation intégrale ou partielle, par quelque procédé que ce soit, des pages publiées dans le présent ouvrage, faite sans l'autorisation de l'Institute for the Study of Peak States, est illicite et constitue une contrefaçon. Seules sont autorisées, d'une part, les reproductions strictement réservées à l'usage privé du copiste et non destinées à une utilisation collective, et d'autre part, les courtes citations justifiées par le caractère scientifique ou d'information de l'œuvre dans laquelle elles sont incorporées.

Quatrième édition
Première impression, 2019

Pour l'édition originale :

Library and Archives Canada Cataloguing in Publication
McFetridge, Grant, 1955-
  The Basic Whole-Hearted Healing manual / by Grant McFetridge and Mary Pellicer. - 3rd ed.
  At head of title: Institute for the Study of Peak States.
Includes bibliographical references and index.
ISBN 0-9734680-2-5
  1. Regression (Psychology)--Therapeutic use. 2. Peak experiences.
I. Pellicer, Mary, 1955- II. Institute for the Study of Peak States III. Title.
RC489.R42M23 2004 615.8'51 C2004-904101-0

Peak States®, Whole-Hearted Healing™, Silent Mind Technique™, Body Association Technique™, Tribal Block Technique™, Triune Brain Therapy™, Crosby Vortex Technique™ et Courteau Projection Technique™ sont des marques déposées de l'Institute for the Study of Peak States.

Institute for the Study of Peak States Press

3310 Cowie Road
Hornby Island, British Columbia
Canada
V0R 1Z0
www.peakstates.com

Convention de responsabilité civile

IMPORTANT ! LISEZ CE QUI SUIT AVANT DE CONTINUER !

Le matériel contenu dans ce livre est fourni uniquement à des fins éducatives et **n'est pas** destiné à être utilisé par le grand public comme un outil d'aide personnel. Les processus décrits dans ce livre s'adressent aux professionnels du domaine de la guérison des traumatismes et ne sont pas destinés à être utilisés par des non-spécialistes sans **supervision compétente et qualifiée**. Comme il s'agit d'un domaine d'études relativement nouveau et spécialisé, même la plupart des professionnels agréés n'ont pas une formation adéquate à la fois en psychologie prénatale et périnatale et en psychotraumatologie.

Il est possible, et probable dans certains cas que vous ressentirez une détresse extrême, à court et à long terme, si vous utilisez les processus décrits dans ce livre. Comme dans tout processus psychologique intense, des problèmes mettant la vie en danger peuvent survenir en raison de la possibilité d'exercer un stress important sur un cœur faible et d'activer des pulsions suicidaires, entre autres causes. Bien que nous ayons explicitement indiqué dans le texte les problèmes potentiels que vous pourriez rencontrer en utilisant ces processus, vous pourriez rencontrer quelque chose que nous n'avons jamais vu auparavant. Vous pouvez éprouver des problèmes graves ou qui mettent votre vie en danger avec n'importe lequel des processus décrits dans ce livre. La possibilité que vous mouriez en utilisant ces processus **existe**.

Compte tenu de ce que nous venons de dire, les déclarations de bon sens suivantes constituent un accord juridique entre nous. Cela s'applique à tout le monde, y compris les professionnels agréés et les profanes. Veuillez lire attentivement les énoncés suivants :

1. Les auteurs, toute personne associée à l'Institute for the Study of Peak States et les autres contributeurs à ce texte ne peuvent pas être et ne seront pas tenus responsables de ce que vous faites avec le matériel de ce livre et ces techniques.
2. Vous êtes tenu d'assumer l'entière responsabilité de votre propre bien-être émotionnel et physique si vous utilisez ces processus ou toute variation de ceux-ci.
3. Vous êtes tenu d'informer les autres personnes sur lesquelles vous utilisez ces processus, ou des variantes de ces processus, qu'elles sont entièrement responsables de leur propre bien-être émotionnel et physique.
4. Utilisez ces techniques sous la supervision d'un thérapeute ou d'un médecin qualifié, selon le cas.
5. Vous devez accepter de dégager l'auteur et toute personne associées à ce texte ou à l'Institute for the Study of Peak States de toute responsabilité envers toute réclamation faite par quiconque, y compris vous-même, sur qui vous utilisez ces processus ou des variations de ceux-ci.
6. Bon nombre des noms des procédés utilisés dans ce livre sont des marques déposées, les restrictions légales habituelles s'appliquent par conséquent à leur utilisation publique.

Par considération pour la sécurité des autres :

Vous êtes tenu d'informer les autres personnes sur lesquelles vous utilisez ces processus ou des variantes de ces processus des dangers encourus, et de les informer qu'elles sont entièrement responsables de leur propre bien-être émotionnel et physique.

Si vous écrivez (ou communiquez d'une autre manière) à d'autres personnes au sujet du nouveau matériel expérimental contenu dans ce livre, vous acceptez de les informer qu'il y a des dangers possibles à travailler avec ce matériel, et de leur donner des détails le cas échéant.

Le fait de continuer dans ce texte constitue une acceptation légale de ces conditions. Merci de votre compréhension.

Utilisation de ce manuel pour l'autoformation

Ce manuel s'adresse aux étudiants qui apprennent le processus sur une période de quatre jours. Nous l'avons également mis à la disposition des profanes et des autres professionnels qui voudraient connaître les rouages du Whole-Hearted Healing.

Dans le cadre d'une formation, nous pouvons superviser et assister pendant et après la formation. Si vous avez l'intention d'utiliser ce livre pour l'autoformation, sachez que ces processus sont potentiellement dangereux. Si vous n'acceptez pas d'être TOTALEMENT responsable de la façon dont vous utilisez ce matériel et de toutes les conséquences qui peuvent en découler, nous vous demandons de ne pas utiliser les processus décrits dans ce livre. Cela devrait être évident, mais nous voulions le rendre totalement explicite.

Remerciements

Ce livre est dédié à tous les participants à la formation dont l'intérêt pour l'apprentissage de ce matériel et le courage de se confronter à eux-mêmes au sein d'un groupe ont été à la fois une inspiration personnelle et notre motivation pour rédiger ce manuel.

Je tiens également à remercier les personnes suivantes qui ont contribué à l'élaboration de ce manuel et du matériel qu'il contient :

Ron Mied, qui a été le premier à souligner l'importance des images hors du corps vis-à-vis des traumatismes et qui a travaillé avec Grant pendant que celui-ci développait lentement le processus du WHH ;

Marie Green et Deola Perry dont les contributions personnelles et financières ont rendu ce travail possible, et qui ont créé les premières formations sur ce matériel, nous ont aidés à le peaufiner et nous ont inspirés à continuer à travailler dans ce domaine ;

Les hommes et les femmes merveilleux qui ont accueilli nos formations au fil des ans - tout particulièrement Debra York, Patsy de Courey (Irlande), Meryl Beck et Matt Fox ;

Kate Sorensen, qui nous a invités à présenter notre matériel lors de ses conférences sur la thérapie énergétique, ce qui a eu un énorme impact sur notre capacité à faire connaître ce matériel et sur le nombre de personnes qui en ont pris connaissance ;

Gary Craig, le développeur de l'EFT, qui a inclus notre processus sur sa page de liens, ce qui a grandement contribué à le faire connaître auprès d'un plus large public ;

et la Dr. Mary Pellicer, coauteure, co-enseignante et collègue dont la bonne humeur irrépressible et la compétence ont fait de ces formations des moments inoubliables.

Sommaire et plan de la formation

Premier jour

PRÉSENTATION DE LA FORMATION EN WHOLE-HEARTED HEALING

Présentation de la formation en Whole-Hearted Healing

À propos de l'Institute for the Study of Peak States

L'Institut dispense ces formations pour deux raisons principales, premièrement pour donner aux thérapeutes et aux personnes qui se soignent un autre outil très puissant pour guérir et deuxièmement pour enseigner un outil de base servant à l'apprentissage de techniques plus avancées dans le but de travailler sur les projets de l'Institut.

À l'Institut, nous utilisons le Whole-Hearted Healing (WHH, littéralement la « Guérison de Tout Cœur ») et d'autres processus pour étudier des problématiques fondamentales de l'humanité - ce qui est à l'origine des états de conscience extraordinaires, combien il y en a et comment les acquérir, pourquoi les gens sont incapables de guérir leur corps presque instantanément, quelles capacités particulières les gens peuvent-ils acquérir, tels que des états inhabituels de perception, et divers projets cliniques tels que la schizophrénie, l'autisme, les maladies neuromusculaires et les addictions.

Nous espérons qu'après avoir suivi cette formation, vous nous contacterez pour nous faire part de toute amélioration apportée à votre pratique ou à votre travail personnel. Nous les afficherons avec plaisir sur notre site internet afin que vos collègues puissent partager votre expérience. Merci !

À quoi sert le Whole-Hearted Healing ?

Le WHH fait partie du groupe de thérapies très efficaces de la psychotraumatologie. À l'heure actuelle (N.d.T. en 2004), il existe dans cette catégorie six techniques différentes qui traitent le problème de la guérison (avec un certain nombre de variations sur ces techniques). Comme ces autres modalités de guérison, la technique du WHH est relativement rapide - généralement moins d'une heure par problème - et elle peut être utilisée pour pratiquement tout ce qui cause de l'inconfort à un client. Nous entrerons dans les détails au cours de cette formation.

Dans la section de cette formation traitant des autres thérapies, vous verrez que nous vous recommandons d'apprendre en premier certaines des autres thérapies énergétiques, car elles peuvent être plus faciles et plus rapides à utiliser pour le client (l'EFT et la TAT par exemple). L'avantage du WHH est de pouvoir comprendre pourquoi un problème particulier s'est produit, et il fonctionnera souvent lorsque les autres thérapies énergétiques que vous connaissez ne sont pas efficaces. De plus, le WHH peut être utilisé conjointement avec d'autres thérapies énergétiques, les rendant beaucoup plus efficaces. En résumé, comme pour toute thérapie, certains clients répondront bien à l'approche du WHH et d'autres non. Nous constatons que nos étudiants utilisent généralement cette thérapie environ un quart du temps, seule ou en combinaison avec d'autres thérapies.

Le WHH n'exige pas de capacités ou d'états de conscience inhabituels, et peut donc être employé par presque tout le monde, quel que soit le type de difficulté. Le client doit toutefois quand même être capable de suivre les directives et de tolérer une certaine quantité de douleur, ce qui limite son utilisation. Cependant, si le client a certains types d'états de conscience extraordinaires ou s'il peut être induit dans l'un de ces états, sa vitesse de guérison des traumatismes augmente considérablement et la douleur qu'il ressent s'estompe presque complètement. Nous en parlerons en détail dans cette formation.

Quels sont quelques exemples concrets de choses pour lesquelles le WHH est utile ? La peur, la douleur physique, les troubles alimentaires, la honte, la tristesse, la colère, la culpabilité, le manque de confiance en soi, le deuil, un traumatisme, les situations d'abus, les phobies, l'amélioration de l'audition et de la vision, l'endurance, une plus grande présence émotionnelle avec les autres, une capacité accrue de donner et de recevoir de l'amour, des expériences spirituelles profondes et des états de conscience extraordinaires.

Le processus du Distant Personality Release (DPR)

Le processus du WHH agit directement sur les traumatismes, ce qui s'avère être le plus souvent la cause des difficultés d'une personne. Il existe cependant une autre catégorie de problèmes que l'on peut considérer comme des problèmes de personnalité ou des problèmes hérités et qui ont leur origine à un niveau non physique. Nous avons développé un processus que vous pouvez utiliser sur vos clients à la fois pour accélérer et faciliter leur guérison et qui, dans certains cas, peut véritablement changer leur comportement sans leur participation : le Distant Personality Release (DPR, littéralement la « Libération de la Personnalité Distante »). Certaines de ses applications les plus fascinantes sont de rendre les clients plus amènes à guérir, comme dans le cas d'addictions. Il est aussi particulièrement utile dans la thérapie de couple, car il confère beaucoup de compassion envers les difficultés du partenaire.

Le soulagement des traumatismes par le processus Peak States de Paix Intérieure

Dans le cadre de cette formation, nous allons vous guider à travers un processus qui peut aboutir à vous donner un état de conscience extraordinaire relativement permanent, l'état de Paix Intérieure. Cet état est particulièrement précieux pour les thérapeutes, car il empêche les traumatismes émotionnels passés d'être ressentis dans le présent. Si vous le souhaitez et si le temps le permet, nous pouvons également essayer d'obtenir des états encore plus avancés. Comme ces états feront que vous vous sentirez très à l'aise dans le présent, il peut être difficile de trouver des problèmes à guérir par la suite, du coup nous ne le ferons que vers la fin de la formation. Ce processus ne fonctionne malheureusement que pour environ 50 à 60 % des personnes sur lesquelles nous l'avons essayé, nous ne pouvons donc pas garantir qu'il fonctionnera pour vous. Vous pourrez cependant comparer vos notes avec celles de vos camarades de classe et voir comment ces états les affectent, à quoi ils servent et ainsi de suite.

Nous passerons également beaucoup de temps à expliquer en quoi ces états sont pertinents pour le processus du WHH et comment ils se manifestent dans la population générale.

LES FORMALITÉS ADMINISTRATIVES ET LES FORMULAIRES

Avant d'aller plus loin, et pour nous faciliter la tâche, nous devons régler certaines formalités administratives.

La liste personnelle de problèmes

Pendant notre formation, vous utiliserez vos propres problèmes pour vous entraîner à la guérison. Assurez-vous d'avoir listé au moins cinq problèmes émotionnels et quelques problèmes physiques - l'annexe J comporte de la place pour que vous puissiez établir cette liste afin de pouvoir vous y référer pendant la formation. Évaluez la douleur de chaque problème sur une échelle de 0 à 10. C'est très important, non seulement pour vous permettre de travailler en temps opportun, mais aussi parce que si vous obtenez un état de conscience extraordinaire tel que la Paix Intérieure, vous vous rendrez compte que vous ne pourrez tout simplement pas trouver des problèmes parce que vous ne vous sentirez plus du tout mal !

Le questionnaire de base et le questionnaire sur les états de conscience extraordinaires

Pour commencer cette formation, nous vous serions reconnaissants de bien vouloir remplir le questionnaire de base qui se trouve à l'annexe J et nous le remettre. Cela nous aide à décider du degré d'information de base que nous devons présenter, ainsi que du type de « jargon » psychologique que nous pouvons utiliser. **SI VOUS AVEZ DES PROBLÈMES DE SANTÉ POTENTIELLEMENT GRAVES (COMME DES DOULEURS À LA POITRINE OU DES PROBLÈMES CARDIAQUES), FAITES-LE-NOUS SAVOIR IMMÉDIATEMENT !** Nous suggérons que les personnes souffrant d'une maladie cardiaque ne suivent PAS la formation, par mesure de précaution (nous vous rembourserons intégralement). Si vous avez des pathologies physiques qui pourraient rendre ces processus difficiles ou qui pourraient aggraver votre état, faites-le-nous savoir sur le formulaire. Si tel est le cas, nous nous attendons à ce que vous travailliez avec votre médecin avant et après la formation pour vous assurer que votre état ne s'aggrave pas.

Une partie du formulaire vous demande comment vous avez découvert notre travail. Soyez aussi explicite que possible, car cela nous aide à savoir ce qui fonctionne et ce qui ne fonctionne pas pour nous faire connaître.

Veuillez également remplir le formulaire de l'annexe K que nous utilisons actuellement pour évaluer votre état de conscience. Nous vous demanderons de le remplir chaque matin et probablement plusieurs fois durant les processus d'induction d'états de conscience extraordinaires. Remettez-le-nous à la fin du cours ; nous l'utiliserons pour nos recherches afin d'améliorer nos processus et d'évaluer les résultats. Tous les résultats sont confidentiels.

La confidentialité du groupe

Une grande partie de ce que nous allons faire peut impliquer des informations très personnelles. Vous ne pouvez en aucun cas parler d'un problème spécifique d'une personne en dehors de la formation d'une manière qui pourrait être identifiée par quelqu'un d'autre. C'est le même genre d'égard que vous souhaiteriez envers vous-même si les rôles étaient inversés. Il est souvent difficile de dire ce qui peut sembler indiscret pour une autre personne, alors en règle générale, appliquez ceci à TOUT ce qui se produit pendant la formation.

Le formulaire de responsabilité

Pour notre propre protection juridique, nous vous demandons de signer le formulaire de responsabilité. Comme nos procédés sont souvent expérimentaux, il n'y a aucune garantie que vous n'aurez pas de problèmes avec un ou plusieurs d'entre eux. Il y a des risques associés à ce travail et si vous n'êtes pas prêt à être responsable de vos expériences lors de ce travail, nous vous demandons de NE PAS continuer cette formation. Un remboursement complet sera effectué.

De plus, certains de nos processus n'ont pas été complètement développés ou testés à notre entière satisfaction, ou alors certains peuvent être intrinsèquement dangereux. (C'est un peu comme une tronçonneuse artisanale qui pourrait exploser entre vos mains ou une tronçonneuse fiable achetée en magasin qui pourrait être dangereuse entre les mains de personnes non formées, bien que ce soit un outil bien fabriqué.)

L'autorisation de filmer

Au cours de ces formations, nous tournons parfois des vidéos afin de pouvoir ultérieurement transformer ce matériel en un ensemble de vidéos de formation. Si vous êtes d'accord, veuillez signer les formulaires de décharge. Si vous décidez plus tard au cours de la formation que vous n'êtes pas à l'aise avec cette décision, n'hésitez pas à changer d'idée ou à prendre note de l'évènement particulier que vous ne voulez pas présenter au public.

N'oubliez pas que la douleur que vous avez éprouvée pendant cette formation peut aider quelqu'un d'autre à guérir, ou l'aider à décider de guérir. Merci !

(Veuillez remplir le formulaire de l'annexe J puis nous le remettre.)

La présentation en groupe

Vous êtes en présence de personnes très inhabituelles, qui sont prêtes à venir à une formation comme celle-ci ! Partagez avec vos collègues vos antécédents et ce que vous espérez tirer de cette formation. Cette dernière partie est particulièrement importante, car nous en prendrons note afin d'y répondre pendant notre temps ensemble. De plus, ces personnes sont celles que vous connaîtrez le mieux lorsque nous aurons terminé et elles peuvent servir de références ou de consultants dans votre futur travail. Nous limiterons le temps de parole de chaque personne à environ deux minutes - c'est juste pour briser la glace. Vous apprendrez à bien vous connaître au cours des prochains jours lors de vos travaux ensemble.

La liste des adresses électroniques et notre site internet pour les praticiens

Veuillez inscrire vos coordonnées (en particulier les adresses électroniques) sur le formulaire de contact à l'annexe J. Nous l'utiliserons pour vous inscrire à notre très rare bulletin d'information et pour vous inviter à faire partie du groupe de soutien par courriel que vos pairs en WHH utilisent.

Les étudiants qui deviennent certifiés dans nos techniques ont tous la possibilité d'être inscrits sur notre site internet. En écrivant un court paragraphe (accompagné d'une photo), vous vous présentez à des clients potentiels qui ont besoin de votre aide. Nous vous suggérons dans votre paragraphe de mettre l'accent sur le type de clients avec lesquels vous souhaitez le plus travailler et sur les questions de santé dans lesquelles vous êtes spécialisé. Les clients préfèrent s'adresser à des « spécialistes » pour leurs problèmes, tout comme vous !

L'évaluation de la formation

Il est très, très, très utile d'obtenir des commentaires sur ce qui a marché, ce qui n'a pas marché, ce qui était important ou utile et ce qui ne l'était pas, afin que nous puissions continuellement améliorer notre formation et notre manuel. Veuillez remplir ce formulaire avant la fin de la formation (voir annexe J).

Dites-nous le bon et le mauvais ! Si vous nous en donnez la permission, nous apprécierions pouvoir mettre sur notre site tout témoignage que vous écrirez.

Cette formation va représenter un travail difficile, mais elle peut en même temps être vraiment exaltante en compagnie de vos pairs. Nous vous souhaitons le meilleur dans cette exploration !

Demandez de l'aide !

S'il vous plaît, au cours de la formation, demandez de l'aide si vous êtes bloqué. Et n'arrêtez pas de demander jusqu'à ce que vous l'obteniez ! Comme vous le verrez, il se passe beaucoup de choses pendant les séances et nous avons tendance à supposer que si vous ne demandez pas d'aide, c'est que vous n'en avez pas besoin. Ne laissez pas votre autosuffisance, votre stoïcisme, votre timidité ou quoi que ce soit d'autre vous empêcher de recevoir tout ce que vous méritez lors de cette formation.

Note aux formateurs

Parce que la durée d'une séance peut être très variable, nous avons mis en place chaque journée de sorte que les séances de pratique du WHH se déroulent juste avant les pauses déjeuner ou dîner. De cette façon, les participants peuvent « déborder » des 30 minutes habituelles par séance s'ils le désirent. Une fois que les participants se sont retrouvés en groupe, nous recommandons que chaque élève décrive ce qu'il a fait et appris au cours de son travail, à la fois comme client et comme thérapeute. Nous avons trouvé que cela peut être très utile pour les personnes.

Nous avons inclus des solutions aux quiz à la fin du manuel. Elles peuvent être enlevées avant le cours si les instructeurs le souhaitent.

Pendant le temps de partage en groupe dans de grands groupes, il est parfois utile de fixer des limites de temps, par exemple en utilisant un bâton de parole et une minuterie.

Nous mettons continuellement à jour l'annexe K, le formulaire d'évaluation des états de conscience extraordinaires. Nous ne nous attendons pas à ce que vous l'utilisiez dans vos formations. Cependant, si vous voulez bien nous contacter afin d'obtenir le formulaire le plus récent et nous envoyer les résultats, nous vous en serons reconnaissants !

EXERCICE - LA TECHNIQUE HENDRICKS DE « S'AIMER SOI-MÊME »

On parle souvent du besoin de s'aimer, mais très peu de gens donnent des conseils pratiques sur la façon de procéder. Dans son livre *The Learning to Love Yourself Workbook*, Gay Hendricks donne des méthodes et des conseils concrets et je vous recommande fortement de lire son livre. Mais pour l'instant, nous allons apprendre et pratiquer une de ses techniques parce qu'elle est très pertinente pour notre travail. La capacité de s'aimer soi-même, et de l'enseigner à ses clients, rend le processus du WHH plus rapide et nettement moins douloureux. De plus, elle remonte souvent rapidement et facilement à la conscience des souvenirs qui ne sont pas facilement accessibles et elle devrait donc être considérée comme un élément important dans votre boîte à outils. Pendant que nous déroulons le processus :

- Pensez à la façon dont vous l'enseigneriez rapidement aux clients.

- Que feriez-vous pour les clients qui ne pourraient pas le dérouler facilement voire pas du tout ?

- Essayez de comprendre pourquoi il pourrait être utile pour la guérison, et pourquoi il pourrait ne pas l'être.

Le processus : Remémorez-vous quelque chose dans votre vie que vous avez vraiment aimé. Je suggérerais une poupée ou un animal de compagnie plutôt qu'un être cher, parce que nous voulons un sentiment assez simple et non pas un sentiment mêlé de rejet, de punition, etc. Une femme avait une tante préférée qui faisait parfaitement l'affaire. Imaginez que cette personne ou cette chose se trouve devant vous et évoquez ce sentiment d'amour que vous aviez envers elle. Restez avec ce sentiment jusqu'à ce qu'il soit bien fort. Bien, maintenant, retournez ce flux d'amour qui va vers l'extérieur sur vous-même, comme si vous redirigiez vers vous un tuyau d'arrosage. Restez assis ainsi jusqu'à ce que vous le receviez. Ensuite, laissez la personne ou l'objet s'évanouir pendant que vous continuez à vous aimer.

Au lieu de rediriger le flux du sentiment d'amour vers vous-même, vous pouvez aussi amener lentement la personne ou la chose dans votre corps pendant que vous continuez à l'aimer. Une fois à l'intérieur, vous la laissez lentement se dissoudre tout en laissant le sentiment d'amour continuer à vous remplir.

Une deuxième variante est de se remémorer un endroit préféré, un endroit qui apporte un sentiment vraiment agréable dans votre corps, que ce soit ou non de l'amour. Utilisez ça comme astuce pour vous aimer vous-même.

Bientôt, nous utiliserons la technique de « s'aimer soi-même » pendant que nous pratiquerons le WHH sur nous-mêmes. Faire les deux à la fois peut ressembler un peu à du jonglage si vous n'en avez pas l'habitude, c'est pourquoi je ne commence généralement pas par enseigner cela pour la première expérience de guérison. Cependant, elle peut permettre à la guérison de se produire en quelques secondes au lieu de quelques minutes ou de quelques heures, ou même vous aider à faire face à quelque chose que vous ne pourriez pas affronter d'entrée de jeu.

Un phénomène intéressant qui peut se produire en utilisant cette technique est que votre problème ou celui de votre client disparaîtra tout simplement lors de la pratique ! Cependant, le problème n'a PAS été guéri. Il est tout simplement retourné dans les réserves, pour ainsi dire, et reviendra un autre jour. Vous devez donc rester concentré sur le problème jusqu'à ce que vous puissiez le retrouver et appliquer le WHH (ou une autre thérapie) sur le problème jusqu'à ce qu'il soit guéri. Je répète, la technique de s'aimer soi-même n'apporte pas intrinsèquement la guérison, mais elle facilite les processus de guérison qui traitent réellement le problème.

Notes sur l'exercice :

LA SÉANCE INITIALE DE WHOLE-HEARTED HEALING (WHH)

(Voir l'annexe A pour un modèle de lettre au client et de formulaire d'admission.)

Lorsque vous travaillez sur vous-même ou sur vos clients, à quoi pouvez-vous vous attendre et qu'est-ce qui peut mal tourner ? Le temps d'un instant, mettez-vous à la place de votre client. Imaginez que vous êtes ce client, que vous voyez un praticien pour la première fois et qu'il va employer cette nouvelle thérapie dont vous n'avez jamais entendu parler. À l'annexe A, je donne une lettre type qui aborde d'entrée de jeu ces questions. Veuillez prendre le temps de la lire maintenant.

Bien sûr, cette lettre n'est qu'un modèle pour votre propre travail et n'hésitez pas à la réécrire pour l'adapter à votre propre situation. Dans un contexte professionnel, je trouve que c'est une bonne idée de la donner aux clients avant de commencer à travailler avec eux afin qu'ils aient une idée de ce qui les attend pendant et après la séance.

Un des plus gros problèmes avec le WHH, et en fait n'importe quelle thérapie de psychotraumatologie, c'est qu'il fonctionne trop bien ! Aussi étrange que cela puisse paraître, plus de la moitié de vos clients (ou vous-même si vous travaillez sur vous) vont sortir de votre bureau et, le lendemain, auront oublié qu'ils avaient jamais eu le problème pour la résolution duquel ils vous ont payé ! C'est parce que lorsqu'ils vérifient, la charge émotionnelle a disparu et ils ont l'impression que le problème n'a jamais existé. Une autre variante de ce phénomène est quand ils peuvent se rappeler qu'ils ont déjà eu un problème, mais qu'ils attribuent la solution à quelque chose qui leur est familier, du genre « j'ai juste oublié » ou « j'ai été distrait et ça a disparu ». Cet étrange effet s'appelle le phénomène de « l'Apex ». Par exemple, j'ai vu une personne qui avait peur de quitter sa maison pendant plus d'une décennie oublier complètement que cela lui avait posé problème ! Le phénomène de l'Apex peut vous causer des problèmes de deux façons. Premièrement, puisque le client ne se souvient pas qu'il a eu un problème, il ne recommandera pas votre travail ou ne reviendra pas vers vous pour son prochain problème. La seule chose que nous pouvons recommander par rapport à cela est de TOUJOURS noter la gravité du problème présenté par le client sur une échelle de 0 à 10 (l'échelle USD - Unité Subjective de Détresse). Si vous pouvez enregistrer ou filmer la séance, tant mieux.

Voici quelques autres questions qui reviennent souvent avant la première séance :

- L'utilisation du WHH sur de vieux souvenirs douloureux peut-elle me « retraumatiser » ? La réponse est non. C'est une question très raisonnable, car c'est exactement ce que peut faire la psychothérapie conventionnelle. Si les clients n'ont pas vraiment fini de guérir quelque chose, vous pouvez sincèrement les féliciter d'avoir retiré une partie de la charge émotionnelle de ce sur quoi ils ont travaillé et d'en avoir moins à traiter la fois suivante.

- Une autre question courante est de savoir si ce travail est compatible avec d'autres thérapies. La réponse est oui, et en fait je le recommande. Le seul problème que vous pourriez rencontrer est l'impatience vis-à-vis d'autres techniques qui ne donnent pas un résultat aussi rapide !

J'aimerais prendre un moment ici pour souligner certains des problèmes potentiels de la technique du WHH. Cela arrive très rarement, mais il faut en avoir conscience. Si vous avez d'autres thérapies énergétiques dans votre « boîte à outils » et que vous rencontrez des problèmes, ce pourrait être le bon moment de les dépoussiérer et de les utiliser.

- La douleur émotionnelle et/ou physique qui découle du fait de se replonger dans certains traumatismes est habituellement pire que la douleur émotionnelle qu'éprouve un client quand il entre dans votre cabinet. La couche plus ancienne dans la séquence de traumatismes peut s'avérer être beaucoup plus grave que celle avec laquelle vous avez commencé. Le client peut soudain ressentir une multitude de blessures qu'il ne ressentait pas avant que vous ne commenciez. Il faut s'y attendre et cela signifie qu'il faut persévérer. Parfois, lorsque vous travaillez seul, vous vous apercevrez que vous n'êtes pas en mesure de faire face par vous-même à tout ce qui se présente et il vous arrivera de vous sentir assez mal pendant un certain temps. Ainsi, si une personne subit un traumatisme passé, mais qu'elle ne réussit pas à libérer une partie de sa charge, elle peut repartir en se sentant misérable. Bien sûr, cela finit par s'estomper, comme cela s'est produit à l'origine, mais cela peut être un problème pour quelqu'un qui n'a pas l'habitude du processus de guérison. Heureusement, la personne reconnaît que cela provient de sa propre vie et je n'ai eu aucun problème de gens qui me blâment d'avoir ressuscité de vieux souvenirs.

• Il peut arriver que, lorsque vous guérissez un traumatisme chez quelqu'un, cette personne ressente soudain une douleur physique (et/ou émotionnelle) provenant de souvenirs antérieurs qu'il faut guérir. Si vous ne retrouvez pas le souvenir qui en est à l'origine, du point de vue du client, il repart avec une douleur physique « nouvelle » qu'il n'avait jamais eue auparavant. Bien sûr, celle-ci s'estompera avec le temps, comme à l'origine, mais si vous ne terminez pas votre travail, ils peuvent repartir dans une détresse plus grande qu'à leur arrivée. Cela peut se produire surtout dans le cas de traumatismes impliquant une perte d'âme ou des trous, phénomènes qui seront traités plus tard dans la formation.

• Beaucoup de thérapeutes ne fixent des rendez-vous que de 50 minutes avec leurs clients. Je recommande de prévoir que les séances puissent durer plus longtemps, car parfois le client mettra plus de temps que cela à guérir. S'arrêter trop tôt peut poser plusieurs problèmes - le client peut repartir en se sentant plus mal qu'à son arrivée, ce qui ne vous rend pas populaire auprès de votre client et peut certainement nuire à votre réputation de thérapeute ; de nouveaux souvenirs, telle une agression sexuelle, peuvent refaire surface (pire encore, si les souvenirs sont encore traumatiques, le client peut décider de tuer son agresseur lorsqu'il se remémore l'événement pour la première fois) ; et il peut être très difficile de ramener un client à un traumatisme ancien, surtout s'il s'est produit avant toute mémoire consciente. Si vous avertissez les gens que cela peut arriver et expliquez à vos clients que la séance qui précède la leur peut prendre plus de temps que prévu, les clients seront généralement d'accord avec cela - après tout, ils pourraient se retrouver eux-mêmes dans la même situation !

• Je **NE recommande PAS** au client typique de partir à la recherche de traumatismes à guérir lorsqu'il n'y a pas de problème dans le présent. C'est particulièrement vrai lorsqu'il s'agit de traumatismes à la naissance. Si vous ne les guérissez pas complètement, le client aura soudain de nouveaux problèmes dans sa vie au moment de repartir. Alors, travaillez à partir des problèmes actuels, ne cherchez pas d'ennuis ! (Si, comme nous disons, vous décidez de « partir à la pêche », veuillez lire la section sur la façon correcte de procéder.)

Dans notre travail, des questions juridiques et d'assurance peuvent se poser rapidement. Les lois diffèrent d'un état à l'autre et d'un pays à l'autre, vous devrez donc vous renseigner par vous-même. Le problème est double : étant donné que le WHH est considéré comme une thérapie « non standard », un thérapeute certifié peut (potentiellement) être poursuivi pour son utilisation. À l'opposé, une personne non certifiée pourrait être poursuivie en justice ou avoir des problèmes avec les autorités parce qu'elle « pratique une thérapie sans autorisation ». Puisqu'il s'agit d'un problème générique pour de nombreuses thérapies et pas seulement pour le WHH, je vous suggère de vous renseigner sur la façon dont s'y prennent d'autres thérapeutes dans votre région. Une autre stratégie efficace employée par un certain nombre de personnes consiste à devenir un ministre habilité. Référez-vous à la documentation du quatrième jour pour une recommandation à ce sujet.

Enfin, je vais prêcher un peu... Je crois que si vous facturez des clients, vous devriez offrir une sorte de garantie de remboursement et facturer en fonction du problème et non du temps qu'il vous faut pour le traiter. (Assurez-vous qu'ils notent d'abord par écrit leur problème et son degré de gravité, car la moitié d'entre eux risquent d'oublier qu'ils avaient eu le problème à cause du phénomène de l'Apex.) La pratique courante en thérapie et en médecine consiste à facturer au temps passé et non au résultat. C'était une réponse naturelle au fait que les méthodes actuelles ne fonctionnent pas bien. Cependant, avec le WHH, ou d'ailleurs n'importe quelle thérapie de psychotraumatologie, vous devriez obtenir des résultats rapides et permanents. Et offrir une garantie de remboursement vous motivera certainement à atteindre un niveau de succès élevé, tout en vous donnant une grande satisfaction éthique. On pourrait se dire qu'une fois qu'un client aura appris la technique, il ne reviendra pas et le thérapeute mourra de faim. Mais avec le WHH ou d'autres thérapies énergétiques, vous n'offrez pas seulement une méthode pour que les gens évoluent et grandissent, mais vous montrez aussi l'exemple votre propre personne guérie, ce qui facilite leur guérison, car ils se sentent inconsciemment suffisamment en sécurité pour ressentir leur douleur. Et votre expertise peut grandement aider les gens à surmonter certaines des résistances qui surgissent durant la séance. J'insiste là-dessus parce que, d'après mon expérience avec les thérapeutes, lorsque je leur suggère d'offrir une garantie, cela les dérange beaucoup. Si vous êtes thérapeute et que vous lisez ceci, je vous recommande fortement de guérir toute résistance que vous pourriez avoir vis-à-vis de cette idée, ne serait-ce que pour votre tranquillité d'esprit.

L'exemple de formulaire d'admission n'est là que pour vous rappeler d'obtenir des informations concernant le client. Le problème et sa gravité sont inclus pour que vous ayez une trace du travail effectué afin de le rappeler ultérieurement à votre client. N'oubliez pas de vérifier s'ils ont des pathologies physiques, telles des troubles cardiaques, qui pourraient avoir un impact sur votre travail ensemble. Notez également les problèmes générationnels (c'est-à-dire les problèmes communs à la famille et aux ancêtres), car ceci peut influer sur votre approche.

Points clés:

- Les clients peuvent se sentir plus mal pendant la guérison.

- Le phénomène de l'Apex affecte la façon de travailler avec les clients.

- C'est une mauvaise idée d'arrêter avant que la guérison ne soit terminée.

LE PROCESSUS DU WHH - PREMIÈRE DÉMONSTRATION ET DISCUSSION

Nous faisons une démonstration du processus avant de vous l'enseigner, juste pour vous montrer comment nous nous y prenons avec un nouveau client. Si l'un d'entre vous se portait volontaire pour devenir un sujet de démonstration, ce serait génial ! Pendant que nous travaillons, prenez des notes sur ce qui vous semble important. Puisqu'il s'agit d'une démonstration, nous ne traiterons probablement pas complètement la problématique en raison des contraintes de temps.

Pendant que nous travaillons, il y a plusieurs choses que les observateurs et le thérapeute peuvent faire pour que la guérison soit plus rapide et plus facile pour le client. Au cours des prochains jours, nous en apprendrons plusieurs, mais pour l'instant, le plus gros problème que les gens ont dans la guérison n'est pas la douleur associée à leur problème - c'est la réaction inconsciente qu'a le thérapeute (et les observateurs) par rapport à l'expérience et aux sentiments du client. Pour simplifier, lorsqu'un client aborde une expérience douloureuse, il va s'informer inconsciemment auprès du thérapeute pour avoir une idée de la gravité de sa situation. Si le thérapeute a un problème similaire et qu'il dit inconsciemment au client que « ce traumatisme que nous ressentons est vraiment affreux », le client a beaucoup plus de difficulté à guérir. Au fond, on se tourne vers l'autre personne pour le soutien et la sécurité, et si celle-ci a soudainement paniqué (même si elle ne le sait pas), quelque chose en nous dit : « Ce traumatisme doit être encore pire que je ne le pensais, et je ferais mieux de ne pas le toucher ! » L'inverse est également vrai - quelqu'un qui a guéri des choses semblables peut vous aider à vous sentir suffisamment en sécurité pour les affronter. Par exemple, au cours de séances de respiration holotropique, un de mes amis a vu des gens revivre un traumatisme à la naissance après que le Dr Stanislav Grof (l'initiateur de la méthode) se soit simplement approché d'eux. Au fur et à mesure qu'il s'éloignait, ils sortaient de cette expérience. Ces gens ne pouvaient ni l'entendre ni le voir, car ils avaient les yeux bandés et la musique était forte. Bien que n'importe quel client puisse faire abstraction du thérapeute et guérir de toute façon, il est très courant que la guérison n'ait pas lieu chez le client.

Ainsi, selon notre expérience, il n'y a QUE trois raisons pour lesquelles un client ne guérit pas en votre présence :

- Vous avez un traumatisme similaire à celui du client.

- Inconsciemment, vous ne voulez pas que le client guérisse, peut-être parce qu'il vous rappelle quelqu'un dans le même état que lui et vous ne voulez pas qu'il change.

- Vous n'avez pas une technique suffisamment bonne ou vous ne l'employez pas correctement.

C'est presque toujours la première raison qui pose problème. Il ne s'agit presque jamais de la troisième raison. Ainsi, nos clients nous paient pour voir où nous avons des problèmes et, sur le plan éthique, c'est notre responsabilité de veiller à ce que nous soyons aussi guéris que possible lorsque nous travaillons avec eux - ou, au moins, que nous les renvoyons chez eux pendant que nous faisons notre propre travail.

Le deuxième cas n'est pas aussi fréquent que le premier, mais il est fascinant. Il se produit avec quelqu'un avec qui vous avez un accord inconscient et réciproque de ne pas changer. J'ai une amie de longue date qui ne guérissait pas avec ces procédures lorsque j'étais avec elle. Rien n'a changé jusqu'au jour où j'ai réalisé qu'elle me rappelait un souvenir précis de ma mère et je ne voulais pas qu'elle soit différente. La fois suivante que nous avons essayé de la guérir, ça a marché !

Que pouvons-nous faire en tant que thérapeutes pour éviter ce problème ? Tout d'abord, si c'est suffisamment facile, nous guérissons très rapidement notre problème similaire tandis que nos clients prennent plus de temps pour le leur. Comme ce n'est pas toujours une option, la méthode la plus simple est d'utiliser la technique de s'aimer soi-même. Cela a tendance à désactiver notre réaction au traumatisme du client et à l'aider ainsi à guérir.

Au cours de la séance, prêtez particulièrement attention aux points suivants :

- Suffisamment d'explications pour que le client sente que le processus a un sens pour lui.

- Le déroulement des étapes du processus - comment la pratique vous permet de savoir quand intervenir.

- Observez leurs corps et leurs réactions pendant le déroulement du processus.

- Remarquez comment vous vous êtes senti à l'intérieur de votre propre corps au cours de leur processus.

Points clés:

- Utilisez la technique de « s'aimer soi-même » pour aider vos clients à guérir.

- Si le client ne guérit pas rapidement, vérifiez si vous avez un problème similaire ou interdépendant.

- Testez pour le Calme, la Paix et la Légèreté (CPL) pour vérifier si votre client a complètement guéri le traumatisme et le problème actuel.

Notes sur la première démonstration :

<u>Notes sur la première démonstration (suite) :</u>

LE PROCESSUS DU WHOLE-HEARTED HEALING (WHH)

(Voir l'annexe B pour un résumé des étapes du WHH. Je vous suggère de vous y référer en lisant cette section. Il pourra être très utile à l'avenir lorsque vous aurez besoin de vous rappeler les étapes à suivre et ce qu'il faut faire en cas de problèmes inhabituels lors d'une séance de thérapie !)

Le Whole-Hearted Healing est considéré comme étant une technique de guérison des traumatismes basée sur la régression. Dans la pratique, il est utilisé principalement pour la guérison émotionnelle, bien qu'il agisse sur de nombreux problèmes physiques parce que ceux-ci sont liés à un traumatisme. Tout d'abord, qu'est-ce que j'entends par guérison émotionnelle ? Il s'avère que les sentiments de presque tout le monde au sujet des situations actuelles dans leur vie sont en fait des traumatismes passés. J'ai constaté que lorsque le passé pertinent est guéri, les sentiments de la personne au sujet de ses difficultés actuelles disparaissent tout simplement. Une personne qui est réellement dans le présent a une sensation sous-jacente de Calme, de Paix et de Légèreté (CPL) même en ressentant des émotions difficiles. (C'est différent de la sensation de calme et de lourdeur qui se produit lorsque vous réprimez et niez comment vous vous sentez). Cela signifie que la technique fonctionne pour TOUT à propos de quoi vous ne ressentez pas le calme, la paix et la légèreté. Par exemple, un homme atteint d'un cancer de l'intestin douloureux et en phase terminale ne se sentait pas calme et léger avec sa peur apparemment raisonnable de mourir, et a donc procédé à sa guérison en une séance.

Les phrases ci-dessous sont ce que je dis habituellement à une personne qui apprend la technique du Whole-Hearted Healing pour la première fois.

« Alors, choisissez quelque chose qui vous dérange. Permettez-vous de ressentir autant que possible ce que vous ressentez à ce sujet. Puis laissez votre esprit dériver dans le passé, aussi loin que possible dans le passé, jusqu'à un moment où vous aviez le MÊME sentiment. Maintenant, ce ne seront probablement pas les mêmes circonstances, la SEULE chose importante est que ce soit le même sentiment. J'insiste encore une fois sur le fait que ce ne sera presque jamais le même genre de situation que celle dans laquelle vous vous trouvez en ce moment, mais plutôt que l'influence du passé est uniquement une connexion de sentiment. »

« OK, vous avez cette image d'un moment dans le passé ? Maintenant, essayez d'aller encore plus loin en arrière, à une époque où vous RESSENTIEZ la même chose. Continuez jusqu'à ce que vous ne puissiez plus reculer plus loin. Pourquoi ? Parce qu'il s'avère qu'il suffit généralement de guérir la fois la plus ancienne. Guérissez la première et les autres disparaissent d'elles-mêmes. Si vous n'arrivez pas à remonter aussi loin en arrière, pas de soucis - remontez aussi loin que vous le pouvez et, au fur et à mesure que vous guérissez, un moment antérieur vous viendra généralement à l'esprit, jusqu'à ce que vous remontiez ainsi au premier. Donc, imaginons que vous êtes coincé, et que vous ne vous souvenez de rien. Retournez en arrière, même si ce n'est que la semaine dernière, et partez de là. Enlevez ces traumatismes un à la fois pour remonter dans le passé. C'est comme ces distributeurs d'assiettes dans une cafétéria. Vous savez, là où vous prenez celle du dessus et le ressort pousse la pile vers le haut. Ces traumatismes sont exactement comme ça - quand vous guérissez l'un d'entre eux, celui d'avant apparaît à la vue de tous. Sautez à une assiette au milieu et vous enlevez toutes les assiettes au-dessus d'elle. Parfois, la structure est plus compliquée et votre problème actuel provient de plus d'un endroit, mais la séquence unique de traumatismes avec un thème émotionnel est assez courante. »

« Maintenant, je vous recommande d'écrire brièvement ce qui se passe dans le présent et qui vous dérange, à quel point vous vous sentez mal à ce sujet et une brève description des souvenirs dont vous vous rappelez. Pourquoi ? Parce que si nous faisons bien le travail, ces choses vont disparaître de votre vie et, comme pour beaucoup de gens avec qui j'ai travaillé, vous ne pourrez pas croire que vous avez eu un jour ce problème et vous ne continuerez donc pas de guérir parce que vous penserez qu'il n'est rien arrivé ! »

Si vous vous intéressez à la façon dont les traumatismes sont connectés entre eux (et à une autre technique de guérison en psychotraumatologie qui est aussi très efficace, appelée « Traumatic Incident Reduction » (TIR, littéralement la « Réduction des Incidents Traumatiques »), je vous recommande de lire Traumatic Incident Reduction de Gerald French et Chrys Harris, ou l'ouvrage beaucoup plus difficile à lire Beyond Psychology du Dr Frank Gerbode. Référez-vous également aux travaux du Dr Stanislav Grof sur le système coex (et les traumatismes à la naissance), tels que The Adventure of Self Discovery. Incidemment, en employant des techniques très différentes des miennes, le Dr Gerbode et les Dr Gay et Kathlyn Hendricks (At the Speed of Life), ont également conclu que des traumatismes précis sont à l'origine de nos problèmes plutôt que le fait d'avoir vécu dans un environnement néfaste.

Il s'avère qu'il nous manque à tous une information critique concernant le processus de guérison. À ma connaissance, il n'y a rien à ce propos dans la littérature. C'est tellement ordinaire pour nous que nous n'en voyons pas la signification. C'est pourtant la clé pour comprendre comment les souvenirs traumatiques sont stockés.

> « Alors, allons maintenant au point central du processus de guérison. Regardez ces souvenirs traumatisants. C'est comme regarder la télé, n'est-ce pas ? En d'autres termes, votre point de vue est à l'extérieur de votre corps, pas quelque chose qui sort de vos yeux (certaines personnes ont conscience que c'est les deux à la fois). C'EST LÀ LE PROBLÈME. Une partie de nous a la capacité de quitter notre corps pendant les épisodes douloureux et le fait de façon toute naturelle. Malheureusement, les sentiments que nous avions à l'époque restent avec nous et ne disparaissent jamais ! Ils restent là à attendre que quelque chose dans le présent les active à nouveau. »

Ainsi, le mécanisme de stockage des émotions traumatiques est l'expérience hors du corps, sous la forme d'une ou de plusieurs images stockées au moment du traumatisme. En fait, au cours de votre journée, vous pouvez vous rendre compte que ces images jaillissent dans la conscience et en ressortent si vite que nous n'en sommes généralement pas conscients, mais qu'elles guident notre comportement. Ceci peut être démontré en utilisant des appareils qui mesurent la conductivité de la peau comme dispositif de feedback pour nous entraîner à remarquer ce phénomène.

Puisque notre culture en général n'accepte pas l'existence de l'expérience hors du corps, la plupart des thérapies font l'hypothèse que ces images ne sont que des distorsions des souvenirs passés et n'y regardent pas de plus près. Cependant, les personnes qui reconnaissent l'existence de l'expérience hors du corps commettent une erreur différente. Ils supposent que c'est une occurrence rare, alors qu'en réalité c'est ce qui se passe tout le temps. Ce qui est rare, c'est d'en être conscient dans le présent, mais on peut facilement l'être dans le passé en balayant nos souvenirs douloureux. Parfois, les gens éprouvent des difficultés à remarquer la partie de l'image qui se trouve à l'extérieur de leur corps. Je leur fais se remémorer quelque chose de très traumatisant dans leur vie afin qu'ils observent ce mécanisme.

Cette prise de conscience a des implications étonnantes ! Par exemple, elle prédit que les personnes dont les yeux étaient fermés, ou même les personnes aveugles (en supposant qu'il n'y a pas de lésions cérébrales), ont une image « visuelle » du traumatisme, ce que la science conventionnelle déclarerait comme étant impossible. Il s'avère que ce phénomène a été découvert au cours des dernières années et est décrit dans le livre *Mindsight* du Dr Kenneth Ring.

Maintenant, comment utiliser cette prise de conscience dans la guérison :

> « Pour guérir ce souvenir, il suffit d'inverser ce qui s'est passé. Au lieu de quitter votre corps, entrez-y dans le passé ET RESSENTEZ CE QUE VOUS NE VOULIEZ PAS RESSENTIR LA PREMIÈRE FOIS. Alors, comment faire ? Il s'avère qu'il n'y a qu'un seul endroit d'importance critique dans notre corps où nous devons rester pour guérir, c'est-à-dire au centre de la poitrine, environ à mi-chemin

entre les mamelons. La façon la plus simple de comprendre ce que je veux que vous fassiez est de placer et de garder votre main sur votre poitrine à cet endroit-là, dans le présent. Cela vous donne une sensation corporelle dans le présent pour vous rappeler ce que cela veut dire d'être dans votre poitrine tandis que vous êtes dans le passé. Donc, retournez à cette image dans le passé où vous êtes sorti de votre corps. Vous remarquerez que vous pouvez déplacer votre point de vue à volonté. Essayez de vous déplacer vers la gauche, puis vers la droite, pour bien vous en rendre compte. Maintenant, retournez directement dans votre corps dans le passé, en regardant à travers vos yeux ce qui se passait, en sentant votre corps tel qu'il était, et EN RESTANT TOUT PARTICULIÈREMENT DANS VOTRE POITRINE DANS LE PASSÉ. »

Un petit pourcentage de gens éprouve beaucoup de difficulté à voir l'image associée à ce souvenir (ou en fait n'importe quelle image mentale), mais heureusement le processus de la WHH fonctionne toujours, c'est juste un peu plus difficile pour elles, car elles doivent se sentir dans leur corps sans aucun retour visuel.

La deuxième prise de conscience critique pour la guérison est de réaliser qu'un individu « quitte son corps » à partir du centre de sa poitrine. La technique de « la main sur la poitrine » est d'une grande aide pour environ 2/3 des personnes que je vois, en augmentant considérablement la compréhension qu'ont les gens de ce que je veux qu'ils fassent. Faire en sorte que les gens restent dans leur corps, et en particulier dans leur poitrine dans le passé pendant un traumatisme, est à mon avis ce que les modalités de guérison les plus efficaces tentent d'accomplir - elles ne le savent tout simplement pas ! C'est la « variable cachée » de la plupart des techniques de guérison, et je crois que cela explique souvent pourquoi une thérapie fonctionne parfois, et parfois pas.

La thérapie centrée sur le corps, qui utilise la respiration, profite peut-être d'une méthode indirecte pour retourner dans le corps. J'ai constaté qu'en cas de traumatisme grave, lorsqu'il était très difficile de retourner dans son corps, cela devient souvent très facile en accumulant un surplus d'oxygène avant de retourner au traumatisme. Je suppose qu'il s'agit du relâchement d'un traumatisme de la naissance activé concurremment, impliquant une privation d'oxygène et une lésion du plexus solaire et ayant déclenché pour la première fois une sortie hors du corps incontrôlée. Cette observation laisse également supposer que l'utilisation d'un supplément d'oxygène faciliterait la guérison des traumatismes.

Nous avons également découvert que les traumatismes sont stockés pendant l'expérience hors du corps lorsque le diaphragme se contracte. Ainsi, il est possible d'avoir une expérience hors du corps qui ne stocke pas de traumatisme, mais s'il y a stockage de traumatisme, le diaphragme a connu un durcissement momentané (ou prolongé, bien sûr) pendant l'expérience hors du corps.

« Maintenant, laissez vous aller à ressentir ce qui s'est passé. C'est parfois beaucoup plus facile à dire qu'à faire, parce que nous ne voulions justement pas le ressentir la première fois. Quoi que vous fassiez, n'essayez pas de changer le passé. Non seulement ça ne marche pas, mais ça vous empêche de guérir. Acceptez simplement ce qui s'est passé. Et alors, si vous faites ça, il se passe quelque chose de très intéressant. C'est comme si vous drainiez un bol de liquide (émotionnel) à l'aide d'un tube. Avec un peu de pratique, vous pouvez réellement sentir l'émotion couler dans votre poitrine et s'y dissoudre, comme si votre poitrine était une sorte de drain. Que vous ayez ou non cette perception, alors que vous restez avec le sentiment, il s'épuise tout d'un coup et prend fin. Maintenant, il peut se produire une des trois choses suivantes. Soit 1) vous vous sentez calme, paisible et léger, 2) une autre sensation qui était cachée sous la dernière apparaît, et vous l'évacuez également, comme si vous épluchiez les couches successives d'un oignon ou 3) un souvenir antérieur surgit, et vous passez à lui pour le guérir. »

Quand j'ai commencé à utiliser cette technique, j'ai supposé que j'effaçai simplement une mémoire complexe. Maintenant, j'en suis arrivé à la conclusion que j'étais en fait dans le passé en train de changer celui-ci « en temps réel », d'une manière limitée. Cela a d'énormes implications pour comprendre comment le passé, l'avenir et le présent interagissent, et j'y reviendrai plus en détail dans la formation.

Ce mécanisme de « drainage » est fascinant. Il peut être considérablement accéléré en ajoutant d'autres techniques, mais je ne les enseigne d'habitude pas au début, car il devient trop difficile de suivre toutes les instructions à la fois.

Notez également que je ne recommande PAS de donner une quelconque affirmation ou conseil positif au client. En général, je pense que la seule utilité des affirmations positives est de faire apparaître la résistance à ces affirmations afin de les guérir.

Il ne suffit toutefois pas de s'occuper de la partie émotionnelle du traumatisme. Deux autres facteurs sont essentiels pour une guérison réussie :

> « Il y a une autre partie importante à cela. Pendant que vous guérissez, prêtez attention à vos pensées dans le passé. Chaque incident est associé à au moins une courte phrase, généralement de 2 à 6 mots (par exemple « je suis stupide »). Il est très important que vous perceviez et ayez vraiment conscience de la phrase qui a dirigé votre vie depuis ce moment-là. Elle peut être vraie ou fausse, spécifique ou générale - mais le problème est que nous l'adoptons et l'appliquons par la suite à tout ce qui nous entoure dans notre vie, sans discernement.
>
> De plus, vous devez ressentir ce que votre corps a ressenti, c'est-à-dire la tension à l'estomac, la douleur d'une blessure, etc. Comme pour les émotions, vous devez le ressentir jusqu'à ce que cela disparaisse complètement également. Je passe rapidement sur ce sujet, mais, comme vous pouvez l'imaginer, cela peut parfois être atrocement douloureux.
>
> Donc, en résumé, mettez votre main sur votre poitrine, allez dans votre corps dans le passé, ressentez les émotions jusqu'à ce qu'elles soient parties, remarquez la phrase que vous vous êtes dite à l'époque et ressentez les sensations du corps jusqu'à ce qu'elles soient parties également. Nous vous recommandons de rester dans le traumatisme, même lorsque vous croyez qu'il a disparu, pendant encore environ trois minutes, car il y a parfois du matériel subtil ou douloureux qui est encore réprimé hors de la conscience, ou alors certains événements inhabituels de nature spirituelle ou de guérison nécessitent plus de temps pour arriver à complétion. »

Il s'avère que chaque traumatisme comporte habituellement toute une constellation de phrases qui se rattachent aux sentiments traumatiques, mais celle qui est arrivée au moment du traumatisme lui-même maintient tous les autres en place. L'obtention de cette phrase clé élimine tout le reste du matériel qui lui est relié. Si vous ne prenez pas conscience de cette phrase, vous constaterez que le sentiment ne peut pas être complètement évacué. Surtout en cas de traumatisme grave, vous ressentirez une intensification soudaine des symptômes physiques ou émotionnels lorsque vous vous approchez de la phrase exacte. Par exemple, alors que je travaillais sur une blessure grave survenue à l'âge de 11 mois, j'avais le souffle soudainement coupé lorsque je pensais « Je ne peux pas faire confiance à maman ! ». Plus tard, la phrase correcte m'est venue : « On ne peut pas faire confiance aux femmes ! » et tout le traumatisme s'est libéré. La phrase correspond à la sensation corporelle, ce qui revient à mettre des mots sur ce que notre corps ressent. Ceci est appelé le « ressenti corporel » dans le livre Focusing d'Eugene Gendlin, auquel vous pouvez vous référer pour en savoir plus et apprendre des méthodes pour pratiquer la technique du même nom.

Diverses techniques de guérison se focalisent sur une partie du tout, mais, pour guérir complètement le traumatisme, il faut tenir compte des contributions de chaque partie de nous (le mental, le cœur et le corps). Il me semble que le stockage de matériel traumatique correspond à un mécanisme de survie présent en nous et chez toutes les autres espèces animales, et dont nous avons perdu le contrôle.

> « Alors, comment savez-vous si vous avez terminé ? L'image aurait dû se dissoudre, de sorte que vous êtes juste dans votre corps dans le passé, regardant à travers vos yeux. Les sentiments de l'incident

devraient disparaître, comme si vous relisiez les pages d'un vieux journal. En guise de test, si vous essayez de jeter un coup d'œil rapide à la mémoire, il n'y aura pas de petit pincement douloureux. Revenez au présent et voyez si ce qui vous tracassait (ce qui était à l'origine de ce travail) est maintenant apaisé. Si ce n'est pas le cas, soit le traumatisme sur lequel vous avez travaillé n'est pas terminé, soit il y a une autre mémoire antérieure qui a besoin d'être guérie. La mémoire la plus ancienne comporte toujours des dommages corporels ou des blessures au corps. Restez avec le processus de guérison jusqu'à ce que vous soyez complètement en paix dans le présent. »

« Enfin, une question naturelle se pose : que faire si vous êtes interrompu, si vous ne pouvez pas terminer pour quelque raison que ce soit, ou si vous ne pouvez plus supporter la douleur. Bonne nouvelle ! Vous vous souvenez de l'analogie avec laquelle j'ai commencé, concernant le drainage d'un bol de liquide émotionnel ? C'est en fait une description assez précise de ce qui se passe et donc, si vous guérissez un peu un traumatisme, il restera moins de sensations à ressentir par la suite. La douleur émotionnelle ne remontera pas non plus à son niveau antérieur et vous n'aurez pas à recommencer à la case départ. Toutefois, si vous faites une pause, n'oubliez pas de prendre des notes afin de vous rappeler d'y retourner plus tard et d'achever votre travail. »

Quels sont les inconvénients potentiels de cette technique de guérison ? D'abord, elle est intrinsèquement douloureuse. Deuxièmement, la douleur émotionnelle et physique qui peut survenir lorsque vous vous souvenez de votre passé est habituellement pire que la douleur que vous aviez avant de commencer le processus. Donc, si vous ne terminez pas la guérison d'un traumatisme, vous risquez pendant un certain temps de vous sentir encore plus mal qu'au moment où vous avez commencé. Troisièmement, en de très rares occasions, une douleur physique ou émotionnelle peut apparaître, comme si elle venait de nulle part, car un traumatisme antérieur « sous » celui sur lequel vous travaillez commence à se manifester. La guérison complète du traumatisme sur lequel vous travaillez et l'utilisation d'autres techniques telles que « s'aimer soi-même » de Hendricks permettront généralement de mettre à jour le nouveau traumatisme, mais pas toujours. Heureusement, dans tous les cas, la douleur s'estompe comme elle l'a fait à l'origine.

Nous avons constaté que tous les traumatismes *in utero* sont TOUJOURS associés à des blessures physiques, en raison de la nature inhabituelle de la conscience fœtale. Persévérez jusqu'à ce que le client arrive non seulement au CPL, mais qu'il se sente très grand *in utero* partout. Après la naissance, un événement peut être traumatisant sans blessure physique. Ceci est en rapport avec le changement de type de conscience que nous traversons à la naissance. Assurez-vous de persévérer jusqu'aux véritables points d'origine.

Les erreurs initiales fréquentes

La plus grosse erreur que les gens commettent est de ne pas rester dans le processus jusqu'à ce que tous les sentiments soient partis. C'est une réaction tout à fait naturelle parce que nous avons tous fait l'expérience de nous rappeler d'un souvenir douloureux et qu'il ne disparaisse pas, alors nous essayons simplement de l'oublier. (J'aurais aimé que l'oubli fonctionne vraiment, mais malheureusement le traumatisme demeure, telle une mine antipersonnel prête à exploser plus tard dans notre vie.) Pour tenir compte de ce problème, je demande maintenant aux clients de rester trois minutes de plus dans leur corps après que nous pensions avoir terminé, juste pour nous assurer qu'il n'y a rien d'autre qui remonte à la surface.

Une autre erreur importante que font les gens est qu'ils sortent de leur corps lorsqu'ils se souviennent de ces choses, tout comme la première fois, et donc le problème ne disparaît évidemment pas. On recommence la même chose ! Je ne le répéterai jamais assez, **VOUS DEVEZ RESTER DANS VOTRE POITRINE DANS LE PASSÉ.**

Une autre erreur se produit lorsque la personne ne reste pas focalisée au moment de l'image et erre un peu autour du moment qui est si douloureux. C'est comme rentrer et ressortir du moment douloureux, ou comme une sorte de floutage involontaire. Cela prolonge certainement la douleur et, pour la plupart des gens, arrête probablement complètement la guérison. Une variante moins courante consiste à « surfer » sur plein de traumatismes, comme zapper entre différentes chaînes à la télévision, mais sans rester avec l'un d'eux suffisamment longtemps pour guérir. Si vous avez simultanément plusieurs symptômes de différents traumatismes, choisissez d'abord celui qui semble le plus pressant et restez avec lui jusqu'à ce qu'il soit parti avant de passer au suivant.

L'autre erreur courante des gens est de porter un jugement négatif sur ce qui s'est passé, du genre « je n'aurais pas dû faire ça » ou « comment aurais-je pu ressentir ça » ou... Entrer dans un jugement négatif ne fait qu'aggraver le problème. Au lieu de cela, il est nécessaire d'avoir une attitude d'acceptation envers vous-même (ou, mieux encore, une attitude d'amour de soi, car celle-ci contient en elle-même l'acceptation). Un problème que je rencontre occasionnellement est celui des gens qui essaient de comprendre et de pardonner les pensées de leur point de vue actuel, plutôt que de ce qu'ils pensaient vraiment à l'époque. Le contraire peut aussi être vrai, comme cela peut être le cas lorsque vous ne pensez qu'à condamner quelqu'un dans le présent alors qu'en réalité vous ne pensiez à l'époque qu'à une perte ou à un deuil. Heureusement, il suffit de porter la phrase à la conscience en même temps que de libérer l'émotion pour l'éliminer de votre vie, et il n'est pas nécessaire d'essayer de remédier à ce que vous avez ressenti, pensé ou fait.

> **Exemple :** Paula a régressé jusqu'à un traumatisme prénatal. Il y avait un dilemme insoluble : le zygote n'arrivait pas à se décider entre sauter dans l'utérus ou s'arrêter sur place. Paula a été fortement tentée de le « réparer » en faisant sauter le zygote, parce qu'elle savait de son point de vue d'adulte que c'était la bonne chose à faire. Au lieu de cela, elle est restée comme il le fallait avec le traumatisme et il s'est produit un dénouement complètement différent. Au lieu de percevoir l'utérus comme une immense chambre vide, il est soudain devenu un océan rempli de vie dans lequel elle a plongé avec joie.

Une autre erreur, bien que beaucoup moins fréquente, se produit lorsqu'une personne essaie de parler des sentiments douloureux qu'elle éprouve, une sorte d'approche thérapeutique classique. Malheureusement, beaucoup de gens utilisent la parole comme moyen de défense contre les sentiments et, en conséquence, rien ne guérira tant qu'ils n'arrêteront pas de faire ainsi. Ces personnes doivent cesser d'intellectualiser pendant qu'elles travaillent sur d'anciennes expériences douloureuses, jusqu'à ce qu'elles les aient guéries. Cela ne pose généralement pas de problème de parler pendant le processus de guérison tant que cela ne devient pas un obstacle au ressenti.

Une façon vraiment détournée de NE PAS guérir est lorsque les gens essaient de s'aimer eux-mêmes dans le passé en embrassant avec amour leur soi passé, un peu comme le ferait un parent avec un enfant. L'erreur ici est que vous devez fusionner avec vous-même dans le passé, devenir vous-même, et ne pas rester à l'extérieur en vous faisant des câlins !

Une personne avec laquelle j'ai travaillé avait compris qu'elle devait contenir ses sentiments dans sa poitrine quand je lui ai dit de rester dans sa poitrine - un peu comme si elle devait emprisonner ces sentiments douloureux. Lorsque vous allez dans le passé, vous devez vous assurer de ne pas sortir de votre corps, et l'endroit d'où vous sortez de votre corps est votre poitrine. Cependant, vous avez besoin de ressentir tout votre corps dans le passé, parce que c'est là que se trouvent les émotions !

Accélérer la guérison

Si vous pouvez ressentir un véritable amour envers vous-même alors que vous ressentez simultanément quelque chose de traumatique, cela accélérera radicalement le processus de guérison. Dans les traumatismes graves, j'ai aussi constaté que cela amène dans leur corps des personnes qui n'y arriveraient pas autrement. Enfin, cela vous aidera souvent à vous rappeler les souvenirs traumatiques que vous avez besoin de guérir. Là encore, je vous renvoie à la technique du Dr Gay Hendricks qui se trouve dans le livre *The Learning to Love Yourself Workbook*.

La deuxième technique est plus inhabituelle. Pendant que vous retournez au traumatisme, faites comme si votre corps, et tout particulièrement votre poitrine, était plein de lumière. Imaginez qu'il y a des boules translucides de lumière blanche dans votre tête, votre poitrine et votre bas-ventre, et que vous êtes ces boules de lumière. Le plus important est d'être cette boule de lumière blanche dans votre poitrine. La lumière blanche est la façon dont une partie de nous perçoit la conscience-de-soi qui n'est pas obturée. De plus, essayez de sentir que votre corps est grand à partir de votre point de vue à l'intérieur de votre corps. Si vous le pouvez, essayez de vous sentir entier ou complet, tel que vous êtes. Par ça, je ne veux pas dire guéri - cela vient plus tard. Enfin, cela peut aider de trouver la sensation d'une plus grande présence. Ensuite, partez à la recherche du sentiment avec lequel vous avez eu des problèmes. Expérimentez un peu avec ceci, parce que ce que vous essayez de faire est de prendre conscience (ne serait-ce qu'un tout petit peu) de la façon dont vous vous êtes perçu dans l'utérus, de sorte que vous pouvez être un peu à nouveau comme ça afin de rendre la guérison plus facile. La partie concernant la lumière à l'intérieur de vous est en réalité vraie tout le temps, comme l'est la plus grande présence, elle est juste bloquée hors de votre conscience. Essayez de le pratiquer jusqu'à ce que cela vienne naturellement. J'aimerais exprimer ma reconnaissance envers le Dr Andrew Terker pour sa technique que j'ai adaptée.

Certains états de conscience extraordinaires accélèrent considérablement la guérison (par exemple les états « Vacuité », « Complétude » et « Conscience de Gaïa »). Une façon d'obtenir le même effet sans avoir un état de conscience extraordinaire dans le présent est la suivante : si, au cours de votre travail, vous pouvez vous souvenir d'une mémoire utérine qui a été vécue sans traumatisme (vous vous sentez lumineux et grand dans l'utérus), essayez de superposer ces sensations au traumatisme que vous essayez de soigner. Cela peut accélérer considérablement le processus. (Soit dit en passant, le processus du WHH n'est en fait qu'un moyen de simuler comment vous guéririez un traumatisme si vous possédiez un état de conscience extraordinaire, mais en le faisant une étape à la fois plutôt que tout en même temps).

Points clés:

- Les traumatismes (généralement oubliés) sont au cœur des problèmes émotionnels dans le présent.

- L'expérience hors du corps est le mécanisme de stockage des traumatismes.

- Le CPL (Calme, Paix et Légèreté) est la finalité de la guérison.

- Un traumatisme comporte généralement des émotions en couches, tel un oignon.

- Les traumatismes se connectent les uns aux autres en suivant un thème émotionnel jusqu'à l'origine.

LES TRUCS ET ASTUCES DU WHH : QUE FAIRE SI LE TRAUMATISME NE SE LIBÈRE PAS ?

Pendant que vous faites ce travail de guérison, vous ferez généralement l'expérience de la douleur émotionnelle et physique sur laquelle vous travaillez, et vous arriverez à une fin nette et définitive. Cependant, certains traumatismes ne se guérissent pas aussi facilement que ça. L'émotion ne s'arrête pas, ou alors elle traîne sans point final clair. Environ 10 % des gens rencontrent ce genre de situation la première fois que je travaille avec eux. Après avoir passé en revue toutes les possibilités qui me viennent à l'esprit, je leur demande d'essayer de guérir un autre problème. Je veux qu'ils aient une expérience claire de quelque chose de guéri afin de savoir à quoi ressemble la guérison. Armés de cette expérience, ils peuvent avoir confiance en l'efficacité de ce type de guérison et nous pouvons ensuite retourner en arrière et découvrir ce qui s'est mal passé.

J'imagine que, dans votre cas, vous savez à quoi ressemble la guérison, mais que vous avez cependant rencontré ce problème. Il s'avère qu'il peut s'expliquer de diverses façons. Une raison fréquente est que nous avons l'idée que ce que nous ressentons n'est pas bien. Par exemple, une femme estimait qu'il n'était pas acceptable de ressentir de la tristesse parce que sa mère ressentait constamment de la tristesse. Avant de pouvoir se libérer de sa tristesse, elle a d'abord dû guérir sa répugnance à se sentir triste. Dans mon propre cas, j'avais le même sentiment de répulsion à l'égard de ma colère en raison d'une expérience d'anesthésie à la naissance. Je suggère donc que si vous avez une émotion particulière que vous ne pouvez pas libérer, vous cherchiez d'abord un traumatisme dans votre vie qui vous a fait décider qu'il n'était pas correct pour vous de ressentir cette émotion.

Probablement le plus grand problème dans la libération d'un traumatisme grave se produit parce que la formulation exacte de l'expression traumatique n'est pas conscientisée. Par exemple, quand j'ai guéri un coup sévère à la tête lorsque j'étais bébé, le traumatisme ne voulait tout simplement pas se libérer. Au fur et à mesure que j'essayais différentes phrases, l'inconfort dans mon plexus solaire et mon ventre augmentait lorsque je me rapprochais de la bonne formulation. Ainsi, la phrase « je ne peux pas faire confiance à maman » me faisait perdre mon souffle, mais le traumatisme ne disparaissait toujours pas. Ce n'est que lorsque j'ai trouvé la phrase exacte, « je ne peux pas faire confiance aux femmes », que le traumatisme s'est soudainement libéré.

L'une des méthodes les plus puissantes que je connaisse est de mettre le client dans la même position physique que lors du traumatisme et, si possible, d'effectuer le même mouvement physique, lentement et doucement. Cela peut permettre à quelqu'un qui n'est pas capable de guérir et d'être dans son corps d'y arriver, ou cela peut accélérer la guérison de quelqu'un qui est déjà capable de guérir. Par exemple, pour les traumatismes *in utero*, mettez le client en position fœtale. Ou, par exemple, dans un accident de voiture, mettez-les dans la même position (en plus d'être sur le côté ou à l'envers ou quoi que ce soit d'autre) que celle dans laquelle ils se trouvaient au moment sur lequel ils travaillent. Pour en savoir plus à ce sujet, je vous renvoie au livre du Dr Gay Hendricks *At the Speed of Life* et à son approche de la guérison centrée sur le corps.

Une autre technique a été découverte par une de mes clientes. Comme je l'ai mentionné, c'est le fait de tendre le diaphragme tout en ayant une expérience hors du corps qui bloque le traumatisme en place. Elle a constaté qu'elle pouvait inverser ce processus en demandant à ses clients de s'allonger sur le dos, les genoux en l'air et la plante des pieds à plat. Ils portent leur attention sur leurs pieds (pour s'ancrer dans le sol) tandis que la thérapeute masse doucement leur diaphragme afin de le détendre, en même temps que les clients se concentrent sur le traumatisme sur lequel ils travaillent. Cela fait en sorte que les émotions bloquées s'écoulent à travers le client et se libèrent de façon spectaculaire pendant le processus du WHH. Il est possible de faire seul la variante suivante : arrondissez votre bassin aussi haut qu'il vous est confortablement possible d'aller (les genoux fléchis et les pieds sur le sol/lit) puis laissez le corps s'affaisser au sol en relâchant complètement le bassin, le dos et les muscles abdominaux.

Une autre technique est tirée du livre du Dr Gay Hendricks, *Conscious Breathing*. Le client s'allonge (sur le sol, sur la table de massage, etc.) et le thérapeute s'assoit à sa tête, les mains palpant la partie supérieure avant de la tête de telle sorte que ses doigts sont drapés sur le front du client et que le bout de ses doigts touche ses sourcils. Il leur parle ensuite du traumatisme, en les faisant se concentrer sur leurs sentiments et leurs pensées, tout en s'assurant qu'ils respirent à travers ces sentiments et ces pensées. Bien sûr, nous ajoutons la WHH en nous assurant que le client est dans le corps dans le passé durant ce processus.

Le choix du moment peut être important pour la guérison. Une femme avec laquelle j'ai travaillé m'a dit qu'elle avait découvert qu'elle ressentait parfois une sensation particulière dans sa poitrine et qu'à ce moment-là, la guérison lui venait facilement. Il s'avère que le moment le plus facile pour guérir est quand vous vous sentez le plus malheureux ! Ces sentiments dans le présent vous rapprochent le plus possible de la douleur originelle. Si vous attendez d'être plus calme ou d'avoir le temps, il sera souvent impossible d'atteindre le sentiment du traumatisme. Après tout, qui ne résisterait pas inconsciemment à se sentir mal s'il se sent bien dans le présent ?

J'ai aussi trouvé que, pour moi, le meilleur moment pour guérir est tôt le matin, juste après mon réveil, alors que je suis encore dans mon lit, pas tout à fait éveillé. C'est parce que mes pensées conscientes ne me gênent pas autant. Souvent, une phrase traumatique va me venir à l'esprit pendant que je suis à moitié endormi, alors que ce n'est pas le cas lorsque je suis bien réveillé. Cela me permet également d'adopter plus facilement la position fœtale ou toute autre posture dans laquelle j'étais lorsque le traumatisme s'est produit, ce qui peut grandement accélérer le processus. En fait, j'ai découvert que j'ai vraiment envie de m'endormir dans la journée lorsqu'un souvenir traumatique essaie de faire surface. Faire une sieste me permet d'en prendre conscience à mon réveil. Mais attention, j'ai une fois eu l'expérience opposée d'essayer de dormir pour m'éloigner de l'expérience qui essayait de venir à la surface !

Je vous conseille à nouveau d'utiliser la technique de s'aimer soi-même. Elle est simple, mais très puissante. Une variante consiste à se remémorer un endroit physique où l'on se sentait particulièrement bien, à faire remonter ce sentiment en soi, et à ensuite aller à la recherche du souvenir traumatique.

Un autre moyen très efficace d'accélérer ou d'accomplir la guérison est de combiner le WHH avec d'autres thérapies énergétiques (voir au troisième jour de cette formation). En particulier, la meilleure technique que je connaisse pour trouver la douleur émotionnelle et physique dans un souvenir qui vous savez doit être présente, mais que vous ne pouvez pas ressentir s'appelle le « Traumatic Incident Reduction » (TIR) ou « visionnage » pour faire court. Elle est enseignée par l'Institute for Metapsychology de Menlo Park, en Californie, et je la recommande fortement, de même que les autres cours dispensés par cet institut. Fondamentalement, ce que vous faites, c'est passer en revue l'ensemble du traumatisme, instant après instant, avec le plus de détails possible. Vous commencez consciemment juste avant le début du traumatisme, vous passez en revue l'incident, puis vous le repassez encore et encore autant de fois qu'il le faut. On constate généralement que rien ne fait mal au début, une plus grande partie du souvenir est ensuite mise en lumière, puis la douleur augmente, atteint un crescendo et se termine rapidement. Rester dans sa poitrine et son corps accélère le processus. J'ai trouvé cette technique inestimable avec certains traumatismes que je ne pouvais pas ressentir. On en reparlera plus tard.

Certains traumatismes ne veulent tout simplement pas se dissiper complètement lorsque vous vous concentrez uniquement sur votre propre expérience. Vous devez également être conscient de la façon dont d'autres personnes dans l'événement ont été affectées par ce qui s'est passé et ressentir leurs sentiments. C'est suffisant pour laisser partir ce qui reste. *In utero*, cela est particulièrement fréquent en raison de la connexion entre le fœtus et les parents. Et en particulier *in utero*, le problème inverse peut se produire :

> **Exemple :** Paula a découvert que pendant un traumatisme *in utero*, si elle étend sa conscience à sa mère, elle peut faire la différence entre ses propres sentiments et ceux de sa mère. Cela évite le problème d'essayer par erreur de guérir les sentiments de sa mère quand c'est sa propre matière

qu'elle doit ressentir. Habituellement, il s'agit d'émotions proches, ce qui rend l'erreur facile à faire. Puis le traumatisme se dissipe rapidement par la suite.

Il est intéressant de noter qu'il suffit souvent de rappeler au client qu'il va et a survécu à ce traumatisme pour qu'il aille dans son corps et guérisse.

Je vous encourage à utiliser d'autres modalités de guérison comme l'EFT, l'EMDR, la respiration holotropique, le travail corporel, d'autres thérapies énergétiques ou ce qui vous plaît. Au fur et à mesure que nous avancerons dans la formation, nous couvrirons d'autres façons possibles de faciliter et d'achever la guérison.

Les copies

Un autre problème peut survenir lorsque vous rencontrez un traumatisme qui implique une « copie ». À l'occasion, vous vous heurterez à des souvenirs, surtout au tout début de votre vie, où le fait de ressentir le sentiment ne change absolument rien. Et malheureusement, vous pourriez ressentir ces sentiments pour toujours et ils ne disparaîtraient pas. C'est parce que ce sentiment particulier est en fait celui de quelqu'un d'autre que vous avez copié au moment d'un traumatisme dans votre vie. Dans ces situations, vous ressentez ce que quelqu'un autour de vous a ressenti comme si c'était votre propre émotion et/ou sensation ou douleur corporelle.

Tout d'abord, comment la copie est-elle créée ? En période de crise, comme vous le savez, vous sortez de votre corps. Mais si vous allez à ce moment-là dans la région du cœur d'une autre personne, vous allez stocker leur émotion comme si c'était la vôtre. Heureusement, la plupart des gens cessent de faire cela à un assez jeune âge, vous n'aurez donc pas à vous en soucier trop souvent. Alors, comment guérir cela ? Vous devez prendre conscience de ce que vous avez vraiment ressenti à ce moment-là et le guérir. Les émotions copiées se dissolvent tout simplement - il peut même vous arriver de les sentir partir vers l'extérieur, loin de votre corps.

Comment savoir si vous ressentez une copie ? Les sentiments copiés peuvent être faciles ou difficiles à repérer. Les émotions copiées ont en elles une « tonalité » subtile permettant de les identifier, comme si l'autre personne était présente dans votre propre corps à l'endroit où se trouve l'émotion. Ceci peut parfois être assez difficile à percevoir, donc si la guérison prend un temps inhabituellement long, sans aucune avancée, essayez l'astuce suivante : devinez ce que quelqu'un d'autre aurait ressenti dans ces circonstances et faites-en doucement l'expérience dans votre propre corps. Par exemple, si vous vous sentez triste alors que la plupart des gens auraient été en colère dans votre situation, essayez la colère pour voir. Si vous avez fait une copie, cela déclenche généralement une réaction beaucoup plus forte alors que vous vous débarrassez de la copie et que vous prenez conscience de vos propres sentiments.

Dans mon cas, je pouvais dire quand j'avais copié des choses de mon père, parce que la sensation avait une tonalité de papa. Cela était beaucoup plus difficile à dire dans le cas de ma mère parce qu'à la naissance, je m'identifiais émotionnellement à ma mère, et cela a été renforcé en grandissant parce qu'elle était mon parent « sécurité ». Il m'a fallu beaucoup de temps pour m'améliorer à repérer les copies de maman.

Ces copies peuvent causer d'énormes souffrances. Dans les sections suivantes, nous décrirons comment elles ont poussé des gens à fumer et apparaissent souvent dans des blessures chroniques comme les épaules ankylosées ou les douleurs chroniques.

Une bonne façon d'identifier les copies est d'aider le client à se rendre compte que le symptôme provient d'une zone de son corps, sur la peau et à l'extérieur du corps, et contient la sensation de la personnalité d'une autre personne (comme s'il y avait un ballon ancré dans le corps et qui s'étendait à travers la chair jusque dans l'air). Pour une illustration de ce phénomène, référez-vous au *Manuel de Diagnostic en Psychobiologie Subcellulaire*. Il y a plusieurs façons d'éliminer ce problème.

1. Une façon est de faire régresser le client au moment où il a copié l'émotion de l'autre personne, et d'aller dans son propre corps (au lieu de celui de l'autre personne) et de ressentir ses propres émotions à ce moment-là. La copie sort alors de son corps et se dissout.

2. Une autre façon est d'envoyer un sentiment d'amour vers le point d'ancrage du « ballon » de la copie à l'intérieur du corps du client. L'amour agit comme un solvant sur le point d'attache qui se dissout rapidement (en quelques secondes) et se détache du corps du client. Cependant, certaines personnes ont de la difficulté à ressentir de l'amour et donc accomplir ce processus, de sorte que le processus de régression ci-dessus peut être plus simple pour elles. Si vous utilisez cette approche, nous vous recommandons fortement de guérir la sensation qui est maintenant mise à jour, soit par régression, soit avec l'EFT.

Les copies sont courantes chez les clients qui ont « tout essayé », mais sans succès. (Bien sûr, les copies ne sont qu'une des nombreuses raisons possibles, comme une mauvaise technique, un traumatisme sous-jacent que le client est incapable de ressentir, des « boucles temporelles », etc.) De façon générale, en tant que thérapeute, si les techniques standard n'agissent pas sur le symptôme de votre client, soupçonnez en premier lieu une copie. Le phénomène des copies ne survient qu'après la naissance, bien que les traumatismes qui l'ont mis en place surviennent *in utero* ou plus tôt.

Points clés:

- Dans les traumatismes graves, le blocage est habituellement de trouver la phrase exacte.

- L'une des façons les plus simples de vivre un traumatisme difficile à ressentir est d'adopter la même position corporelle que celle au moment du traumatisme.

- Le relâchement du diaphragme ou l'hyperventilation facilitent habituellement la libération du traumatisme.

- Les « copies » d'autres personnes ne peuvent pas être éliminées. Au lieu de cela, il faut ressentir ses propres sentiments pour les libérer.

LES TRUCS ET ASTUCES DU WHH : QUE FAIRE SI VOUS NE VOUS SOUVENEZ PAS DU TRAUMATISME ?

Disons que vous êtes malheureux dans le présent et qu'aucun incident antérieur n'apparaît lorsque vous recherchez dans le passé. Heureusement, il y a plusieurs choses que vous pouvez faire. Tout d'abord, utilisez la technique de s'aimer soi-même sur ce que vous ressentez. Cela a tendance à relâcher la pression et, la plupart du temps, un souvenir antérieur fera surface. Cela fonctionne si bien que je dois rarement faire autre chose que les encourager à prendre un peu de temps pour refaire surface. Ensuite, examinez vos croyances à propos de ce qui se passe. Avez-vous imaginé que c'était un problème qui venait de votre père (ou de votre mère) à cause du sexe de la personne impliquée, ou parce que tous vos problèmes proviennent de votre père (ou de votre mère) ? Par exemple, une de mes amies était convaincue que son problème provenait de son père et elle n'arrivait nulle part. Une fois qu'elle s'est débarrassée de ses idées préconçues, il s'est avéré qu'il s'agissait d'un incident avec une enseignante de deuxième année. Encore une fois, la seule chose importante est de suivre le sentiment dans le passé, pas les circonstances.

Une autre chose que vous pourriez essayer est de regarder dans le passé immédiat, il n'y a pas si longtemps. Et si votre misère était d'origine récente ? Même si ce n'est pas le cas, quelque chose qui s'est produit hier ou la semaine dernière peut vous donner un point d'entrée dans la séquence de traumatismes comme une « première assiette dans la pile ». À partir de là, vous pouvez travailler en remontant dans le temps.

À l'occasion, vous (ou le client) tenterez de travailler sur un problème alors que votre attention est en fait fermement rivée sur un autre problème, peut-être quelque chose qui vient de se produire dans votre vie. Bien que de nombreuses personnes puissent quand même travailler, certaines personnes préoccupées par un évènement précis (telle une dispute avec leur conjoint juste avant la séance), trouveront qu'elles ont besoin de traiter le problème qui les accapare à ce moment-là. Dans ce sens, je suggère que les étudiants qui suivent nos formations travaillent sur le problème qui est le plus important ou le plus grave sur le moment (celui ayant la note la plus élevée sur une échelle de 0 à 10).

J'ai également constaté que les circonstances extérieures jouent un rôle énorme pour m'aider à guérir. Quand quelque chose s'active, c'est le meilleur moment pour chercher le souvenir traumatique. Il s'avère que le souvenir surgit souvent si nous le cherchons au moment où nous nous sentons le pire, parce que nous sommes tout proche de l'expérience originelle. En fait, j'ai découvert que je vais inconsciemment me mettre dans des situations qui me font me sentir de plus en plus mal, juste pour pouvoir accéder à ces souvenirs ! Cependant, soyez averti, si un souvenir traumatique surgit et que je décide d'attendre plus tard, il m'arrive parfois de ne pas pouvoir revenir à ce souvenir ou à la sensation de ce souvenir. Cela a parfois été une dure leçon ! Alors maintenant, je prends le temps de trouver un endroit discret, de mettre ma main sur ma poitrine et d'y aller. À d'autres moments, le simple fait de me balader va me donner l'inspiration dont j'ai besoin pour retrouver un souvenir perdu. Par exemple, je me demandais pourquoi ma digestion me posait problème. La simple vue d'une femme enceinte a déclenché le souvenir de l'époque où ma mère était enceinte de moi et où elle sentait que son ventre gonflé était mauvais parce qu'elle avait l'impression d'avoir l'air moche. Alors j'ai décidé que mon ventre était lui aussi mauvais.

Une autre façon de procéder est de s'inspirer de la tradition de la thérapie centrée sur le corps. Parcourez votre corps du regard, passez même votre main dessus et voyez si la sensation ou l'image provient d'un certain endroit. Ceci peut libérer votre attention et vous permettre de réaliser quand vous avez eu cette sensation à cet endroit particulier. Tout travail corporel peut également déclencher des souvenirs et j'ai utilisé la pression directe pour stimuler le recouvrement d'une image visuelle de moi-même dans le passé. Pour ce faire, soyez prêt à ce que l'image du traumatisme clignote et s'évanouisse tellement rapidement qu'il est facile de ne pas la voir. Appuyez fortement sur la zone affectée puis relâchez. Répétez cette opération jusqu'à ce que vous puissiez « capturer » l'image. Si vous êtes coincé, je vous recommande fortement de consulter un thérapeute formé aux thérapies Hendricks centrées sur le corps - ils sont capables de percevoir des choses qui se passent dans votre corps que vous ne remarqueriez probablement pas de votre propre chef, ce qui peut vous guider jusqu'au traumatisme.

Il s'avère qu'au cours de notre vie, c'est un peu comme si notre conscience était une bille dans un jeu de flipper. Lorsque nous nous retrouvons dans une situation qui nous rappelle quelque chose de douloureux, une image ou une phrase d'un traumatisme passé surgit si rapidement que nous ne la remarquons même pas. Au lieu de cela, nous réagissons et réprimons instantanément pour nous éloigner du stimulus, comme si nous avions heurté une de ces barrières qui émettent un son strident et renvoient la balle au centre. Avec de la pratique, vous pouvez apprendre à repérer ces images qui conduisent votre vie afin de les guérir. Alors, comment faire ? Eh bien, la simple connaissance du phénomène vous aidera à les découvrir par vous-même. Une autre façon est de s'entraîner à les repérer. Vous pouvez le faire à l'aide d'un appareil qui mesure la conductivité de la peau, une sorte de détecteur de mensonges pour les pauvres. Il mesure un changement dans la résistance électrique de la peau lorsque vous travaillez avec un matériau chargé émotionnellement. Avec l'aide d'un opérateur qualifié (ou de vous-même, avec de l'entraînement), l'aiguille de l'instrument va bouger momentanément lorsque ces images traversent la conscience. Cela vous donne l'habitude de prendre conscience de ce qui vient de se passer et vous pouvez retourner en arrière pour essayer à nouveau jusqu'à ce que vous le saisissiez.

L'Institute for Metapsychology de Menlo Park, en Californie, enseigne et travaille avec des clients qui utilisent la technique de l'appareil qui mesure la conductivité de la peau. Leur thérapie de psychotraumatologie TIR fonctionne bien. Mais ce qui nous intéresse particulièrement, c'est la façon dont ils peuvent utiliser l'appareil de mesure pour déceler les traumatismes que nous bloquons hors de notre esprit conscient. Je recommande vivement leur travail. Il est décrit dans le livre du Dr Frank Gerbode *Beyond Psychology*. Ils décrivent également très bien la façon dont les traumatismes sont reliés entre eux.

Beaucoup de clients qui n'ont pas réussi à guérir leur problème ou qui ont une orientation « new age » font parfois appel à un médium pour trouver la cause de leur problème et obtenir un traitement. Des organisations telles que le Berkeley Psychic Institute dans les années 1980 ont popularisé cette approche. Étonnamment, elle peut fonctionner dans certains cas, mais elle représente plusieurs problèmes graves : il n'y a pas de contrôle de qualité d'un médium à l'autre, d'un jour à l'autre ou d'une question à l'autre ; le client ne peut généralement pas savoir à partir de sa propre expérience si l'information est valide, à moins que le client ait un traumatisme dont il peut se souvenir ; le médium peut souvent être induit en erreur par ses propres problèmes ou par des manipulations inconscientes de la part du client ; et l'efficacité du traitement est très variable, si même elle existe vraiment. Cependant, d'un point de vue positif, si vous avez de la chance, un médium pourrait être utile pour trouver un traumatisme caché. Les traitements sont plus problématiques, mais peuvent parfois fonctionner. Par exemple, l'ancienne technique chamanique de « recouvrement d'âme » (voir le livre de Sandra Ingerman) peut fonctionner pour certains types de problèmes (bien que notre propre technique pour traiter ce phénomène soit généralement beaucoup plus simple et rapide et est appliquée par le client lui-même). Une autre technique est la technique traditionnelle de méditation silencieuse sur la respiration. Mais plutôt que d'essayer de calmer votre esprit, vous utilisez l'immobilité pour permettre aux problèmes de remonter à la surface. Puisque vous n'êtes pas censé bouger, vous ne pouvez pas être distrait par le monde extérieur. Cela peut être une aide précieuse pour travailler et certaines de mes avancées ont eu lieu pendant de longues retraites de méditation. Les courtes méditations de 25 minutes m'ont également fourni des idées et des expériences inestimables.

Une méthode un peu bizarre pour trouver un traumatisme consiste à utiliser ses rêves. Il m'est arrivé de me coucher en demandant quand le traumatisme que je recherchais s'était produit, et j'ai découvert que je me réveillais avec un numéro issu d'une partie du rêve. C'était mon âge quand le traumatisme s'est produit. Une autre façon d'utiliser les rêves est de suivre la série de sentiments dans le rêve et (habituellement) d'ignorer les images et le scénario. Vous pourrez constater que, souvent, le rêve comporte la même séquence de sentiments que le traumatisme réel, et le fait d'amener les sentiments dans la conscience fait également remonter le souvenir que vous recherchiez depuis longtemps.

J'ai découvert que je peux parfois utiliser mon propre cœur comme détecteur de mensonges. Si j'éprouve des difficultés dans le présent et que je pense au souvenir dans le passé qui a créé le traumatisme, j'ai la sensation que ma poitrine se détend et s'ouvre. Je n'en fais pas souvent l'expérience, mais c'est assez spectaculaire quand cela se produit.

L'une des techniques qui m'a énormément aidé dans ma propre guérison a été la respiration holotropique. J'ai tendance à penser que c'est comme laisser tomber une pierre sur le psychisme pour fracasser les résistances, mais c'est très efficace. Le seul défaut majeur de cette technique est le manque de conscience qu'il est essentiel de rester dans son corps pendant un traumatisme. À part ça, je recommande fortement cette technique. Une variante que j'utilise parfois est de pratiquer seul l'hyperventilation pendant 15 minutes avec de la musique que j'écoute avec des écouteurs, pour m'aider à entrer dans ou explorer des problèmes spécifiques. Les meilleurs praticiens de la respiration holotropique avec lesquels j'ai travaillé sont Sheelo et Amayo Bohm de North San Juan, Californie, et je les recommande vivement.

Une autre technique extrêmement puissante est la « quête de vision » amérindienne. Je fais référence à la pratique d'aller dans la nature sauvage, de rester assis dans une petite zone et de jeûner jusqu'à 4 jours avec l'intention de guérir ou d'avoir une vision. Cela fonctionne vraiment pour moi et, bien que je fasse ce travail seul, il y a beaucoup de formateurs compétents avec lesquels vous pourriez vouloir travailler, au moins dans un premier temps. La seule préoccupation que je pourrais avoir si vous travaillez avec d'autres personnes, c'est qu'elles essaient d'expliquer ce que signifie votre expérience. Peut-être taperont-elles dans le mille, mais peut-être pas. Alors, pesez le pour et le contre, tout comme vous devriez peser ce que je vous dis.

D'un point de vue pratique, imaginons que vous avez une décision à prendre. Vous savez que vous n'êtes pas dans le présent à ce sujet parce que vous vous sentez indécis ou avez un autre sentiment, mais vous ne vous sentez pas calme et en paix. Que faire ? Évidemment, la meilleure réponse est de guérir tous les traumatismes en rapport avec ça ou de changer votre état de conscience de sorte que le passé ne vous affecte plus émotionnellement (voir plus loin). Cependant, il y a une autre option. Si vous identifiez chaque sentiment et chaque pensée en rapport avec la question, vous obtiendrez un calme temporaire à ce sujet. Cela signifie que chaque traumatisme qui alimente cette problématique doit pouvoir s'exprimer (métaphoriquement) avant que la paix n'arrive. Malheureusement, certains d'entre eux peuvent sembler obscurs et pas du tout pertinents. C'est peut-être quelque chose que vous pouvez faire par vous-même, mais, quand je l'ai pratiqué, j'ai fait appel à quelqu'un de compétent pour m'aider.

Enfin, vous avez lu tout ceci dans tous les sens et tout essayé, et rien n'a fonctionné. Surtout si c'est un sentiment vraiment horrible auquel vous avez affaire, je peux vous recommander une chose qui a fonctionné pour plusieurs personnes, dont moi-même. Asseyez-vous et laissez-vous envahir par cette sensation dans toute son horreur. En moins de 30 minutes, elle atteint invariablement un crescendo, puis soudainement « casse » et disparaît. Je ne sais pas si c'est parti pour toujours (j'en doute un peu), mais au moins c'est sorti de votre vie pour le moment. Le plus difficile est de s'asseoir et de ne pas résister en faisant autre chose pour se distraire. La fuite est une réaction normale face à ce genre de chose.

LE PROCESSUS DU WHH - DEUXIÈME DÉMONSTRATION ET DISCUSSION

Encore une fois, nous allons faire une démonstration du WHH. Maintenant que vous en savez plus sur processus du WHH, réfléchissez à la façon dont vous allez procéder lorsque nous travaillerons en binômes la prochaine fois.

<u>Notes sur la deuxième démonstration :</u>

L'UTÉRUS, LA NAISSANCE ET LES TRAUMATISMES PRÉCELLULAIRES

Les traumatismes utérins, de la naissance et précellulaires apparaissent souvent dans notre travail de régression comme étant à l'origine d'une « séquence de traumatismes ». Ces types de traumatismes sont extrêmement importants dans notre travail pour plusieurs raisons. Premièrement, ces types de traumatismes causent généralement les plus gros problèmes chez nous et chez nos clients, beaucoup plus que presque tous les traumatismes postnatals. Deuxièmement, ils bloquent également les états de conscience extraordinaires (comme décrit dans nos livres *Peak States of Consciousness*, volumes 1 à 3). Dans cette section, nous allons vous donner les informations de base dont vous avez besoin pour faire face à ces traumatismes. Durant la formation, nous regarderons une vidéo avec des images *in utero* qui vous aidera à vous familiariser avec les images que vous et vos clients verrez lorsque vous aurez régressé vers cette période. Bon nombre des séances d'entraînement que vous ferez au cours des quatre prochains jours porteront sur ces types de traumatismes et notre intention est que la pratique répétée vous aide à vous sentir à l'aise pour y faire face. Si vous êtes intéressé(e), il existe de nombreuses bonnes sources d'information à ce sujet, par exemple celles de l'Association for Pre- and Perinatal Psychology.

À quoi s'attendre - Les mémoires utérines

Les souvenirs fœtaux sont très différents des souvenirs traumatiques qui surviennent après la naissance. Quand vous en rencontrez un, après avoir guéri, vous faites l'expérience de vous-même dans le ventre de votre mère, rempli d'une lumière blanche éclatante, et de votre corps étant très grand, presque comme si vous étiez un géant. C'est le point final d'un traumatisme natal ou plus ancien - non seulement CPL, mais aussi une sensation de lumière vive à l'intérieur du fœtus et la sensation qu'il est extrêmement grand dans l'ensemble de son corps (plus grand que dans le présent). Maintenez le processus de guérison du client jusqu'à obtenir ce résultat, puis recherchez les éventuels traumatismes antérieurs liés.

Les traumatismes de l'utérus (et les traumatismes antérieurs) ne surviennent qu'en raison d'une blessure physique au corps du fœtus. C'est parce que le fœtus a une conscience très différente de celle de l'adulte (sauf dans de très rares exceptions). Beaucoup de thérapeutes ne s'en rendent pas compte et, par conséquent, ne guérissent pas complètement les problèmes de leurs clients parce qu'ils ne traitent pas la blessure fœtale. Ainsi, des idées telles que « ta mère ne voulait pas de toi et c'est la raison du traumatisme » sont fausses. Que la mère vous ait voulu ou non n'est pas vécu comme un traumatisme pour le fœtus - celui-ci n'apprécie peut-être pas, mais ça ne reste pas. Cependant, si les sentiments de rejet de la mère se produisent *en même temps* qu'une blessure, les sentiments du fœtus sur ce que la mère ressentait font partie du traumatisme. Ces blessures peuvent inclure les aliments toxiques ingérés par la mère, le tabagisme, les chocs électriques, les bruits douloureux et les blessures corporelles directes causées par une chute ou un contact sexuel. Donc, même si vous guérissez la composante émotionnelle, n'arrêtez pas avant d'avoir guéri la douleur physique. Dans les cas de blessures graves avant la naissance, le fœtus a une apparence foncée. En guérissant la blessure, le fœtus s'illumine et s'agrandit de nouveau. Sachez que le fœtus peut « s'agrandir » dans des parties diverses de son corps et pas partout à la fois, tandis qu'il guérit différentes parties de la zone blessée. Restez là jusqu'à ce que le fœtus entier soit grand et brillant. Le placenta et le cordon ombilical font également partie du fœtus et doivent être inclus dans la guérison.

> **Exemple :** La première fois que Paula est entrée dans l'utérus, elle ne savait pas où elle se trouvait. Elle était dans un endroit chaud, d'un gris clair uniforme. Elle se sentait adulte et portait une cape. Elle avait déjà retrouvé ce souvenir d'elle-même plusieurs fois sans aucun changement. Il n'y avait pas d'émotions sauf une vague tristesse. Il n'y avait pas de douleur physique jusqu'à ce que le thérapeute lui dise spécifiquement d'en chercher. Elle a pris conscience de plusieurs blessures. En se concentrant sur la douleur physique une à la fois, elle a alors ressenti les émotions associées. La cape s'est avérée être son placenta. Elle a été très surprise de découvrir que son placenta faisait partie d'elle et non de sa mère. Il fallait aussi le guérir. Au début, elle avait pensé que son placenta l'attaquait parce qu'elle le percevait comme une présence consciente derrière son corps fœtal.

> **Exemple :** Une femme avait une relation avec un homme qui la maltraitait physiquement, mais elle n'arrivait pas à se sortir de cette situation. Ses sentiments l'ont menée à un souvenir utérin où sa mère a tenté un avortement et a endommagé le fœtus. La cliente a perçu comment elle reproduisait dans le présent les sentiments issus du traumatisme dans l'utérus. Après la guérison, le client n'a plus ressenti le besoin impérieux de poursuivre la relation. Fait intéressant, elle est restée dans la relation, mais la violence physique ne s'est plus jamais reproduite après cette séance.

Ce fut une grande surprise pour moi de découvrir que le fœtus est entièrement conscient de lui-même et qu'il a également des pensées. Souvent, vous ferez l'expérience de la copie émotionnelle que vous avez faite de votre mère à l'époque, mais, pour vraiment la guérir, vous devrez ressentir ce que VOUS avez ressenti, tant émotionnellement que physiquement, avec la phrase que votre cerveau a retenue.

C'est dans ces souvenirs utérins que vous trouverez la clé pour utiliser vos différents chakras. En tant que fœtus, nous observons notre mère lorsqu'elle utilise les siens inconsciemment et ce qu'elle a fait à ce moment-là pour déclencher leur utilisation, et c'est ce que nous faisons pour utiliser les nôtres. Par exemple, ma mère utilisait son chakra du cœur lorsqu'elle se penchait sur un patient pour l'aider, et c'est cette sensation de se pencher avec un sentiment de bienveillance qui active mon propre chakra du cœur.

Pendant mon séjour dans le ventre de ma mère, j'ai stocké de nombreuses phrases dans ma tête, en me les répétant sans cesse. « Visuellement », elles ressemblent à une sorte de petite boucle large et ovale. Ces structures font partie d'un grand parasite bactérien à l'intérieur du noyau. Dans nos formations, nous les appelons des boucles sonores. Quand j'ai découvert ça, j'ai porté mon attention dessus et j'ai ressenti de l'amour pour ces boucles sonores, elles se sont élargies, je les ai entendues et puis elles se sont dissoutes. C'était l'un des changements les plus dramatiques de ma vie. C'est un peu difficile à décrire, mais ma façon de penser est passée d'une sorte de tintamarre (que j'avais eu toute ma vie, et donc je l'avais considéré comme normal) à une sorte de flux régulier. C'était merveilleux ! Nous n'avons cependant pas été en mesure de reproduire ce résultat de façon constante.

De la même façon, les sensations ressenties sont stockées dans la région du plexus solaire. Ceci peut être vécu comme des bulles de tailles diverses, et leur dissolution libère les traumatismes qui les ont formées.

À quoi s'attendre - Les traumatismes à la naissance

Environ 15 % des personnes avec qui je travaille vont dans un traumatisme survenu à la naissance lors de la première séance. Le traumatisme de la naissance est en fait composé de nombreux traumatismes qui se traduisent par des blessures individuelles sur tout le corps. Lorsque nous suivons une séquence de traumatismes jusqu'à son origine à la naissance, nous terminons le travail uniquement à cet endroit de lésion particulier et non à l'expérience entière de la naissance. C'est parce qu'il est pratiquement impossible pour presque tout le monde de guérir autant de choses graves à la fois.

> **Exemple :** Un jour, alors que je conduisais, j'ai ressenti dans le présent une douleur et une solitude énormes rayonnant de mes bras. J'ai régressé jusqu'à la naissance où ces sentiments sont apparus. J'avais été blessé aux bras, aux épaules et au cou pendant l'accouchement alors qu'on me poussait dans la paroi utérine pendant les contractions.

La chose la plus utile pour accélérer la guérison est de vraiment, vraiment s'aimer soi-même - et de s'aimer soi-même même quand on ressent une douleur immense. J'ai aussi trouvé qu'il peut être très utile d'assumer physiquement la position que vous aviez à cet instant de la naissance. Une autre chose très utile est de ressentir un amour profond pour votre mère pendant le traumatisme de l'accouchement, même si elle est la cause de votre agonie. Essayer d'aimer votre mère peut aussi faire disparaître votre résistance à le faire à ce moment-là. Une fois cela guéri, tout va plus vite. (Ceci est valable à tout moment *in utero*, pas seulement pendant l'accouchement.) Souvent, la mère et le fœtus commencent alors à travailler ensemble et les dommages physiques sont minimisés ou même complètement dissous sans effort.

Le placenta a une place importante dans le traumatisme de la naissance. Il fait partie du fœtus et, par conséquent, les blessures qu'il subit doivent être traitées comme n'importe quelle blessure dans le corps principal du fœtus. Nous avons constaté chez un certain nombre de clients que des problèmes peuvent survenir entre le fœtus et le placenta, causant plus tard dans la vie des sentiments suicidaires ou la peur de la séparation.

Je recommande de lire les travaux du Dr Stanislav Grof sur le traumatisme à la naissance et le système coex, par exemple _Les Nouvelles Dimensions de la Conscience_, et les travaux tardifs du Dr Arthur Janov sur le traumatisme à la naissance, une fois qu'il a admis qu'une telle chose était possible, comme _Empreinte_ ou _Le Nouveau Cri Primal_.

La technique du « no breath » (« pas de respiration ») pour les traumatismes à la naissance

Il y a cependant une autre technique que j'ai développée et que je recommande d'utiliser UNIQUEMENT si la personne est incapable d'affronter complètement l'expérience de la naissance. Elle se déroule ainsi : il suffit d'évacuer tout l'air de votre poitrine et de votre ventre. Comprimez votre poitrine et n'inspirez pas à nouveau. Dans peu de temps, vous commencerez à ressentir une panique intense. C'est souvent le sentiment auquel nous résistons lorsque nous guérissons ce qui se passe à la naissance, et cette astuce nous permet d'entrer en contact avec lui afin de pouvoir le guérir. Cela fonctionne sur la plupart des gens parce que, pendant la naissance, presque chacun d'entre nous a ressenti une panique intense concernant le manque d'oxygène parce que l'approvisionnement en sang du fœtus est coupé pendant les contractions.

Le docteur Adam Waisel a trouvé une meilleure façon de procéder. En pinçant simplement votre nez pendant que vous travaillez sur le traumatisme et en respirant normalement par la bouche, cela a le même effet que si vous reteniez votre respiration, sans poser le problème de vous traumatiser dans le présent.

Vous constaterez que la panique est en fait stocké à différents endroits dans le corps (voir la discussion sur les « trous » au deuxième jour de la formation) et que la technique tend à mettre en évidence les zones de lésion une à la fois. Lorsque vous répétez la technique après avoir guéri la première zone, la zone suivante ressent de la panique et ainsi de suite. Bien que ces traumatismes soient vraisemblablement tous présents simultanément, nous les remarquons probablement dans l'ordre de leur gravité relative. Vous savez que vous avez guéri cette blessure à la naissance précise lorsque la panique que vous ressentez a complètement disparu de la blessure - il peut être difficile de croire qu'une telle chose est possible, mais c'est un merveilleux indicateur de la progression.

J'ai également constaté dans ma propre expérience de naissance qu'en tant que fœtus, je confondais l'expérience du manque d'oxygène avec le fait d'être drogué sous anesthésie lors de l'accouchement. Une technique simple pour traiter ceci est donnée au deuxième jour de la formation.

La technique du « no breath » peut être utilisée pour faire remonter à volonté les souvenirs de votre naissance. Cependant, je ne le recommande pas de façon générale à moins que vous ne soyez prêt à payer les conséquences potentielles d'un traumatisme activé, mais non résolu dans votre vie. Il se peut qu'un nouveau problème émotionnel ou physique majeur se manifeste soudainement. Même si vous êtes habitué à un travail intérieur intense, je ne vous le recommande pas. Soyez prévenus ! (Bien sûr, cela peut également éveiller des traumatismes tel la sensation de noyade, qu'il faut traiter, mais l'expérience intense de la naissance éclipse habituellement tout le reste.

D'un point de vue historique intéressant, la technique du « no breath » est similaire à la pratique Essénienne qui consiste à maintenir le néophyte sous l'eau jusqu'à ce qu'il se noie presque afin de lui donner l'expérience d'une « renaissance ». Il arrive cependant parfois que le néophyte se noie, un problème dont ne souffre pas la technique « no breath ».

À quoi s'attendre - Les mémoires venant de l'ovocyte ou du spermatozoïde

Ces souvenirs peuvent être assez inhabituels. D'abord, vous pouvez maintenant être à deux endroits à la fois, à la fois en tant qu'ovocyte et en tant que spermatozoïde. En fait, l'œuf est créé avant que votre mère ne naisse de sa propre mère et elle subit la plupart des mêmes traumatismes qu'elle, même si c'est une sorte de seconde main. Lorsque vous rencontrez pour la première fois des souvenirs d'ovocyte, l'une des choses les plus frappantes est que vous avez l'impression d'avoir encore un corps, même si vous n'utilisez pas vos bras et vos jambes, et que vous vous sentez comme une version très jeune de votre mère. Parmi les exemples de traumatisme de l'ovocyte, citons les dommages causés par la compression pendant la naissance de votre mère, l'environnement chimique toxique dans l'ovaire, des dommages pendant l'ovulation ou dans les trompes de Fallope, et les blessures lors de la conception.

Le spermatozoïde est créé plus tard dans le cycle de vie, relativement peu de temps avant la conception. Il donne l'impression d'être une jeune version du père. Il y a souvent beaucoup de traumatismes lorsqu'on est frappé et blessé par d'autres spermatozoïdes au cours de sa vie. Notez que la queue du spermatozoïde, qui s'étend à partir du haut du dos, fait également partie du spermatozoïde, a une conscience rudimentaire et doit également être incluse dans la guérison.

Il y a fréquemment un énorme degré de traumatismes autour de la conception, moment où le spermatozoïde expérimente la sensation de « mourir ». Pour la plupart des gens, c'est un souvenir extrêmement traumatisant. Cette mort du spermatozoïde se retrouve dans les relations avec la peur de l'intimité que peuvent avoir les hommes, une caractéristique classique qui est si bien décrite dans Les hommes viennent de Mars, les femmes viennent de Vénus de John Gray. En outre, les lésions de la queue du spermatozoïde alors qu'elle se sépare du dos sont fréquentes, de même que les traumatismes autour de sa mort.

> **Exemple :** Une femme de 44 ans s'est trouvée irritée et voulait quitter la situation et le compagnon avec qui elle se trouvait. Elle avait aussi une sensation de pression sur la tête. C'était extrêmement difficile pour elle d'arrêter de bouger suffisamment longtemps pour rentrer en elle-même pour pratiquer le WHH. Le traumatisme s'est avéré être le spermatozoïde qui s'était blessé à la tête au moment de la conception alors qu'il était poussé à travers la membrane externe de l'ovocyte. Pendant la guérison, la douleur et la colère se sont dissipées.

Lorsque vous guérissez un client, s'il décrit une expérience douloureuse qui se termine brusquement sur la ligne médiane du corps, vous devriez soupçonner qu'il s'agit d'une mémoire provenant du spermatozoïde ou de l'ovocyte. Si la douleur est à droite, il s'agit d'un traumatisme du spermatozoïde, et si elle est à gauche, il s'agit d'un traumatisme de l'ovocyte. Nous avons toutefois occasionnellement rencontré des clients chez qui cette orientation était inversée.

<u>À quoi s'attendre - Les souvenirs précellulaires</u>

Lorsque vous suivez une séquence de traumatismess jusqu'à son origine, il peut vous arriver de constater qu'elle remonte à l'époque où vous n'étiez qu'un ovocyte ou un spermatozoïde. Il s'avère que chacun des cerveaux a une structure analogue, ou plus exactement une structure à partir de laquelle les cerveaux ultérieurs se sont développés, à l'intérieur de la cellule primaire. Ces souvenirs sont visuellement assez étranges, mais certains des traumatismes les plus significatifs et les plus importants qu'une personne peut vivre ont souvent leur origine dans ces expériences. Ainsi, vous pourriez voir des choses telles qu'une boule de gelée frémissante, une sorte de palais royal, une sorte de fontaine, un anneau sans fin et toutes sortes d'autres structures et environnements que nous avons tendance à essayer de traduire en des termes qui nous sont familiers. Ces traumatismes ont un impact majeur sur notre vie parce qu'ils surviennent si tôt et qu'ils nous préparent à de nombreux traumatismes ultérieurs - c'est semblable à la façon dont la chute d'un petit morceau de neige peut créer une avalanche qui va en s'agrandissant.

Ces traumatismes sont guéris exactement de la même manière que d'habitude - entrez dans le « corps » à ce moment-là et vivez pleinement ce qui s'est passé jusqu'à ce que vous vous sentiez calme, paisible, léger, grand et lumineux.

Points clés:

- Un traumatisme utérin implique toujours une blessure physique.

- Le point final d'un traumatisme utérin est lorsque le fœtus se sent très grand et lumineux.

- La panique au sujet de l'impossibilité de respirer peut être réprimée par le client de sorte qu'il est incapable de guérir le traumatisme.

- La séquence de traumatismes peut conduire à des souvenirs dans le spermatozoïde ou l'ovocyte ou même avant que cette cellule ne soit construite.

VIDÉO - « JOURNEY INTO LIFE - THE TRIUMPH OF CREATION » (« VOYAGE DANS LA VIE - LE TRIOMPHE DE LA CRÉATION »)

Il y a un certain nombre de points importants que nous allons couvrir au fur et à mesure que la vidéo avance. Ce film est particulièrement important pour notre travail parce qu'il donne une perspective et une échelle visuelle qui sont les mêmes que dans les images hors du corps que rencontreront vos clients, même si la plupart d'entre eux ne se rendront pas compte que c'est en vérité ce qu'ils voient. Je vais énumérer quelques points clés pour vous aider à vous en rappeler plus tard :

- Le spermatozoïde est souvent blessé pendant le voyage à travers les testicules et les trompes de Fallope.

- Le zygote fécondé est exposé à un risque extrême de mort et de blessures invalidantes lors du passage dans les trompes de Fallope.

- Quand le zygote atteint l'utérus, c'est comme s'il était éjecté hors de montagnes russes.

- Un traumatisme majeur peut survenir lorsque le zygote a des difficultés à s'ancrer dans la paroi utérine.

- Les procédures normales d'accouchement à l'hôpital ajoutent presque toujours des traumatismes majeurs et inutiles au bébé.

- La césarienne est encore plus traumatisante que la naissance normale d'un bébé.

(Par ailleurs, je recommande aussi le livre *Naître* de Lennart Nilsson qui contient d'excellentes photos sur ce thème.)

EXERCICE - PRATIQUE DU WHH AVEC UN PARTENAIRE

Bien que le WHH ait été conçu à l'origine pour être pratiqué sur soi-même, il fonctionne aussi bien ou même mieux avec l'aide d'un guide. Ainsi, pour le reste de la formation, nous allons généralement travailler en binômes. Ce que j'aimerais souligner à ce sujet, c'est à quel point il peut être utile de travailler avec quelqu'un d'autre qui peut vous rappeler que vous n'êtes pas dans le présent. Par exemple, il y a deux ans, je suis devenu très suicidaire. J'étais convaincu que ma vie était terrible, même si je ne travaillais pas, que j'avais assez d'argent et d'amis, un endroit où il faisait bon vivre et une météo parfaite. Mon mental turbinait pour tenter de trouver des raisons dans le présent pour expliquer pourquoi je me sentais aussi mal. Par chance, un jour, j'ai touché mon nombril, j'ai réalisé que les sentiments suicidaires venaient de là et j'ai pu remonter jusqu'au moment où mon cordon ombilical a été coupé juste après ma naissance. Tout ce que je peux dire, c'est que je suis content de ne pas m'être suicidé avant d'avoir fait cela. C'est un exemple plutôt dramatique, mais vous pouvez imaginer à quel point il peut être utile d'avoir quelqu'un pour vous rappeler que ce que vous vivez n'est pas dans le présent. Cela peut être particulièrement utile dans les relations professionnelles et personnelles, où une si grande partie de ce que nous ressentons a peu ou rien à voir avec ce qui se passe réellement.

Pour cet exercice, faites comme si vous travailliez avec un vrai client. Avez-vous pensé à noter le problème et à évaluer l'USD ? (Si vous voulez vraiment faire ça à fond, avez-vous négocié un prix pour l'élimination de ce problème ?) Il vous faudra noter les traumatismes du client et, si vous n'avez pas terminé dans le temps imparti, enregistrer l'image du traumatisme ainsi que l'émotion et la sensation corporelle au moment où vous avez laissé votre client afin de pouvoir retourner à ce traumatisme plus tard. Puis changez de partenaire. Vous aurez environ 30 minutes chacun pour travailler (soit une heure au total). Il s'agit toutefois de la dernière activité de la journée et vous pourrez donc rester aussi longtemps que vous le voulez.

Au cours de cette formation, nous allons consacrer le plus de temps possible à vous entraîner. Nous avons constaté que si nous ne le faisons pas, les étudiants ne se sentent pas suffisamment à l'aise pour utiliser le processus sur les clients.

Notes de l'exercice pratique :

Notes de l'exercice pratique (suite) :

QUIZZ NUMÉRO 1

1. Est-ce que la technique s'aimer soi-même guérit par elle-même ? (C'est-à-dire est-ce que la douleur de votre client a disparu lorsque vous lui avez fait utiliser cette technique, son problème est-il guéri ?)

2. Quels indicateurs utilisez-vous pour savoir quand un traumatisme est guéri ?

3. 3. Avez-vous toujours besoin d'une phrase avec le WHH ?

4. Avez-vous toujours besoin d'une image avec le WHH ?

5. Si vous guérissez complètement un traumatisme et que le problème présenté par le client disparaît, est-ce que cela signifie que vous en avez fini avec la séquence du traumatisme ?

6. Quelle est une façon très simple d'aider votre client à guérir pendant qu'il est dans un traumatisme ?

7. Si le client pratique correctement le WHH, quelle est malgré tout la principale erreur qu'il commet encore ?

8. Lorsque le client pratique le WHH, vous attendez-vous à ce que le client se sente pire ou mieux que quand il est arrivé ?

9. Quel moyen simple permet d'obtenir une image du traumatisme lorsqu'on travaille avec une blessure corporelle ?

10. Quel est le meilleur moment pour guérir, c'est-à-dire est-ce quand vous vous sentez vraiment bien ou quand vous vous sentez vraiment mal ?

11. Lorsque vous êtes en conflit ou en difficulté avec quelqu'un d'autre, comment savoir si c'est l'un de vos traumatismes qui est activé ?

12. Si votre client ne guérit pas pendant la séance, qu'est-ce que cela signifie ? (Trois raisons possibles).

13. Quelles sont les caractéristiques d'une mémoire utérine guérie ?

14. Le traumatisme est-il constitué de souvenirs similaires ou de sentiments similaires ?

15. L'une des implications de ce travail est que les personnes aveugles ont des images visuelles du traumatisme. Cela s'est-il avéré être vrai ?

16. Quand pourriez-vous utiliser la technique « no breath » (« sans respiration ») ?

17. Quelle est la composante clé contenue dans la technique s'aimer soi-même (pas la partie amour) qui aide à la guérison ?

18. Pourquoi une thérapie normale qui consiste à se souvenir d'un traumatisme n'aide-t-elle pas le client ?

19. Que signifie se sentir grand à la fin de la guérison d'un traumatisme utérin (ou d'un traumatisme plus tard dans la vie, d'ailleurs) ?

20. Pouvez-vous être grand dans certaines zones de votre corps et petit dans d'autres lorsque vous effectuez une guérison prénatale ? Dans l'affirmative, qu'est-ce que cela veut dire ?

21. Vous devriez avertir vos clients qu'il peut se produire quels problèmes suite à une séance de WHH ?

22. Est-ce que c'est être vaniteux que de s'aimer soi-même ? Beaucoup de clients le pensent. Que leur diriez-vous ?

23. Quelle est une astuce utile pour amener les gens à la bonne phrase pendant une séance de WHH ?

24. Quelle est souvent la signification d'une sensation corporelle qui s'arrête à la ligne médiane verticale du corps, c'est-à-dire qui se trouve seulement du côté gauche ou droit du corps ?

Deuxième jour

LE CERVEAU TRIUNIQUE : LES IDENTITÉS DE SOI ET LES RAISONS POUR LESQUELLES LE **WHH** FONCTIONNE

Le cerveau triunique

Un jour ou l'autre, la pratique du Whole-Hearted Healing soulève des problématiques et des expériences en rapport avec ce qui se passe réellement au plus profond de nous, surtout en ce qui concerne les images de soi et l'acceptation interne. Au cours de ma propre guérison, ce n'est que lorsque j'ai pu me remémorer mes souvenirs dans l'utérus et à la naissance que j'ai pu comprendre pourquoi le Whole-Hearted Healing fonctionne vraiment, sans parler de la signification des autres expériences. Dans cette section du manuel, nous allons décrire le fondement biologique du psychisme.

Nous sommes en fait composés de trois cerveaux biologiques primaires distincts, chacun possédant sa propre identité. La biologie de ce phénomène est connue depuis les années 60 et s'appelle la théorie du cerveau triunique de Papez-MacLean. Voici comment elle s'applique à notre psychisme.

La couche externe du cerveau, le néocortex ou cerveau primate, est la partie qui pense en séquences de mots. C'est notre partie cognitive, le « cerveau du mental », et il se perçoit dans la tête. Il « pense » en séquences de mots ; quand nous obtenons la phrase en Whole-Hearted Healing, nous guérissons cette partie de notre être. Entre autres choses, c'est la partie de nous qui peut former des jugements et concevoir des abstractions telles que les mathématiques. Son objectif principal est de comprendre et, secondairement, de contrôler. Ce cerveau correspond généralement à qui nous pensons être.

La couche suivante dans le cerveau, le système limbique ou cerveau mammalien est notre conscience émotionnelle, et il pense en séquences d'émotions. Il se perçoit dans la poitrine, en partie parce qu'il s'agit de sa principale responsabilité biologique. Nous l'appelons le « cerveau du cœur ». Cette partie de notre être nous permet de nous sentir connectés aux autres, positivement ou négativement, plutôt que de percevoir les gens comme s'ils n'étaient que des objets tels que des pierres. Son principal objectif est de se connecter aux autres. Nous avons affaire à ce cerveau lorsque nous drainons les émotions lors d'une guérison avec le WHH. C'est principalement ce cerveau qui a une perception hors du corps.

La dernière couche vers le bas est la conscience corporelle ou cerveau reptilien, composée du tissu à la base de nos crânes, de la moelle épinière, et probablement également d'autres systèmes distribués dans le corps. Du point de vue d'un thérapeute, ce cerveau n'est pas seulement le plus fondamental au niveau biologique, mais son matériel traumatique domine la vie d'une personne. Cette partie de nous-mêmes nous donne un sens du temps qui passe et « pense » dans des séquences gestaltiques de sensations corporelles internes. Il se manifeste dans la partie inférieure du ventre, car c'est sa zone de fonction biologique majeure, et nous l'appelons le « cerveau du corps ». C'est ce cerveau qui s'occupe réellement du déplacement des morceaux d'âme et de l'emplacement des expériences hors du corps, ainsi que de choses plus banales telles que notre sexualité. Sa principale motivation est de survivre. Nous communiquons avec ce cerveau lorsque nous faisons de la radiesthésie ou des tests musculaires. C'est la partie de nous-mêmes que nous guérissons lorsque nous ressentons les sensations corporelles et les blessures en Whole-Hearted Healing.

Il existe plusieurs autres cerveaux biologiques distincts, mais on peut les considérer comme des sous-cerveaux parce qu'ils sont normalement fusionnés et la plupart du temps impossibles à distinguer de leur cerveau « parent » respectif chez un individu lambda. Le premier est le « cerveau du plexus solaire ». Il est intimement lié au cordon ombilical, au placenta et à la respiration. C'est le cerveau qui est responsable du déclenchement du stockage des souvenirs traumatiques avec l'expérience hors du corps (que nous ressentons comme un resserrement ou une contraction dans le diaphragme) et aussi de l'accès aux traumatismes générationnels dans le corps. Dans des circonstances normales, il est fusionné avec le cerveau plus fondamental du corps décrit ci-dessus. Chez les personnes atteintes de troubles psychiatriques graves, ce cerveau est généralement séparé de son cerveau primaire et semble être responsable d'une grande partie des difficultés du patient.

En pratiquant le WHH, il existe un cerveau auquel nous avons rarement besoin de nous intéresser, le « cerveau de la couronne ». Il s'agit de la structure biologique du cerveau la plus difficile à comprendre et la dernière à évoluer, située dans les lobes frontaux du cerveau. Nous l'appelions le « cerveau de Bouddha » parce que les clients le perçoivent comme s'il s'agissait d'une énorme statue massive de Bouddha au-dessus de leur tête. Le centre de la conscience de soi de ce cerveau se situe en fait à quelques centimètres au-dessus de la tête. Les agissements de ce cerveau donnent lieu à ce que les clients décrivent comme étant des structures énergétiques, des connexions ou des formes dans le corps qu'ils perçoivent parfois lorsqu'ils guérissent certains traumatismes. Dans la littérature, il est généralement regroupé avec sa structure cérébrale primaire, le néocortex. Dans des circonstances normales, il est fusionné avec le cerveau du mental.

Il y a deux autres cerveaux distincts qui ont une conscience propre, le « cerveau du placenta » qui a ses origines dans une structure de l'ovocyte consciente d'elle-même et qui meurt à la naissance, et le « cerveau de la colonne vertébrale » ou « cerveau de la queue du spermatozoïde » qui se sépare et meurt pendant la conception. Ces structures doivent être prises en compte pendant la guérison des traumatismes du fœtus, du zygote, du spermatozoïde et de l'ovocyte.

Nous avons également découvert deux autres cerveaux qui ont une conscience d'eux-mêmes : le « cerveau du périnée », associé à l'ovocyte, et le « cerveau du troisième œil », associé au spermatozoïde. Ils peuvent être difficiles à percevoir parce qu'ils se confondent habituellement avec le cerveau du corps. Le cerveau du troisième œil, fidèle à de nombreuses traditions spirituelles, semble avoir un rôle dans la clairvoyance et la vision intérieure. Le cerveau du périnée joue un rôle dans la sexualité et la reproduction.

La fusion des cerveaux

Dans l'utérus, les sept cerveaux sont fusionnés ensemble, s'expérimentant comme un seul organisme. Ce qui m'a finalement mis sur la bonne piste pour comprendre cela, c'est un souvenir que j'ai retrouvé et qui remontait à un mois ou deux avant ma naissance. Ma mère a mangé quelque chose qui était toxique pour mon corps fœtal. Lors de la gestion de cette crise, mon cerveau du mental s'est détaché de la fusion et a fait l'expérience d'être à part. Plus tard, au moment du traumatisme de la naissance, tous mes cerveaux se sont séparés et il y avait alors trois (parfois sept) sensations d'identité distinctes. Chez l'homme et l'animal, cette division est extrêmement fréquente. Incidemment, le degré de fusion peut aller de l'impossibilité de ressentir ses émotions ou ses sensations corporelles jusqu'à l'unité complète.

Au cours du processus de la naissance, nous devenons habituellement comme amnésiques et perdons cette conscience de nous-mêmes en tant que système cérébral multiple. En tant qu'adulte, chacune de nos parties prétend que personne d'autre n'est présent, en partie à cause de l'énorme niveau de traumatisme vécu au moment du processus de séparation. Et chaque cerveau a tendance à voir le monde différemment, en fonction de son objectif premier, de ses capacités et de ses traumatismes subséquents. Les cerveaux fonctionnent souvent les uns contre les autres, par exemple lorsque vous vous trouvez attiré sexuellement (cerveau du corps) par quelqu'un que vous n'aimez pas (cerveau du cœur) et que vous êtes confus par la situation (cerveau du mental). En fait, ils se comportent comme une famille dysfonctionnelle, les cerveaux individuels jouant des rôles différents au sein de la famille. Par exemple, un des cerveaux devient généralement dominant, un autre passif et ainsi de suite, tout comme dans la dynamique familiale. Dans mon propre cas, je me souviens que mon cerveau du mental s'est senti exclu lorsque ceux du corps et du cœur ont fusionné ; il a donc « rejoué » un enregistrement du son de la voix de mon grand-père qu'il avait enregistré, sachant que les deux autres cerveaux allaient se sentir mal en l'entendant.

La fusion interne complète entre les sept cerveaux est ce que la plupart des gens recherchent inconsciemment dans leur monde extérieur. Bien que certaines personnes chanceuses aient divers types et degrés de fusion de façon continue depuis leur naissance, ou qu'elles y entrent et en sortent régulièrement pour divers laps de temps, l'individu ordinaire n'a aucun degré de fusion. La bonne nouvelle pour le commun des mortels est qu'il est possible de fusionner à n'importe quel moment. La mauvaise nouvelle, c'est que peu de gens le font. Bien que certains individus ordinaires puissent connaître une fusion momentanée à certains degrés (ce qui est un type d'expérience extraordinaire possible) en raison de circonstances externes, il est rare que ces gens restent dans un état de fusion. Par exemple, lorsqu'on fait l'amour avec un partenaire spécifique, certaines personnes fusionnent partiellement ou complètement, ce qui amène parfois leur partenaire à faire de même inconsciemment. C'est tellement génial qu'ils croient que la personne doit avoir quelque chose de spécial et qu'ils ne veulent jamais l'abandonner ! J'ai aussi des preuves que l'utilisation intentionnelle de la vision normale et périphérique provoque simultanément une certaine fusion entre les cerveaux du mental et du cœur. Les causes de la fusion et la raison pour laquelle certains types de pratiques spirituelles ou psychologiques peuvent aider certaines personnes sont traitées dans notre livre *Peak States of Consciousness, Volume 1*. En ce qui concerne le processus du WHH, vous constaterez que vos clients peuvent accéder à un des états de fusion lors de la pratique du WHH quand vous éliminez accidentellement les traumatismes qui renforcent la division.

Bien qu'il y ait un certain nombre de façons et de degrés par lesquels les sept cerveaux peuvent fusionner, je n'en mentionnerai ici que quelques-uns. Si vous fusionnez juste les cerveaux du mental et du cœur et amenez le cerveau du corps dans le présent, vous arrêtez de vous rapporter aux traumatismes émotionnels passés et vous vous trouvez juste dans le présent. C'est ce que nous appelons l'état de paix intérieure. C'est une partie de ce qu'Harville Hendrix appelle « Aliveness » (« vitalité extraordinaire ») dans son livre *Keeping the Love You Find* et je soupçonne une partie de ce que les Amérindiens appellent la Beauté Fondamentale (« Beauty Way »), tandis que les chrétiens appellent cela une « conscience de l'immanence divine ». Si vous fusionnez les cerveaux du corps et du cœur, les hommes se sentent continuellement heureux tandis que les femmes se sentent à la fois heureuses et aimantes. Quand vous fusionnez les sept cerveaux, vous avez la sensation que vos actions se font « sans effort », et la sensation d'avoir un corps disparaît, vous laissant dans un état de « Vacuité ». Si vous guérissez également le traumatisme de la mort placentaire, vous obtenez l'état de « Complétude ». Croyez-moi, la conscience ordinaire est comme un enfer par rapport aux états de fusion ! Pour obtenir une liste des états avec des estimations de leur fréquence dans la population générale, consultez le site internet de l'Institute for the Study of Peak States à l'adresse www.peakstates.com.

Pour en savoir plus sur les trois cerveaux, je vous invite à consulter l'ouvrage *Anatomy of mental illness* du Dr Arthur Janov. Son travail est toutefois entaché d'un rejet total de tout phénomène transpersonnel. Pour une discussion biologique complète, lisez *The Triune Brain in Evolution: Role in Paleocerebral Functions* du Dr Paul MacLean. Je recommande fortement les livres de Tom Brown Jr., en particulier *Awakening Spirits* qui donne des moyens chamaniques simples d'accomplir temporairement la fusion et d'autres changements fondamentaux de la psyché. J'ai rencontré ces auteurs après avoir élaboré moi-même ce matériel, et ce fut un grand soulagement de savoir que d'autres personnes avaient acquis la même compréhension en suivant des voies très différentes !

Les identités de soi

Au niveau le plus profond, nos résistances à la fusion interne sont projetées dans nos relations extérieures ainsi que dans des images de soi et des projections intérieures. Ces projections sont ce qui transcrit au mieux leurs traumatismes sous-jacents originels et elles ont tout particulièrement un impact considérable sur les traumatismes à la naissance. Quand vous rencontrez ce genre de chose, la guérison du traumatisme sous-jacent provoque la dissolution de la projection. Par exemple, j'ai découvert au cours de ma propre guérison que je « superposais » une image de mon père sur tous les hommes et une de ma mère sur toutes les femmes. Cette expérience est visuellement très nette, comme une sorte d'effet spécial. Là encore, tout cela est causé par un traumatisme qu'il faudrait retrouver et guérir immédiatement.

Examinons de plus près ce phénomène de projection. Lorsque vous travaillerez avec des clients (ou vous-même), il pourra vous arriver de faire l'expérience inattendue d'une telle projection interne d'un cerveau sur un autre. Par exemple, j'ai connu des gens qui, au cours de la guérison, ont soudainement perçu leur corps comme le monstre dans la cave, la déesse guerrière Diane ou un dieu aztèque qui arrache les cœurs. Ces projections particulières comportaient une qualité écrasante et mythique, car, pour les cerveaux du mental et du cœur, la conscience du corps est ressentie comme une divinité, ce qui a un sens d'un point de vue biologique étant donné le caractère primaire du corps.

Chaque cerveau possède également une identité de soi inconsciente, encore une fois motivée par des traumatismes. J'en ai rencontré quelques-unes intéressantes : le cerveau du cœur qui prétend inconsciemment être Jésus sur la croix, le cerveau du corps qui prétend être le père du client, un cerveau qui se vit comme un palais de cristal (élaboré à partir d'une mémoire du biberon de lait). Je crois que, pour presque tout le monde, le cerveau du cœur s'identifie principalement comme la mère et que les autres cerveaux conservent également cette projection des émotions. C'est pourquoi il peut être si difficile de repérer les copies de la mère.

L'arrêt d'un cerveau

Vous pourrez constater chez de rares clients que les cerveaux se sont arrêtés individuellement ou collectivement. (J'en parle plus en détail dans la section sur les urgences spirituelles.) Ce faisant, les clients perdent les capacités fondamentales de ces cerveaux arrêtés. Par exemple, l'arrêt des cerveaux du corps et du cœur entraîne le samadhi, avec son sentiment de paix, d'intemporalité et d'absence du besoin de respirer (les deux cerveaux arrêtés n'ont plus besoin de la quantité d'oxygène dont ils ont habituellement besoin pour leurs processus chimiques de « pensée »). Ou encore l'arrêt des cerveaux du mental et du cœur aboutit à une expérience de la « perle de grand prix » de la tradition soufie, avec son manque de limites corporelles et de plénitude dans le ventre. L'arrêt du cerveau du cœur élimine tout sentiment que les autres sont des personnes et pas seulement des objets. Je ne serais pas surpris si c'était là l'origine des personnalités sociopathes, si cela se produit assez tôt suite à des traumatismes suffisamment importants.

En général, le client trouve que sa vie intérieure est plus facile sans la présence d'un cerveau donné (il y a moins de disputes internes), sauf que sa vie extérieure en pâtit - il trouve par exemple qu'il ne peut pas prendre de décisions si son cerveau du mental est arrêté, et ainsi de suite. Cette condition peut généralement être inversée s'ils décident de vouloir la caractéristique du cerveau qui a disparu de leur vie.

L'utilisation du modèle du cerveau triunique pour comprendre le fonctionnement du WHH

Avec une compréhension de la dynamique interne du cerveau humain, nous pouvons maintenant comprendre comment fonctionne le WHH. Quand nous pratiquons le WHH, nous percevons les sensations corporelles (le cerveau du corps, reptilien), les émotions (le cerveau du cœur, mammalien) et la phrase (le cerveau du mental, primate). En faisant l'expérience de ces trois parties de nous-mêmes, nous guérissons complètement le traumatisme sur lequel nous travaillons. Et, en fait, le processus du WHH force littéralement une fusion temporaire des trois cerveaux dans l'instant du traumatisme passé.

Le point final de la guérison d'un traumatisme se produit lorsque le client se sent « CPL » - calme, paisible et léger. Jusqu'à présent, je vous ai simplement dit que c'est ainsi, mais vous pouvez maintenant comprendre pourquoi. Le CPL est la caractéristique du client qui est dans le présent et non plus dans le passé traumatique. Comme vous l'avez lu, cela se produit lorsque les cerveaux du cœur et du mental fusionnent. Lorsqu'un client a fini d'utiliser le WHH, il sera CPL pour une durée variable, de quelques secondes à quelques jours, jusqu'à ce que ses cerveaux arrêtent de fusionner. Comme vous pouvez vous y attendre, certains de vos clients se sentiront encore mieux ; ils pourraient par exemple dire qu'ils se sentent « entiers » pour la première fois de leur vie. Mais nous recherchons au moins le CPL comme point final pour la guérison d'un client. (Et, en fait, **toutes** les thérapies de guérison des traumatismes devraient avoir le même critère d'évaluation CPL, mais elles ne réalisent tout simplement pas son importance).

Cette idée de forcer une fusion en utilisant le WHH peut être étendue. Imaginez un instant que les trois cerveaux soient déjà induits en fusion au moment du traumatisme. Tant que la personne reste dans son corps, on constate que la guérison du traumatisme devient rapide, facile et parfois complètement indolore (selon le degré de fusion) ! C'est seulement un artefact de la conscience « ordinaire » qui cause une guérison si lente en nous-mêmes. Malheureusement, à moins que vous n'obteniez de l'aide extérieure pour fusionner ou que vous ayez la chance d'avoir déjà fusionné, cette option ne vous est pas offerte et vous êtes obligé d'utiliser l'approche du WHH ou, comme on aime l'appeler, « la force brute et l'ignorance » ou « la méthode escargot ».

Il est intéressant de noter qu'à ce stade de mon travail avec les gens, je peux surveiller dans le corps de quelqu'un d'autre la façon dont les sept cerveaux se laissent fusionner. Un certain degré de fusion, aussi petit soit-il, semble être nécessaire pour guérir les traumatismes. En fait, le processus de « s'aimer soi-même » dont il a été question plus haut tend également à favoriser le processus de fusion. Nous espérons découvrir éventuellement de meilleures méthodes pour y parvenir à partir de la conscience ordinaire afin d'améliorer le processus du Whole-Hearted Healing.

Une dernière remarque : il y a plus de facteurs dans le processus du WHH que ne peut expliquer la seule compréhension du cerveau triunique. Le WHH implique en fait des interactions avec le « Créateur » et avec « Gaïa ». Ces liens sont la raison pour laquelle le fait de « rester avec un traumatisme » change ce qui s'est passé. Surtout en cas de traumatisme utérin, le client utilise sans le savoir la guérison régénérative au cours du processus. Cela dépasse cependant le cadre de ce manuel. Si vous souhaitez en savoir plus à ce sujet, consultez notre ouvrage *Peak States of Consciousness, Volume 2 : Acquiring Extraordinary Spiritual and Shamanic States*.

Points clés:

- Il y a trois cerveaux principaux et quatre sous-cerveaux dans le corps humain.

- Le WHH force une fusion des cerveaux pour créer la guérison.

- Les cerveaux ont des identités de soi.

- Le point final de la guérison du traumatisme, le calme, la paix et la légèreté (CPL), est une fusion généralement temporaire des cerveaux du mental et du cœur.

LES PHÉNOMÈNES INHABITUELS PENDANT LA GUÉRISON ET CE QU'IL FAUT FAIRE

À quoi s'attendre - Le thérapeute « récupère le problème du client »

Comme nous l'avons déjà mentionné, il arrive parfois que vous subissiez un certain type de traumatisme où la technique du Whole-Hearted Healing ne draine pas l'émotion, peu importe le temps que vous y passiez. Cela se produit parce que l'émotion n'est pas réellement la vôtre, mais plutôt une « copie » de l'émotion d'une autre personne qui était présente durant le traumatisme. Vous « copiez » en sortant de votre corps et en déplaçant votre point de vue dans la poitrine de l'autre personne. Bien que la plupart des gens cessent de faire ainsi assez tôt dans la vie, un nombre important de personnes, surtout dans les professions de la thérapie, ont tendance à inconsciemment continuer cette pratique. Malheureusement, cela n'aide pas le client et nuit au thérapeute, quoi qu'en pensent certains thérapeutes.

Comment cela se manifeste-t-il dans votre pratique ? Généralement, pendant ou après une séance, vous avez l'impression d'avoir à présent le même symptôme que le client, par exemple une douleur au genou ou une profonde tristesse. Cela n'a rien à voir avec le symptôme du client, mais plutôt avec le fait que l'émotion du client correspond exactement aux émotions que votre mère a ressenties *in utero*. C'est pourquoi vous ferez cela avec certains clients et pas avec d'autres.

Nous vous suggérons VIVEMENT d'éliminer toute tendance à faire cela ! Nous vous suggérons de guérir ce problème lors de la formation en WHH ou peu après. Comment faire ? Essayez de vous souvenir d'un moment où cela s'est effectivement produit. Si vous ne le pouvez pas, vous n'aurez qu'à attendre jusqu'à ce que vous vous aperceviez dans le futur que vous récupérez le problème d'un client au cours d'une séance. Vous aurez alors à la fois l'émotion déclenchante du client (celle que vous avez récupérée d'eux) et votre propre émotion « cachée » qui était couverte par la copie. Cette émotion cachée est le sentiment déclencheur qui vous pousse à faire la copie. Maintenant, utilisez le Whole-Hearted Healing pour suivre la sensation déclencheur jusqu'à sa source, habituellement un traumatisme à la naissance ou dans l'utérus. En général, vous pourriez vous attendre à ce que votre mère ait ressenti les émotions du client au moment du traumatisme principal, mais pas toujours - c'est votre sentiment déclencheur qui est ici la clé. Quoi qu'il en soit, vous vous débarrassez de la copie en prenant conscience de ce que votre propre corps a réellement ressenti émotionnellement au moment où vous effectuez la copie. Ce faisant, l'émotion copiée se dissout, souvent avec la sensation qu'elle s'étend et s'éloigne de votre corps.

À quoi s'attendre - Les structures du cerveau de la couronne

Vous pourriez être en train de travailler sur un client lorsqu'il annonce soudain qu'il voit un contenant ou un tube ou quelque chose qui ressemble à un « implant extra-terrestre » à l'intérieur de son corps, comme dans Star Trek. Ou alors, il y a une douleur dans deux parties du corps qui n'ont pas vraiment de lien physique, surtout une douleur de type traction, comme si les deux endroits étaient rattachés et rapprochés par une corde. Même si vous ne faites que soupçonner qu'il s'agit de ce phénomène, le WHH finira par faire disparaître le problème une fois que vous aurez trouvé le traumatisme qui l'a causé. Cependant, vous pouvez accélérer ce processus en demandant au client de s'aimer à un endroit juste au-dessus de sa tête ! Comme vous le lirez plus loin, ces structures sont créées par le cerveau de la couronne dont le centre de conscience est situé au-dessus de la tête chez les gens ordinaires. C'est pour cela que ça accélère les choses d'y concentrer de l'amour.

À quoi s'attendre - Les trous

Occasionnellement, après avoir guéri un traumatisme ou en utilisant une autre thérapie, vous vous retrouverez avec un sentiment distinct de manque, de carence et de vide. Cela se produira parceque que vous avez enlevé ce qui vous défendait de ressentir un « trou ». Souvent, vous le percevrez réellement comme une cavité noire, apparemment sans fond, dont l'ouverture affleure à la surface de votre corps. Un bord d'une teinte quelque peu différente entoure le périmètre. Chaque corps humain a un réseau de trous. Ils sont créés lors d'un traumatisme physique à votre corps, avec la majorité des grands trous provenant de la naissance.

La guérison d'un trou que l'on peut voir se fait en mettant son attention à l'intérieur, en endurant le terrible sentiment de manque, jusqu'à ce que l'image du moment où le dommage s'est produit vienne à la conscience. Vous pouvez ensuite procéder à la guérison du traumatisme de la manière habituelle. Au fur et à mesure que vous ressentez la douleur physique, vous pouvez voir le trou devenir de plus en plus clair à mesure qu'il se remplit, le bord se dissolvant en dernier. Croyez-moi, quand vous voyez un trou, la dernière chose que vous avez envie de faire est de vous en approcher, mais c'est exactement ce que vous devez faire, et immédiatement. J'avais remis à plus tard la guérison du premier trou que j'avais trouvé, perdant en quelques minutes ma capacité à le voir. Il m'a fallu cinq ans avant de pouvoir le retrouver.

Si vous ne pouvez pas voir le trou, le sentiment de manque semble typiquement venir de partout. En passant votre main sur votre corps, vous aiderez à localiser la sensation jusqu'à un endroit précis. Ensuite, concentrez-vous autant que possible sur la sensation de manque et voyez si le souvenir traumatique de la blessure refait surface. Si rien ne semble venir, essayez d'appuyer sur cette zone avec vos doigts. Ceci déclenche généralement la prise de conscience de l'image hors du corps. D'ailleurs, nous avons constaté que, pendant la cicatrisation du trou, l'utilisation d'une pression directe sur la zone du trou peut permettre la cicatrisation à certaines personnes qui n'y arriveraient pas autrement.

> **Exemple :** Paula a remarqué que, pour elle, il y a presque toujours un point dans la guérison où elle a l'impression que « ce trou ne disparaîtra jamais ». Cela signifie qu'elle est à environs 2/3 ou 3/4 du chemin dans la guérison du trou. Pour elle, c'est comme une horloge, et maintenant elle sait qu'elle doit s'attendre à ce sentiment.

Une grande partie de nos comportements et de nos sentiments est motivée par le besoin de maintenir les trous hors de notre conscience. En fait, si vous scannez votre corps et que vous localisez une sensation forte à un endroit précis, vous pouvez être relativement sûr qu'il y a un trou à cet endroit-là. Nous essayons de les recouvrir et de les remplir de toutes sortes de façons bizarres. Par exemple, je me suis retrouvé littéralement dépendant d'une femme qui me rappelait ma mère (à mon insu). Au cours d'une longue méditation, j'ai senti que ma définition de moi-même en tant que personne en relation avec elle se dissolvait. C'était ma principale défense contre ce trou particulier qui se trouvait au centre de ma poitrine. Suite à cela, un spécialiste du travail corporel a remarqué que ma poitrine ressortait comme la proue d'un bateau. C'était ma dernière ligne de défense, car j'essayais inconsciemment de contracter mon corps dans cette zone afin de me donner des sensations physiques pour contrecarrer la sensation de manque et de vide du trou.

Je soupçonne qu'une grande partie de notre résistance à la guérison de certains traumatismes est due au fait que nous essayons de maintenir les défenses de nos trous afin de les éviter. Je pense en effet que, à un niveau très profond, nous préférons généralement ressentir des émotions douloureuses plutôt que le terrible vide des trous. Pour une vue intéressante sur le phénomène des trous, je vous renvoie aux écrits de A. H. Almaas dans *Diamond Heart, Book 1* (je ne suis toutefois pas d'accord avec une grande partie de ce qu'il dit). Je recommande par ailleurs *Seawork : Radical Tissue Transformation* du Dr Cory Sea qui indique une autre façon de travailler sur ce phénomène.

À quoi s'attendre - Les vies antérieures

En suivant une séquence de traumatismes, il peut vous arriver de remonter si loin que vous vous retrouvez dans une autre vie ! Ou, par le biais d'un autre travail, vous avez peut-être pris contact avec un traumatisme d'une vie antérieure. Vous vous reconnaîtrez vous-même, même si vous avez un corps et une personnalité complètement différents, et vous reconnaîtrez souvent dans cette situation traumatique passée d'autres personnes que vous connaissez dans cette vie. Il s'avère que nous les guérissons exactement de la même manière qu'un traumatisme dans cette vie. L'une des découvertes les plus controversées que nous ayons faites au cours des dernières années a été de constater que la rencontre d'un souvenir d'une vie antérieure *ne constitue pas* le cœur du problème. Heureusement, pour la plupart des gens, les vies antérieures ne sont pas un problème et ne surviennent pas en thérapie. Cependant, pour certaines personnes, c'est un véritable problème. Les vies antérieures résultent d'un processus pathologique particulier à l'intérieur de la cellule (pour plus d'informations à ce sujet, voir le *Manuel de diagnostic en psychobiologie subcellulaire*). Les clients qui ont ce problème accèdent habituellement au matériel de leur vie antérieure pour échapper à une sensation similaire dans leur propre vie. Actuellement, nous recommandons que le thérapeute guérisse le traumatisme d'une vie antérieure en utilisant le WHH puis guérisse le problème intrinsèque du client. Nous ne recommandons pas que les clients partent à la recherche de vies antérieures, mais plutôt de les traiter quand elles se manifestent.

Environ 1 à 2 % des gens avec qui j'ai travaillé se retrouvent dans une vie antérieure la première fois que nous travaillons ensemble, mais les autres personnes commencent à rencontrer ce phénomène après davantage de travail de guérison. Cependant, attention ! J'ai découvert qu'environ 3 % des gens avec qui je travaille pour la première fois trouvent de fausses histoires de vie antérieure, surtout les gens qui sont dans la mouvance du nouvel âge. Elles tendent à être illusoires, comme voir le Christ sur la croix, être en Atlantide, passer à côté d'une ascension au ciel en groupe, etc. Pourquoi suis-je si sûr que c'est illusoire ? Parce qu'ils ne guérissent pas lorsqu'ils y font face, mais ils guérissent quand je leur demande de rester dans leur propre vie avec ce sentiment et ils réalisent que la vie antérieure était fausse.

À quoi s'attendre - Les traumatismes générationnels

Surtout lorsque vous travaillez avec un traumatisme à la naissance ou dans l'utérus, ou avec des problèmes dits « génétiques » ou héréditaires, vous constaterez souvent que la source du problème vient d'un traumatisme qui s'est produit dans vos générations passées. Contrairement aux vies antérieures où vous pouvez vous reconnaître, vous serez conscient que l'individu traumatisé dans le passé n'est pas vous-même. Il y a une impression de voir des couches successives de personnes avec le même problème qui remontent dans le temps. Remarquez que ces traumatismes peuvent survenir après la naissance de la génération suivante ; ils ne se transmettent pas seulement dans l'utérus.

Comment pouvez-vous reconnaître que le problème du client vient d'un traumatisme générationnel et non d'un traumatisme de sa propre vie ? Les traumatismes générationnels se ressentent toujours comme très personnels dans le présent, pas seulement dans la régression, comme s'il s'agissait de vous personnellement, pas seulement d'un sentiment ou d'une sensation. Il est généralement assez concluant de faire un historique du client pour voir si un parent ou un grand-parent a eu le même problème et vous devriez garder ce phénomène comme cause possible à l'esprit dans toute séance de WHH. De temps en temps, si rien d'autre n'a fonctionné, je vais essayer de guérir les influences générationnelles juste au cas où. Certains clients peuvent avoir l'impression que le problème vient d'une direction qui est généralement orientée vers l'avant dans le coin supérieur droit ou supérieur gauche. De plus, après avoir expliqué la nature du problème, ils peuvent souvent avoir l'impression qu'il provient d'un ancêtre, généralement d'abord d'un parent. Ce sont les clients avec lesquels il est facile de travailler !

Les traumatismes générationnels sont présents dans le spermatozoïde et l'ovocyte des parents et ne partent jamais lorsque le fœtus devient adulte. Expérientiellement, ils se trouvent à divers endroits à l'intérieur du corps. Ces traumatismes générationnels font que certains traumatismes sont perçus comme étant « personnels » plutôt qu'impersonnels. Par exemple, un traumatisme « impersonnel » peut être comparé à un enfant qui joue et qui s'écorche ou se blesse, mais qui n'y pense pas plus que ça, il remarque à peine la piqûre ou la douleur tandis qu'il continue de jouer. En reprenant le même exemple, un traumatisme « personnel » peut être le même événement où l'enfant remarque la blessure, mais a l'impression que cela affirme quelque chose sur lui-même, du genre « je suis toujours maladroit » et ainsi de suite. Le premier exemple ne concerne qu'une douleur qui s'est produite, le deuxième exemple concerne la façon dont nous percevons que la douleur a quelque chose à voir avec nous et qui nous sommes.

De nombreux traumatismes sont presque impossibles à guérir parce qu'ils sont associés à, ou même causés par, ces traumatismes générationnels. Le sentiment difficile ou la douleur peuvent être complètement éclipsés par le sentiment « personnel » du traumatisme - par exemple, nous pouvons avoir l'impression que l'expérience exprime à quel point nous sommes une personne « mauvaise ». Cependant, la guérison du traumatisme générationnel *en premier* peut rendre triviale une expérience en WHH qui autrement aurait été une véritable torture.

> **Exemple :** Je travaillais sur un traumatisme impliquant la honte. C'était tellement dérangeant que je n'arrivais pas à rentrer dans mon corps pour me guérir. Cela a duré des semaines. Finalement, il m'est venu à l'esprit que c'était très personnel. Avec cette pensée, j'ai eu un flash de mon grand-père pendant la dépression, alors qu'il ressentait la honte de ne pas pouvoir subvenir aux besoins de sa famille. Il ne m'a fallu que quelques minutes pour guérir cela (c'était sa douleur, pas la mienne). Revenant à mon traumatisme de honte, j'ai constaté que ce n'était plus un sentiment personnel - la honte n'était qu'un sentiment comme les autres. La guérison n'a pris que quelques minutes de plus.

À la naissance, le bébé acquiert de sa mère une couche non physique. Cette couche nous donne la sensation d'avoir de la peau et fait en sorte que les événements qui nous arrivent soient personnels, comme le sont les traumatismes générationnels. Ceci est décrit dans une section ultérieure sur la « coquille ».

Vous pouvez faire en sorte que votre client ait accès à ces traumatismes générationnels en les régressant à un moment *in utero* où le traumatisme générationnel a été un problème qui a engendré une blessure. Une fois au bon moment, le client peut habituellement « voir » les générations successives s'éloigner dans le passé avec le même problème. On dirait une chaîne de personnes ou un jeu de cartes avec les images des personnes qui part vers le haut et vers la droite. Faites-les aller aussi loin qu'il le faut pour arriver à la toute première personne, guérissez-la et il se produit alors la chose la plus étonnante qui soit : le client peut voir le problème se dissoudre génération après génération à une vitesse d'environ cinq secondes par génération tandis que le changement avance vers le présent. (Notez que, lorsque vous guérissez un ancêtre, vous n'avez pas à guérir tous ses problèmes, uniquement le traumatisme qui était apparent lorsque vous avez initialement remonté le problème jusqu'à lui.)

Comment distinguer un traumatisme générationnel d'un traumatisme d'une vie antérieure ? Tout d'abord, un traumatisme générationnel donne un sentiment personnel au traumatisme sur lequel vous travaillez - et c'est donc difficile à affronter et à guérir. Les vies antérieures, par contre, se sentent impersonnelles et sont donc beaucoup plus faciles à guérir. Bien sûr, il se peut que vous ayez un traumatisme générationnel hérité de « vous » dans une vie antérieure - c'est rare, mais nous avons déjà rencontré le cas.

Un autre traitement très efficace pour ces problèmes est la Tapas Acupuncture Technique (TAT) décrite plus loin dans cette formation. Je recommande d'utiliser d'abord la TAT pour ce problème, car c'est généralement la méthode la plus rapide et la plus simple pour les traumatismes générationnels (pour peu que la TAT fonctionne pour votre client).

À quoi s'attendre - La perte d'âme et les voix ribosomiques

En travaillant sur vous-même, vous pourrez peut-être ressentir ce qui ressemble à une personne ou à un sombre nuage de fumée qui quitte soudainement votre corps. Ou alors, tout en aidant quelqu'un d'autre à guérir, vous pouvez quitter la séance et continuer à vous sentir mal, tout en sachant que l'un de vos propres traumatismes n'a pas été activé. Ou encore, vous ou un client souffrez de « possession », de canalisation ou d'une maladie mentale grave. Pour comprendre ce qui s'est passé et ce qu'il faut faire à ce sujet, il faut avoir des antécédents chamaniques en même temps qu'une expérience plus conventionnelle.

En guise d'hypothèse, imaginons que votre sens du « moi », de la conscience, est composé d'une « matière » non physique qui est une petite partie du « Créateur » lui-même. Les chamans appellent ça « l'âme ». Lors de certains rares traumatismes, la douleur est tellement forte que vous éjectez hors de votre zone corporelle un morceau de vous-même avec la mémoire émotionnelle de ce qui s'est passé, et ce morceau erre sans attaches. Dans la tradition chamanique, cela s'appelle la perte d'âme. Si un chaman vous le rapporte, cela s'appelle la récupération d'âme. Si vous possédez celui de quelqu'un d'autre, c'est ce qu'on appelle le vol d'âme dans le chamanisme (dans l'Institut, nous l'appelons maintenant une voix ribosomique en raison de la cause biologique de ce phénomène). En termes chrétiens, ces voix ribosomiques seraient probablement appelées entités ou anges, en fonction de la tonalité émotionnelle du traumatisme qui a formé le morceau d'âme. Visuellement, à un certain niveau de conscience, ils ressemblent à l'individu au moment où ils ont été formés et, à un autre, ils ressemblent à un petit nuage de fumée sortant d'une pipe. Le seul livre que je peux recommander dans ce domaine est l'excellent livre de Sandra Ingerman intitulé *Recouvrer son âme*.

Lorsque vous guérissez un client, celui-ci peut vous dire qu'il a une terrible sensation de manque, même si vous pouvez attester que le traumatisme a été guéri. Si le client attend jusqu'à trois jours, le sentiment de « manque » va disparaître soudainement avec un « pop » lorsque le morceau d'âme manquant va revenir. Puisque nous ne voulons pas que nos clients aient cette sensation quand ils sortent de notre bureau, voici un truc pour ramener le morceau d'âme. Demandez-leur de chanter (ou de fredonner ou d'incanter) la première chanson qui leur vient à l'esprit. Cette chanson, à laquelle ils n'ont souvent pas pensé depuis des années, est liée au morceau d'âme manquant. Généralement, la morceau d'âme revient entre le premier et le troisième tour de chant avec une sensation de « pop », et le sentiment de manque du client disparaît soudainement.

Ces morceaux d'âme sont à l'origine des voix que les gens perçoivent dans leur tête dans des maladies mentales graves ou pendant le channeling. Un de mes enseignants m'a dit que le fait de s'accrocher à l'âme des autres est la racine profonde de toute maladie mentale grave, et je pense qu'il a peut-être raison. La bonne nouvelle, c'est que les morceaux d'âme ne nous ont pas, c'est nous qui les avons ! Contrairement à ce que disent les films et la plupart des thérapeutes à ce sujet, peu importe le niveau de gravité, même si cela nous rend fous ou nous pousse à faire du mal à autrui, nous nous accrochons à eux et ils ne s'accrochent pas à nous. Il s'avère que la raison est enfouie dans des traumatismes dans l'utérus et à la naissance, ce qui explique pourquoi personne ne sait de quoi il s'agit. Au cours de ces expériences que le fœtus ressent comme un danger de mort, nos mères ont ressenti une variété de sentiments, bons ou mauvais. Notre corps associe la survie à la sensation d'avoir des émotions extérieures autour de nous (celles de notre mère) et c'est à celles-ci que ressemblent les voix ribosomiques. À un niveau inconscient, nous croyons littéralement que notre survie dépend de notre capacité à nous entourer de ces sentiments. Par exemple, une femme en a découvert plusieurs couches lorsqu'elle a guéri un élément traumatique de sa naissance et a découvert un traumatisme encore plus précoce qui s'est produit lorsque sa mère est tombée dans les escaliers, a atterri sur son ventre de femme enceinte et a voulu désespérément que son mari l'aide.

Alors, que faire ? Si vous faites du channeling, vous pouvez remonter jusqu'à la source du traumatisme en régressant sur ce que vous ressentez lorsque vous faites appel à la voix ribosomique. Si vous êtes comme la plupart d'entre nous, vous faites de votre mieux pour ne pas entendre de voix. Dans ce cas, observez vos relations extérieures. Si vous êtes physiquement attiré par un certain type de personne qui ressent habituellement une certaine émotion (comme je l'ai été pour les femmes en colère), vous pourriez soupçonner un traumatisme à la naissance ou dans l'utérus. Non seulement nous nous entourons d'une voix ribosomique porteuse d'un certain sentiment, mais nous ajoutons au désordre en trouvant des gens qui ont tendance à avoir ce sentiment dont nous pensons avoir besoin pour survivre. Guérir ceci présente l'avantage d'éliminer deux problèmes à la fois !

Je terminerai en mentionnant quelque chose auquel vous ne penseriez peut-être pas. Ma mère avait également beaucoup de sentiments positifs pendant ma naissance et, quand j'ai rompu le lien entre la survie et ces sentiments agréables, je me suis senti rejeter un tas de voix ribosomiques ayant des sentiments positifs et que les médiums new age appellent souvent des « anges ». Cette sensation était assez inattendue, mais la grande surprise fut que le bruit dans ma tête a diminué de façon spectaculaire, comme si quelqu'un avait coupé la climatisation du bâtiment et fait disparaître le bruit de fond, ou alors avait éliminé le souffle d'une vieille cassette stéréo. Une expérience merveilleuse !

Nous avons récemment développé une nouvelle technique qui élimine tous les vols d'âme (voix ribosomiques) simultanément. La formation à la thérapie Peak States enseigne aux thérapeutes comment mettre en œuvre ce processus avec leurs clients. Nous appelons ce processus la Silent Mind Technique (SMT, littéralement la « Technique de l'Esprit Silencieux »).

À quoi s'attendre - Les chakras et les méridiens

À notre grande surprise, ces soi-disant centres énergétiques décrits dans les textes spirituels hindous existent réellement et peuvent causer des problèmes inhabituels chez nos clients. Chez les gens ordinaires, les chakras sont physiquement séparés, bien qu'ils soient fusionnés dans un disque situé près du plexus solaire chez les gens qui les ont pleinement développés. Dans cette formation, nous ne traiterons que du cas d'une personne ordinaire.

Les chakras ont tendance à chacun fonctionner différemment, mais lorsque de grandes quantités d'énergie sortent d'eux, c'est perçu comme si de l'eau jaillissait du corps à leur emplacement, presque comme si un tuyau était connecté à l'intérieur de nous et dirigé vers l'extérieur. Nous utilisons inconsciemment les chakras à partir de déclencheurs que nous avons mis en place en observant *in utero* notre mère utiliser inconsciemment les siens. Ainsi, pour contrôler un des nôtres, nous ressentons simplement l'état dans lequel se trouvait notre mère lorsqu'elle a utilisé le sien. Par exemple, ma propre mère était infirmière et, quand elle se penchait sur un client avec un sentiment d'amour, son chakra du cœur s'ouvrait et envoyait de l'énergie. Elle ouvrait son chakra de la couronne pendant les rapports sexuels et ainsi de suite avec différents déclencheurs pour les autres chakras. Comme notre mère, nous les utilisons généralement inconsciemment, et c'est là que peuvent commencer les problèmes.

Commençons par le chakra de la couronne. Il est situé au sommet de la tête et, s'il s'ouvre spontanément, on peut avoir l'impression qu'une main gigantesque appuie sur la tête, jusqu'au point de faire mal. Le point de pression se situe aux points de traumatismes qui bloquent le « flux d'énergie » du chakra - lorsque chaque traumatisme est guéri, la pression apparaît au point suivant jusqu'à ce que l'écoulement ne produise plus de sensation de pression. Le traitement consiste ainsi à guérir les traumatismes bloquants, mais une autre option consiste à demander au client de fermer le chakra. Dans ce second cas, demandez au client de remarquer quel est le déclencheur (sensation/émotion/sensation) et de l'arrêter. Il est clair que ce n'est pas fiable dans les moments de stress ou d'oubli et il est donc préférable de débloquer le chakra.

L'utilisation du chakra du troisième œil est particulièrement intéressante et peut être très dérangeante pour certaines personnes. Utilisé seul, il donne une vision aux rayons X, dans des tons de gris, comme le négatif d'une photographie. Bien intégré au reste des systèmes de l'organisme, il donne la possibilité de voir derrière d'autres choses, ce qui peut être très perturbant pour certaines personnes. Suivez les mêmes directives que ci-dessus.

Le chakra du cœur est particulièrement intéressant d'un point de vue clinique. Chez plusieurs clients, la capacité d'utiliser le chakra du cœur était bloquée par un « trou » dans la poitrine, ce qui leur donnait également des problèmes de dépendance - alcool, relations, etc. Malheureusement, la cicatrisation du trou thoracique peut être atrocement douloureuse, car il se forme souvent pendant que le fœtus est écrasé à la naissance lors de son passage dans le col utérin.

Le chakra du plexus solaire représente un problème majeur pour beaucoup de gens. À l'heure actuelle, nous croyons que les dommages à cette région sont dus à l'utilisation de notre plexus solaire pour tendre la main et saisir des objets ou les repousser. Cette action peut nous endommager sévèrement, avec la sensation que notre diaphragme est arraché ou déchiré, lorsque nous essayons de repousser ou d'attirer des choses *in utero* alors qu'elles ne bougeront en aucun cas.

Là encore, chez une personne ordinaire, les chakras séparés sont ancrés dans la toile des méridiens du corps. S'ils ne sont pas correctement ancrés dans la toile des méridiens, la personne agit soit de façon complètement épuisée et fatiguée, soit tellement énergisée qu'elle ne peut s'arrêter de bouger. Lorsque tout le système fonctionne correctement (ou du moins aussi bien que possible dans l'état actuel de nos connaissances), nous avons constaté qu'une personne typique n'a besoin que trois ou quatre heures de sommeil par jour pour se sentir pleinement reposée. Ceci dépasse le cadre de la formation, mais vous devez savoir que ce phénomène existe.

À quoi s'attendre - L'anesthésie et les autres médicaments

Lorsqu'un problème d'un client mène à un traumatisme mettant en cause une anesthésie, il se peut que vous éprouviez de la difficulté à le guérir. Souvent, ce type de traumatisme survient pendant l'accouchement, et une expérience déjà douloureuse et difficile devient presque impossible à gérer. Le client se sentira souvent engourdi, paralysé, stupide, insensible et frigorifié. Cela aide de les rassurer et de leur donner une couverture pour les empêcher d'avoir froid. Généralement, vous pouvez simplement attendre et laisser le temps à ces traumatismes de partir, et l'expérience de l'anesthésie passera également, mais souvent très lentement. Nous avons découvert à travers une série d'expériences qu'une technique de « maintien crânien », où l'on masse l'arrière du cou juste sous la grosse bosse au sommet de la colonne vertébrale et où l'on masse simultanément la zone osseuse à l'avant des deux tempes sur les côtés du front, accélère souvent la libération de l'expérience. Cette technique de massage fonctionne également sur d'autres types de surdoses de drogues telles que les médicaments antipsychotiques.

Cependant, le client est généralement surdosé avec l'anesthésique et celui-ci est stocké dans le corps, en particulier dans la région du diaphragme. Pour l'extraire du corps, il faut généralement recourir à une technique de travail respiratoire impliquant l'hyperventilation. Je recommande l'utilisation de la technique de la respiration holotropique de Grof ou le travail sur la respiration de Hendricks. Il faut avertir le client que le produit chimique va sortir par sa transpiration et son haleine, et le client peut véritablement empester cette odeur qui peut même saturer ses vêtements. Avec des expériences supplémentaires de travail sur la respiration, d'autres expériences d'anesthésie libéreront leur substance chimique particulière. Cette libération peut être accélérée en demandant au client d'aimer la zone du plexus solaire/diaphragme, comme s'il s'agissait d'un enfant encore rancunier et, dans le cas d'une anesthésie à la naissance, aimer aussi la mère. D'après mon expérience, la pratique du WHH n'élimine pas les produits chimiques stockés. Je ne sais pas s'il est inoffensif ou non de les laisser dans le corps, mais, juste au cas où, je recommanderais les techniques d'hyperventilation pour aider à s'en débarrasser.

J'ai aussi découvert qu'au moins un médicament psychoactif bloque le processus du WHH. Il s'agit de la desipramine, spécialement conçue pour bloquer chez les clients l'accès à leurs sentiments traumatiques. Matt Fox rapporte que « Le Zanex bloque aussi le WHH et semble également affecter l'EFT. La klonopine bloque également le WHH et il faut environ 4 à 6 semaines après l'arrêt du médicament pour que le WHH fonctionne normalement. » Je soupçonne qu'il y en a d'autres encore, mais, étonnamment, la plupart des médicaments ne semblent pas bloquer la guérison.

Points clés:

- Le WHH suscitera souvent des expériences inhabituelles chez vos clients et cela les aidera de les rassurer sur le fait que c'est normal.

- Les trous sont causés par des blessures physiques et sont perçus comme un vide déficient.

- La perte d'âme causera chez votre client une sensation de manque ou l'impression qu'il manque quelque chose.

- Les vies antérieures conduisent toujours à des traumatismes dans cette vie. La guérison de la vie antérieure ne suffit pas pour guérir le problème du client.

- Il faut toujours vérifier l'existence de traumatismes générationnels dans l'histoire du client.

- Un traumatisme lié à un anesthésique peut être guéri avec le WHH, et la pratique d'une thérapie corporelle spécifique aide.

AUGMENTER VOS COMPÉTENCES : S'ÉLOIGNER DU MODÈLE HABITUEL DU WHH

La séquence de traumatismes n'est pas toujours simple

Dans le bref guide du processus, j'insiste sur le fait d'aborder les traumatismes du passé comme s'il s'agissait d'assiettes empilées. Généralement, nous voulons aller aussi vite que possible au traumatisme « central » d'origine et le guérir parce que, ce faisant, nous constatons que les autres traumatismes ultérieurs se dissolvent simplement sans aucune attention supplémentaire. Bien que cela soit généralement vrai, il y a une exception : nous nous retrouvons parfois « coincés » dans un traumatisme et nous devons le guérir partiellement ou totalement pour pouvoir nous déplacer plus loin dans la séquence de traumatismes. De plus, certaines séquence ont plus d'une racine traumatique, ce qui nous oblige à nous rendre à plusieurs origines différentes dans le passé.

Une autre variante intéressante sur ce thème est celle de quelques clients qui alternent entre un traumatisme précoce et un traumatisme ultérieur. J'ai essayé de les forcer à rester dans le premier et cela a bien fonctionné, mais c'est généralement plus productif et cela honore leur propre sens intuitif de la guérison de suivre le flux des aller-retours. En général, cela se produit parce qu'il y a une blessure physique importante à la fois dans le traumatisme antérieur et dans le traumatisme ultérieur. Méfiez-vous cependant de certains clients qui ne font que sauter d'un traumatisme à un autre (comme s'ils surfaient entre différentes chaînes de télévision), car ils se servent généralement de cette astuce pour éviter de ressentir la douleur de l'un d'entre eux.

Une autre simplification que j'ai apportée au processus réel est de laisser croire qu'il existe une sensation unique qui relie tous les traumatismes à travers le temps. Bien que ce soit souvent le cas, le thème change parfois en raison d'un traumatisme qui associe un nouveau thème au thème le plus ancien. En descendant dans la séquence de traumatismess, vous pourriez trouver que le thème se modifie à cause de cela. Le client reconnaîtra leur connexion et le processus se poursuivra de la même manière automatique qu'avant. (Quand je parle de thèmes, je parle des thèmes de sensations corporelles, PAS des histoires ou des objets déclencheurs émotionnels tels que des araignées ou des situations d'examen. Les élèves confondent souvent les deux, mais l'intrigue ou le déclencheur n'ont en essence aucune pertinence, contrairement à notre pensée analytique. Si cela vous intéresse, je vous invite à vous renseigner à propos du processus TIR, car il traite des liens entre les traumatismes de manière beaucoup plus détaillée.)

Utiliser des variantes de la technique du WHH pour accéder aux traumatismes et les guérir

Vous allez découvrir que vous pourriez avoir besoin d'utiliser une variété de techniques pour permettre et faciliter la guérison de certains clients ou de certains problèmes particuliers. Celles-ci sont utilisées pour accélérer la guérison, trouver les images, identifier et localiser les traumatismes et faciliter l'entrée dans le corps. Je parlerai plus tard de l'utilisation du WHH avec d'autres thérapies de psychotraumatologie, mais, pour l'instant, il y a plusieurs choses simples que vous pouvez faire :

- Utiliser la technique de s'aimer soi-même (premier choix).

- Utiliser la technique de la boule de lumière blanche.

- Chanter une chanson, à la fois pour le retour de l'âme et pour détendre le corps.

- Utiliser l'hyperventilation.

- Passez votre main sur votre corps pour localiser la blessure physique qui est la source de l'émotion douloureuse.

- Utilisez des corrections d'inversion psychologique des thérapies énergétiques pour soulager la résistance (telles la respiration claviculaire, la stimulation du point sensible ou la stimulation du point karaté de l'EFT).

- Si le traumatisme ne se manifeste pas rapidement, c'est souvent le libellé exact de la phrase qui pose problème. Essayez de demander au client de répéter la phrase qu'il a trouvée et, comme s'il s'agissait d'un travail d'association d'idées, voyez si elle se transforme en la phrase véritablement exacte.

- Si l'émotion ou la douleur est localisée à un endroit, laissez-la s'étendre à tout le corps. Cela peut parfois être accompli en essayant de la rétrécir puis de la laisser rebondir vers l'extérieur, dans l'être tout entier. La guérison est considérablement accélérée quand elle est dans tout le corps.

Quelques conseils concernant l'utilisation du WHH

- Si un traumatisme ne bouge pas, il y en a généralement un plus gros et plus douloureux en dessous.

- Les émotions positives doivent être guéries au même titre que les émotions douloureuses - le point final est le CPL (la seule exception est le bonheur, car c'est en fait un état de conscience extraordinaire, mais continuez quand même jusqu'au CPL).

- Lors de la guérison d'une douleur, mettez-vous en position de douleur maximale et une image viendra généralement.

- Ou alors, utilisez une technique de pression sur la zone de la blessure pour induire l'image. De même, si vous pouvez sentir une émotion à un endroit particulier, appuyez dessus. Pour ce faire, assurez-vous que le client est prêt à voir l'image clignoter dans et hors de sa conscience lorsque vous appuyez brièvement pour la première fois dans la zone. Répétez aussi souvent que nécessaire jusqu'à la prise de conscience.

- Pour les traumatismes du passé qui ne se relâchent pas : trouvez les points douloureux dans la zone blessée et, tout en restant dans le passé, maintenez la pression sur chacun d'eux à son tour, jusqu'à ce que la douleur s'estompe. Cela déclenche la prise de conscience de certains aspects du traumatisme.

- Dans certains traumatismes, lorsque vous en avez fini avec votre part du problème, il peut être important de guérir l'autre personne impliquée (par exemple pour le traumatisme d'un viol). Cela sort du cadre de cette formation.

- Les choses semblent toujours pires juste avant une percée.

- En général, le travail le plus douloureux est toujours le travail en cours, quelle que soit la difficulté des travaux précédents.

- Quand quelque chose est guéri, il est difficile de se rappeler à quel point c'était douloureux avant la guérison.

- Votre réussite à guérir quelque chose s'évanouit souvent de la conscience lorsque d'autres problèmes commencent à surgir.

- Après la guérison d'un problème, il y a un intervalle de quelques secondes à quelques jours avant que la prochaine problématique à guérir ne se porte à la conscience et ne devienne le « grand problème » que vous croyez devoir régler pour être heureux.

Changer le passé

L'un des aspects les plus surprenants et probablement les plus controversés de notre travail concerne la nature même du temps. Dans notre culture, notre modèle habituel est que le passé est figé, que l'avenir n'est pas encore déterminé et que notre conscience est dans le présent. Il s'avère que c'est complètement faux. Pour l'instant, vous devez me croire sur parole que la façon dont le temps fonctionne réellement est que le passé, le présent et l'avenir qui nous sont familiers ont déjà eu lieu. Ainsi, si vous vous rendiez « visite » dans le passé, cette personne vivrait ce moment dans le passé comme son présent. Ou quelqu'un il y a 200 ans qui serait de même dans son moment « présent ». Cela signifie aussi que si vous avancez dans le temps, comme le décrit Hank Wesselman dans *Celui qui marchait avec les esprits*, vous serez là-bas dans le « présent ». Cependant, ce n'est pas un univers statique - il change constamment et l'avenir peut interagir avec le passé pour changer le passé. La personne typique dans notre culture change son propre avenir, généralement par petites touches, environ 3 fois par an. Ainsi, bien que dans une large mesure tout cela ressemble un peu à un univers réglé comme une horloge, il peut se produire des changements (à un niveau hors du temps lui-même) et la prédestination n'est donc pas absolument incontournable. En d'autres termes, votre avenir (par exemple) a déjà eu lieu - mais il peut parfois être modifié.

Il n'est pas nécessaire que vous ayez connaissance de cette information ni que vous me croyiez, mais cela peut se manifester avec les clients qui pratiquent le WHH de la façon suivante. Il s'avère que le processus du WHH change véritablement le passé et, lorsque le traumatisme est éliminé, les changements progressent réellement dans le temps en modifiant le « futur ». Il peut donc vous arriver parfois de constater, lorsque vous guérissez un traumatisme vraiment profond, que le client dispose soudainement et spontanément de tout un nouvel ensemble de souvenirs.

> **Exemple :** Par exemple, un client se rappelait d'une fois où il avait été frappé par un enseignant alors qu'il était petit garçon. Une fois guéri, il s'est retrouvé involontairement et sans préméditation à tendre la main d'une façon pleine d'amour vers l'enseignant, ce qui ne s'était pas produit dans le passé « précédent », et toute l'interaction était différente.

Il y a un autre point important à propos de tout cela. Lorsque vous pratiquez le WHH sur un traumatisme passé, vous constatez que le contenu émotionnel, physique et mental du traumatisme disparaît. Nous avons tendance à penser que c'est parce que nous avons « effacé la mémoire », mais ce n'est pas le cas. Au lieu de cela, nous avons remonté le temps et changé ce qui s'est passé (une véritable concrétisation de la légende des cheveux du Baron de Münchhausen) ! Ce principe devient évident lorsque nous guérissons un traumatisme prénatal. Comme vous vous en souvenez, ces traumatismes impliquent toujours des lésions. Une fois que vous atteignez le CPL pour le traumatisme, le client déclare qu'il n'y a plus de blessure ou d'autre problème. Pourtant, il peut encore régresser à ce moment dans le temps et revivre ce qui a causé les dommages, qu'il s'agisse d'une tentative d'avortement, de produits chimiques toxiques, d'une déchirure de la muqueuse placentaire ou autre, mais ce moment est revécu *sans* aucune blessure au corps du fœtus. Cela se produit parce que le client a vécu le traumatisme dans le passé, mais qu'il est en train de guérir tout dommage au fur et à mesure qu'il se produit, sans effort. Il s'agit d'une application du processus de guérison régénérative décrit au quatrième jour, mais qui n'est pas évidente pour les clients. Ils acceptent simplement que la thérapie du WHH fonctionne ainsi.

> **Exemple :** Une femme d'une cinquantaine d'années avait accidentellement été laissée sans anesthésie lors d'un traitement par électrochocs. En repassant le traumatisme à plusieurs reprises, toute la douleur et l'inconfort ont finalement disparu, comme il se doit avec la thérapie du WHH. Comme elle était dans un état de conscience avancé dans le présent, elle pouvait clairement « voir » comment son corps gérait l'électrochoc dans le passé pour l'empêcher d'être blessée.

Il y a toutefois des façons de changer le passé que vous ne devriez pas essayer. Ce problème se produit en particulier avec les souvenirs des vies antérieures. Lorsque vous travaillez sur une mémoire d'une vie antérieure, il y a suffisamment de séparation entre le soi dans le présent et le soi dans le passé pour qu'ils puissent interagir - et vous pourriez voir votre client essayer de changer le passé en demandant à la personne dans le passé de faire quelque chose différemment. C'EST UNE MAUVAISE IDÉE pour plusieurs raisons. D'abord, l'ancien traumatisme vous posera toujours un problème. Cela ne changera pas. Deuxièmement, comme vous avez des douleurs traumatiques à propos de la situation, vous aurez tendance à aggraver les choses - un peu comme vous ne voudriez pas obtenir des conseils pour faire face à une crise suicidaire de la part d'une personne elle-même suicidaire. Troisièmement, et bien que cela semble vraiment fantasmagorique, rappelez-vous la règle d'or - aimeriez-vous que quelqu'un de votre avenir débarque soudainement au présent et vous donne de mauvais conseils, des conseils qui vous sentiriez devraient être forcément bons puisqu'ils proviendraient d'un « esprit désincarné » ?

> **Exemple :** Une femme travaillait sur un problème qui l'a amenée à se souvenir d'une vie antérieure où elle avait été brûlée à mort. Plutôt que de pratiquer le WHH dessus, elle a décidé d'éviter de ressentir la douleur en essayant de déjouer le problème, en remontant plus tôt dans le temps et en communiquant avec elle-même au cours de cette vie. Elle a alors obtenu que son soi de la vie antérieure évite la séquence d'événements qui allait la conduire à être brûlée en s'empoisonnant ! Cependant, ses symptômes actuels n'ont pas changé (comme nous l'avons dit, les traumatismes d'une vie antérieure cachent les traumatismes de cette vie). Elle n'a pas progressé sur la question jusqu'à ce qu'elle retourne en arrière, qu'elle aille à l'ancienne blessure par brûlure de mort (oui, elle pouvait toujours y accéder même s'il y avait une « nouvelle » vie), qu'elle pratique le WHH, puis qu'elle trouve le traumatisme antérieur dans cette vie qui était responsable de son problème.

Je vais insister encore une fois sur ce point. N'ESSAYEZ PAS DE CHANGER LE PASSÉ. Nous avons parfois tellement envie que le passé soit différent que nous pouvons nous faire des illusions à ce propos. C'est un véritable problème ! À la place, guérissez le passé avec le WHH ou une autre thérapie pour ne pas avoir besoin de changer ce qui s'est passé - et si ça change spontanément, ce n'est pas un problème. Assurez-vous simplement que c'était vraiment spontané et que le client n'essaie pas sournoisement d'éviter la douleur du passé.

LE WHH APPLIQUÉ AUX PROBLÈMES PHYSIQUES

Le WHH et d'autres thérapies en psychotraumatologie permettent souvent de guérir des problèmes physiques, des problèmes que l'on ne pourrait pas envisager de guérir sans procédure médicale. (Si vous ne le saviez pas, nous vous invitons à consulter le site internet de l'EFT pour connaître la grande variété de pathologies qui ont répondu à ces types de thérapies.

Cependant, les problèmes physiques ne sont généralement pas aussi simples à résoudre que les problèmes émotionnels. Les mécanismes qui créent la maladie physique ne sont souvent qu'indirectement liés à un traumatisme et il existe plusieurs types de mécanismes. L'un des principaux objectifs de l'Institut est de rechercher les mécanismes et les causes traumatiques sous-jacentes à diverses maladies graves. Nous allons énumérer ci-dessous certains de ces mécanismes et donner des exemples.

Les symptômes directement liés à un traumatisme

Dans cette classe de maladies, la cause est un traumatisme dont la tonalité émotionnelle dans le passé est la même que celle dans le présent. Ce qui s'est produit physiquement à ce moment-là dans le passé est dupliqué dans le présent. Ce type peut être très simple à guérir en utilisant le WHH ou n'importe quelle thérapie de psychotraumatologie, car la tonalité émotionnelle globale du client dans le présent est la même que celle du traumatisme. Au cours d'une séance de thérapie, recherchez le sentiment durable que le client a en arrière-plan. L'apparition des symptômes survient dès le début du sentiment et peut souvent mener à la petite enfance ou même à un traumatisme *in utero*.

> **Exemple :** Un homme était dans l'incapacité de travailler depuis un choc à la tête lors d'un grave accident de voiture. En utilisant une approche TIR, décrite plus loin dans ce manuel, le client a été remis en situation dans une voiture et on lui a demandé de refaire ses mouvements lors de l'accident tout en revivant l'incident. Cela a rapidement mis fin à ses symptômes.

> **Exemple :** La jambe d'une femme a enflé, comme si elle avait l'éléphantiasis. Son médecin n'a rien pu trouver d'organique (les médecins ne peuvent pas toujours trouver la cause organique d'une maladie, s'il y en a une, mais ce médecin avait raison, car il n'y en avait justement pas). Le traumatisme provenait d'une blessure 30 ans auparavant sur une plage, lorsqu'elle s'était fêlé l'os de sa jambe. Même si l'os de la jambe était rétabli dans le présent, le corps du client avait induit la même réaction de blessure dans le présent, comme si la blessure venait de se produire.

> **Exemple :** Une femme avait une mauvaise audition en raison d'acouphènes (bourdonnements dans les oreilles). La régression sur le symptôme conduit directement à un certain nombre de traumatismes *in utero* mettant en cause des bruits très forts qui avaient blessé les oreilles délicates du bébé.

Les maladies directement maintenues en place par un traumatisme

Dans cette classe de problèmes, le corps aimerait guérir le problème, mais le traumatisme inhibe les mécanismes normaux de réparation. Encore une fois, les circonstances de vie actuelles activent continuellement la réponse traumatique. Lorsque nous guérissons le traumatisme sous-jacent, nous constatons souvent que les symptômes disparaissent immédiatement ou commencent à guérir immédiatement parce que le traumatisme disait en essence au corps de la personne qu'il avait besoin du symptôme. Lorsque le traumatisme est enlevé, les mécanismes de réparation normaux du corps peuvent se mettre en œuvre et le rétablissement se produit.

> **Exemple :** Une femme avait depuis des mois une infection de la vessie, ce qui lui causait de la douleur lors des rapports sexuels. Le simple fait de lui demander à quoi sa vie lui faisait penser à ce

moment-là lui a remis en mémoire la première fois qu'elle avait été violée. La guérison à l'aide de l'EFT a permis à l'infection de commencer immédiatement à se drainer et de cesser d'être douloureuse. La guérison normale de l'infection a immédiatement commencé. Notez que même si la douleur a été éliminée, la guérison a quand même pris des jours tandis que le corps s'occupait du problème. Ce n'est pas parce que la douleur disparaît que la maladie est guérie instantanément !

Exemple : Une ambulancière s'est blessée au dos en soulevant un patient mort. Un an plus tard, la douleur persistait encore. Elle a régressé au moment juste avant de soulever le patient, a remonté dans le temps le fil des sentiments qu'elle avait eu à ce moment-là et a découvert une blessure au moment de la chute hors de la trompe de Fallope dans l'utérus.

Exemple : Une cliente souffrait de maux de dos depuis longtemps. Elle n'a pas été capable de remonter la piste jusqu'à un moment particulier. Elle a eu un massage et un traitement en acupuncture pour son dos et a noté les sentiments émotionnels et physiques forts qui ont surgi (une sensation de barre sur son dos). Par la suite, elle a suivi cette sensation en utilisant le WHH, a retrouvé son origine et a guéri son dos.

Les maladies ou les problèmes indirectement liés à un traumatisme

Dans ce type de problème, l'organisme contracte une infection virale ou bactérienne pour imiter l'expérience physique originelle du traumatisme. Cela peut être un peu délicat à repérer, car, bien que les symptômes initiaux de la maladie soient les mêmes que les sensations traumatiques originelles, la maladie peut rapidement entraîner l'apparition de symptômes sans rapport. Ainsi, dans ce type de problème, le premier symptôme est la clé de la guérison.

Exemple : Le déclencheur émotionnel était un sentiment de solitude et d'abandon. La manifestation physique était un mal de gorge viral et bactérien qui se transformait en angine, l'irritation de la gorge prenant fin rapidement. La cliente ne savait pas que l'émotion et l'angine étaient liées puisque ces sentiments étaient fréquents et qu'il y avait un retard dans l'apparition des maladies. Après avoir pratiqué le WHH dessus, nous avons constaté que cela provenait de remontées douloureuses de sucs gastriques dans la gorge au moment de la naissance. Plus tard dans sa vie, la cliente avait ce mal de gorge viral parce qu'il représentait l'analogue physique le plus proche de cette ancienne remontée douloureuse ! Bien sûr, une fois la maladie installée, d'autres symptômes se manifestaient, mais ceci était la base du problème.

Exemple : Nous avons constaté que les traumatismes causent souvent des problèmes chiropratiques. Comme vous le savez peut-être, un chiropraticien continue souvent d'ajuster un client année après année parce que sa vertèbre quitte continuellement sa place correcte. Nous avons découvert que cela peut être causé par un traumatisme qui dit en gros au corps de la personne qu'il a besoin de garder les tensions musculaires qui déplacent la vertèbre. Lorsque le traumatisme sous-jacent de la personne est guéri, nous avons souvent constaté que, dans un laps de temps qui aller de quelques secondes à quelques jours, les os affectés se remettent en place de façon permanente, parfois même avec un « clac » très fort qui peut inquiéter le client !

Exemple : Une cliente avait des infections parasitaires. Il s'est avéré que son cerveau du corps ressentait un fond de solitude et que les parasites l'empêchaient de se sentir seul.

Exemple : Il y a généralement un sentiment de panique dans les infections systémiques graves de candida. Les symptômes de la candidose imitent les sentiments de panique que le corps éprouve en raison du manque d'oxygène pendant le processus de la naissance.

Exemple : Le client avait un pH significativement trop acide. La régression à une époque où la mère sentait que son ventre était laid parce qu'il était distendu au cours de la grossesse a fait revenir le pH à la normale. Nous avons trouvé la cause de ce problème par hasard, pas par dessein.

Exemple : Le client avait un poids insuffisant. Le problème apparent était le manque de moyens financiers, et la régression en WHH sur les sentiments a mené à un traumatisme *in utero* où le placenta a été partiellement arraché de la paroi de l'utérus. Bien que la guérison n'ait pas réglé les problèmes d'argent du client, ce dernier a soudain découvert qu'il arrivait à prendre du poids et qu'il n'éprouvait plus aucune résistance à mettre de l'essence plus chère dans sa voiture.

Les traumatismes qui entraînent la décision d'être malade

Dans ce scénario, le client vit une expérience traumatique qui amène son corps ou son cœur à prendre une décision qui affecte son système immunitaire. Souvent, les symptômes graves arrivent plusieurs années après le traumatisme initial. Cette problématique peut être difficile à retrouver, car souvent l'émotion et la situation originelles ne sont pas liées aux symptômes. Certains praticiens font part de leur succès après avoir employé des tests musculaires pour résoudre ce problème, un bon exemple de la technique qui se trouve dans le processus et le livre intitulé *New Decision Therapy* de Kandis Blakely. Il est intéressant de noter que la composante émotionnelle de l'expérience traumatique est habituellement assez grave, même si elle n'apparaît généralement pas de façon évidente dans le présent. Ceci peut être utilisé comme un moyen de trouver le problème d'origine, en demandant au client de se rappeler tout moment très difficile au cours des années précédant les symptômes. L'attrait d'un morceau de musique spécifique peut également ment être utilisé pour remonter à l'origine des sentiments correspondants.

Exemple : Dans ma propre vie, après un divorce très douloureux, j'ai commencé à développer des problèmes physiques et des maladies. Au cours des huit années suivantes, j'ai été de plus en plus malade. En essence, mon système immunitaire ne fonctionnait pas correctement, mais on ne pouvait trouver aucune cause de déficience immunitaire. Juste avant de commencer une séance de travail sur la respiration, j'ai été très attiré par une chanson de John Denver. Pendant la séance, j'ai joué cette musique et un deuil intense s'est manifesté. La musique m'a donné une idée de ce que pourrait être l'harmonie avec la vie, surtout avec les femmes. J'ai soudain pris conscience que, pendant mon divorce, j'avais pris la décision inconsciente de mourir (ou plus exactement, de renoncer à vouloir vivre). J'avais eu l'impression que je ne pourrais jamais obtenir ce que je voulais dans la vie et que je n'avais aucune raison de vivre. J'en étais totalement inconscient. Une fois que j'ai ressenti le chagrin que je bloquais (et dont je n'étais vraiment pas conscient dans le présent), j'ai commencé à guérir physiquement très rapidement.

Les maladies liées aux structures du cerveau de la couronne

J'ai rencontré quelques cas où le client a des symptômes physiques parce qu'il a une structure du cerveau de la couronne, habituellement une connexion inappropriée entre deux points du corps, ce qui entraîne un dysfonctionnement des organes. Cela peut également générer des sensations de douleur ou d'inconfort dans la région affectée, comme si un élastique tirait sur les zones auxquelles la structure du cerveau de la couronne est attachée. La guérison du traumatisme d'origine dissout la structure et l'organe affecté ou la douleur retourne à la normale.

Exemple : Un client avait de l'acné à l'âge adulte. En remontant la piste, nous avons trouvé des problèmes dans le foie, lesquels étaient dus à un câble du cerveau de la couronne qui tirait sur la région du foie. La régression au traumatisme a éliminé la cause du problème et celui-ci a disparu.

Les maladies liées à des problèmes générationnels, « énergétiques » ou « spirituels »

Dans cette catégorie de problèmes, l'état du client est dû à un mécanisme que l'on pourrait appeler le niveau spirituel ou énergétique. Nous en parlerons plus en détail dans la section sur le soi transpersonnel. Bien que nous croyions que la susceptibilité à ce type de problème est due à un traumatisme, le mécanisme même à l'origine du problème n'a aucun rapport avec un traumatisme. Ce type de problème sort globalement du cadre de ce manuel, mais je vais donner quelques exemples. Nous soupçonnons que ce type de problème est en fait très courant. Si vous rencontrez ces problèmes, vous pouvez alors en soupçonner la cause, peut-être en utilisant une capacité extraordinaire, des tests musculaires ou par un processus d'élimination, et je recommande d'essayer des thérapies énergétiques telles que l'EFT, la TAT, ou le DPR.

> **Exemple :** Une femme souffrait d'une grave allergie au blé. La cause en était un problème générationnel où un ancêtre avait mangé du blé moisi et était tombé très malade. L'utilisation de la TAT a rapidement résolu le problème. (D'autres approches de la guérison générationnelle sont décrites ailleurs dans ce manuel.)

> **Exemple :** Une femme souffrait de fatigue chronique depuis plus de 10 ans, peut-être même depuis beaucoup plus longtemps. Elle avait ce qui semblait être une plaque noire recouvrant son plexus solaire et qui a été observé en utilisant le mode de perception d'un état de conscience extraordinaire. Le thérapeute lui a fait employer le DPR (décrit plus loin), ce qui lui a permis de relâcher la plaque, et ses symptômes ont disparu.

> **Exemple :** Un homme avait dans la jambe une blessure par balle qui ne guérissait pas bien. La peau était grisâtre depuis des années. Un thérapeute a fait le geste avec sa main d'enlever quelque chose de petit de l'intérieur de la jambe de l'homme. Il a dit que la chose qu'il avait enlevée était l'intention qu'avait la balle de blesser le soldat, bien qu'il ait probablement voulu parler de l'intention de l'homme qui avait tiré l'arme transportée par la balle. La jambe de l'homme a immédiatement retrouvé sa couleur et a guéri normalement.

Indications générales concernant les problèmes physiques

Nous n'avons malheureusement pas de protocole rapide et simple pour les problèmes physiques. Si vous êtes intéressé à poursuivre vos études dans le domaine de la guérison physique, je vous recommanderais un apprentissage dans une variété de techniques auprès de quelqu'un d'expérimenté. Bien qu'il existe une grande variété de techniques physiques, de l'homéopathie à la médecine conventionnelle, en général je recommande de commencer par une technique simple de guérison émotionnelle comme l'EFT ou la TAT. Ces processus ne sont pas physiquement invasifs, ils sont raisonnablement rapides et, étonnamment, permettent souvent de résoudre le problème. Il est plus difficile d'utiliser le WHH pour des problèmes physiques, surtout quand on ne sait pas clairement quel est le traumatisme sous-jacent.

Les tests musculaires (ou radiesthésie, ou kinésiologie appliquée) peuvent parfois être très utiles pour trouver le traumatisme ou la cause du problème, mais les tests musculaires ont le grave problème de donner souvent des résultats erronés ou trompeurs. Si vous souhaitez utiliser cette approche, il existe une variété de méthodes, de la radiesthésie à la chiropratique, mais je vous suggère de suivre la formation à la TAT, car elle enseigne cette approche d'une manière simple. En général, je ne recommande pas cette approche et ne l'essaie qu'en dernier recours. Envisagez d'utiliser un appareil qui mesure la conductivité de la peau pour chercher un matériel émotionnellement chargé si vous soupçonnez que votre conscience du corps est déterminée à s'opposer à la guérison.

Parfois, le client est si malade ou si jeune que les techniques conventionnelles ne peuvent être utilisées. Ou c'est peut-être un animal sur lequel le tapotage ne fait aucune différence. La guérison par procuration en EFT ou en TAT peut parfois être utilisée avec beaucoup de succès, de même que la technique avancée du WHH par fusion. Ces techniques dépassent le cadre de cette formation, mais je voulais que vous en connaissiez l'existence.

La résistance de la conscience du corps et les tests musculaires

L'un des aspects les plus troublants de la guérison pour la plupart des thérapeutes sont les moments où rien ne semble fonctionner, ou alors à peine, surtout avec des problèmes physiques. On nous a tous enseigné que « le corps ne ment pas » et nous supposons donc que s'il y a une maladie physique ou un malaise, le corps montre simplement qu'il y a un problème ailleurs qui a besoin d'être réglé, mais dont il ne peut pas se débarrasser tout seul. C'est fréquemment vrai, mais, le plus souvent, la conscience du corps elle-même n'est pas disposée à guérir ou à laisser partir le problème. La conscience du corps n'est que cela, une personne, et non une machine ou une victime impuissante de nos mauvaises habitudes et tendances. Elle pense et apprend en regroupant des associations de sensations, et ces associations ne mènent pas nécessairement à des actions sages ou à la bonne santé. Pour empirer les choses, le corps peut faire preuve d'une ruse étonnante tout en essayant activement de saboter, de faire dérailler ou de tromper quiconque tente de le réparer ! Dans ces cas-là, la conscience du corps croit à tort qu'elle a besoin de la maladie ou du problème pour survivre. Cela peut se produire pour plusieurs raisons. Le corps a « appris » à travers des traumatismes à réagir d'une certaine manière et va croire fermement aux associations qu'elle a faites, même lorsqu'elle ne peut plus se rappeler les raisons qui l'ont poussé à les mettre en place. Une autre raison est que la coquille dit au corps comment survivre, la plupart du temps de façon inappropriée, par exemple lorsqu'un morceau de coquille pousse le corps à avoir des réactions allergiques.

Un bon exemple de la conscience du corps qui bloque la guérison est appelé « l'inversion psychologique » dans les thérapies énergétiques. Cela peut se produire avec n'importe quel type de problème, mais presque toujours dans le cas du cancer, d'addictions et des maladies neuromusculaires.

Ce phénomène se produit également lorsqu'on utilise les processus équivalents que sont la radiesthésie, les tests musculaires et la kinésiologie appliquée. Leurs praticiens croient souvent que le corps dit toujours la vérité, ou qu'en fait ils communiquent directement avec Dieu ou avec une autre puissance totalement honnête et aidante (en dépit d'énormes preuves du contraire). Ce qui se passe réellement, c'est qu'ils communiquent avec la conscience du corps. Les praticiens supposent que leurs réponses, si elles s'avèrent fausses, sont affectées par une grande variété de variables externes. Bien que cela puisse souvent être le cas, ce qui peut en fait se produire est que si le corps sent qu'il a besoin de mentir pour se protéger, alors c'est ce qu'il fera ! Cela rend l'utilisation de ces techniques très difficile, car on ne sait jamais quand on va obtenir une réponse honnête ou tomber sur un mensonge. Nous utilisons une approche appelée la Body Association Technique pour briser cette association inconsciente que la conscience du corps doit mentir pour se protéger. La technique se trouve dans notre livre *Silence the Voices*.

Les risques potentiels liés à l'utilisation de thérapies de psychotraumatologie sur des problèmes physiques

Nous ne recommandons PAS de travailler sur des situations mettant la vie en danger, telles les maladies cardiaques, sans la supervision constante d'un personnel médical qualifié.

À l'heure actuelle, nous n'avons aucune preuve réelle que l'utilisation de thérapies de psychotraumatologie sur des problèmes physiques puisse aggraver une maladie ou en créer une nouvelle. Notez cependant que lorsque vous pratiquez l'une ou l'autre des thérapies de psychotraumatologie, il est probable que le client se sentira plus mal pendant le traitement que lorsqu'il est arrivé, à mesure que le matériel douloureux refoulé émerge. Si le client a des antécédents de problèmes cardiaques, il pourrait y avoir un risque de provoquer un événement mettant sa vie en danger au cours du traitement. Deuxièmement, notez que les thérapies de psychotraumatologie peuvent éliminer les symptômes tels que la douleur du client. Cela ne signifie PAS que le problème physique a été lui aussi guéri instantanément. Bien que la douleur ait maintenant disparu, la guérison prend généralement le même temps que n'importe quelle autre guérison, comme une coupure ou une ecchymose. Il faut veiller à ne pas endommager la zone affectée. Attirez l'attention de vos clients sur ce fait. Troisièmement, de nouveaux symptômes physiques peuvent survenir si le traitement enlève une couche de traumatismes et commence à mettre au jour un problème plus profond qui n'a pas été entièrement détecté durant le traitement ou qui n'a pas été complètement guéri. Quatrièmement, il y a un tout petit nombre d'anecdotes selon lesquelles, après un traitement avec l'EFT, les symptômes sont réapparus plus tard avec plus d'intensité, ou bien de nouveaux symptômes sont apparus. Comme ces processus sont à la pointe de la technologie et font encore l'objet d'études, il est toujours possible que nous ne sachions pas tout ce qui peut arriver à tout le monde. Néanmoins, si ce problème existe vraiment et n'est pas seulement un artefact de problèmes supplémentaires remontant à la conscience après que le problème actuel soit libéré, il ne doit se produire que rarement. Enfin, il est possible que le fait de faire quoi que ce soit qui cause de la douleur et de l'inconfort au client, que ce soit par une activité normale ou par une thérapie de psychotraumatologie, puisse ralentir la guérison, surtout dans le cas du cancer. (Cette dernière mise en garde est basée sur des tests musculaires effectués sur un seul client cancéreux.)

> **Exemple :** Un homme s'est froissé ou cassé une côte en soulevant un tapis. Il souffrait constamment, surtout en essayant de s'allonger pour dormir. L'EFT a complètement enlevé la douleur. Quelques heures plus tard, un ami lui a fait un câlin en le serrant fort, et l'homme a crié lorsque la douleur est revenue. Dès qu'il a été libéré de l'étreinte, la douleur a disparu à nouveau et n'est pas revenue. Évidemment, les dommages aux côtes guérissaient à un rythme normal, mais de façon indolore dans des situations normales.

> **Exemple :** La cliente est arrivée avec des sentiments d'aversion intense pour un homme qu'elle venait de rencontrer. Cela a mené à un événement à la naissance que la cliente n'a pas réussi à guérir pendant le traitement et qui comprenait des douleurs et des nausées significatives.

> **Exemple :** Un client avait un cancer de l'intestin douloureux. Il voulait enlever sa peur de mourir, ce que nous avons fait en utilisant le WHH sur des événements de mort imminente dans son enfance. Le client eut alors l'intuition que son cancer guérirait plus lentement ou s'aggraverait s'il continuait à utiliser le WHH sur les événements douloureux de sa vie, ce que les tests musculaires ont également indiqué. Plus tard, il a subi une chirurgie conventionnelle et le cancer a été enlevé avec succès.

Points clés:

- Méfiez-vous des maladies cardiaques potentiellement mortelles chez vos clients !

- Le WHH fonctionne bien sur les conséquences d'un traumatisme physique direct.

- Les problèmes physiques sont généralement indirectement liés à un traumatisme, de sorte qu'il peut être difficile de trouver le traumatisme correct.

- Pour des raisons de simplicité, nous recommandons d'utiliser d'abord les thérapies énergétiques plutôt que le WHH sur les questions physiques.

- Il est possible de guérir pratiquement n'importe quelle difficulté physique en quelques minutes, mais on y arrive rarement.

- Les tests musculaires, la radiesthésie et la kinésiologie appliquée sont potentiellement trompeurs.

À PROPOS DE LA GUÉRISON DE LA DOULEUR

L'une des complaintes les plus courantes chez les clients concerne la douleur, surtout la douleur chronique. À la fois le WHH et les thérapies qui utilisent des méridiens, telles que l'EFT, peuvent s'y attaquer directement. Cependant, la douleur n'est PAS le résultat direct d'une blessure physique ou d'une détresse, et il faut bien le comprendre afin de pouvoir la traiter avec succès. Bien que notre conditionnement culturel et notre expérience personnelle indiquent généralement que la douleur est le résultat direct d'une blessure corporelle, il existe en fait un mécanisme intermédiaire qui cause la douleur. Cela signifie que lorsque ce mécanisme intermédiaire est activé, il est possible d'avoir une douleur sans dommage physique ou, au contraire, avoir des dommages physiques sans douleur. Ainsi, comme la douleur est une conséquence indirecte d'un traumatisme, le simple fait de guérir le traumatisme de la blessure ne guérira pas nécessairement la douleur associée et vice versa.

La biologie de la douleur

Quel est ce mécanisme intermédiaire ? Examinons la biologie sous-jacente. Comme nous l'avons constaté jusqu'à présent, après qu'une blessure se soit produite pour la première fois, nous ressentons de la douleur à la suite de la séparation et du conflit entre deux systèmes biologiques internes différents sur le site de la blessure. Plus tard, chaque fois que le souvenir de la blessure est déclenché, ce conflit réapparaît et la douleur en est le résultat.

Ainsi, la douleur n'est PAS due à des problèmes mécaniques dans le corps, comme le suggère le modèle médical. Un système est contrôlé par la conscience corporelle (le cerveau reptilien) et l'autre par la conscience émotionnelle (le cerveau mammalien) dans notre corps. Ainsi, lorsque nous ressentons une émotion AU SUJET DE la douleur dans notre corps, c'est une façon pour notre cerveau du cœur de faire l'expérience qu'il est séparé du cerveau du corps - il perçoit le corps comme séparé de lui-même. Avec la pratique, notre expérience de la douleur devient très différente. Comme le rapporte une cliente, elle a un éclair de douleur momentané dû à une blessure, qui disparaît à mesure qu'elle laisse partir ses émotions à ce sujet. Personnellement, j'éprouve une sensation corporelle que mon cœur s'installe dans mon diaphragme lorsque je libère la douleur. (À ce stade de notre travail, nous avons découvert que le cerveau principalement responsable de la douleur est le cerveau du plexus solaire, qui est souvent fusionné et impossible à distinguer du cerveau du corps.)

L'utilisation de l'EFT standard directement sur la douleur

Les praticiens qui utilisent l'EFT auront constaté à quelle fréquence ils peuvent « tapoter » sur la douleur ou faire des cercles avec les yeux et la douleur disparaîtra ou sera considérablement réduite - même si la blessure ou le dommage sous-jacent est toujours présent. Par exemple, la douleur d'une côte fêlée, la douleur causée par l'arthrite et l'enflure des articulations, ou la douleur causée par un coup de marteau sur votre doigt. J'estime que taux de réussite peut aller jusqu'à 50% en utilisant le processus de l'EFT standard directement sur la douleur.

Gary Craig, le concepteur de l'EFT, fait la suggestion suivante sur la façon de traiter la douleur à l'aide de l'EFT : « À la grande surprise de beaucoup de gens, le tapotement sur les douleurs physiques réduit ou élimine souvent l'inconfort. C'est parfois le cas pour des douleurs persistantes et constantes qui n'ont répondu à aucun autre traitement. [...] La procédure standard consiste à traiter directement la douleur en commençant par des phrases de rappel telles que...

« Même si j'ai ce mal de tête... »

« Même si j'ai des maux d'estomac... »

« Même si j'ai cet engourdissement dans mon genou... », etc.

…et en continuant le processus de l'EFT.

Lorsque le tapotement direct sur la douleur cale ou devient inefficace, il est alors recommandé de commencer à tapoter sur les questions émotionnelles qui se trouvent derrière la douleur. Je pose souvent la question : « S'il y avait une raison émotionnelle à cette douleur, quelle serait-elle ? » C'est généralement la clé du succès. »

L'utilisation de l'EFT directement sur le mécanisme intermédiaire de la douleur

Voici comment tapoter sur le mécanisme de la douleur lui-même. Je demande au client de se concentrer sur les sentiments qu'il ressent À PROPOS DE la douleur dans son corps et de pratiquer l'EFT sur ces sentiments. C'est la pièce maîtresse. Ensuite, nous continuons de manière normale, en éliminant toutes les émotions supplémentaires qui surgissent lorsque « l'oignon » de leur problème s'épluche. Pour aider les gens à se concentrer sur le sentiment d'origine, je leur demande d'imaginer que leur corps est une sorte de voiture qui a un « truc » ou un problème mécanique et leur demander ce qu'ils ressentent à l'idée que leur voiture est cassée. Par exemple, un client qui a mal au dos peut se sentir en colère parce que son corps ne fonctionne plus bien, ou triste parce que son corps s'use, etc. Dans certains cas, si le client ne peut pas entrer en contact avec le sentiment, habituellement parce qu'il y est tellement habitué qu'il ne le remarque plus, je lui demande ce que quelqu'un d'autre pourrait ressentir à propos de la douleur s'il l'avait lui aussi. En général, nous ne nous donnons pas la peine de les faire se concentrer directement sur la douleur tout en faisant de l'EFT, car cette approche émotionnelle est beaucoup plus efficace. Nous disons aux participants à la formation que l'on peut avoir de la chance si l'on se concentre uniquement sur la douleur, mais que, pour beaucoup de gens, la douleur et la cause émotionnelle sont déconnectées dans leur conscience. Ainsi, le tapotement en se concentrant sur la douleur n'apporte qu'un soulagement occasionnel ou partiel.

Cependant, le fait de tapoter sur les sentiments d'un client à propos de la douleur est généralement si efficace que les gens éliminent toujours la douleur (et pas seulement la réduisent). Dans notre cabinet, nous continuons à travailler jusqu'à ce que le client ne ressente plus de douleur et de raideur, même dans les cas d'affections médicales telles qu'une colonne vertébrale endommagée ou de l'arthrite. J'estime que cette approche élimine complètement la douleur chez environ 90 % des clients ou des participants à nos formations. Bien sûr, le traitement doit être répété au fur et à mesure que de nouveaux aspects apparaissent, mais, si tel est le cas, nous répétons simplement la même procédure.

L'utilisation du Whole-Hearted Healing sur la douleur

Le WHH ou d'autres thérapies de psychotraumatologie qui utilisent la régression telle que la TIR peuvent également être utilisées pour traiter la douleur. L'EFT élimine l'accès du corps à des sentiments traumatiques à des moments traumatiques dans le passé précis, même si le client n'est généralement pas conscient de la véritable mémoire traumatique. Ainsi, des techniques de régression peuvent également être employées, bien qu'il soit parfois difficile de trouver le bon moment dans le temps où le problème de douleur s'est mis en place. Nous avons tendance à les utiliser seulement si les thérapies méridiennes ne fonctionnent pas, car elles sont plus lentes et plus douloureuses. N'oubliez pas de ramener le client au moment de la blessure initiale et de le guérir, ce qui n'élimine pas nécessairement la douleur du client. (Bien que je pense pour d'autres raisons que ce soit une chose intelligente à faire.) Cependant, les faire régresser jusqu'au moment où ils ont eu des sentiments AU SUJET DE leur corps ayant la douleur et guérir CELA élimine en général la douleur.

Une autre bonne option est d'utiliser l'EFT et le WHH ensemble pour régresser ces clients vers les bons moments traumatiques, puis utiliser l'EFT pour éliminer rapidement la douleur. Ce processus hybride est traité en profondeur plus loin dans le cours.

Les autres mécanismes pouvant causer de la douleur

Si les traitements ci-dessus n'ont pas réussi, nous avons rencontré d'autres types de problèmes qui causent de la douleur.

Les structures du cerveau de la couronne : De temps en temps, en pratiquant le WHH, nous pouvons constater que le client éprouve de la douleur presque comme s'il y avait une connexion physique entre deux parties du corps, tirant le corps « hors de ses gonds ». La guérison du traumatisme originel dissout la structure et élimine la douleur. Il peut cependant être difficile de trouver le traumatisme originel.

Les copies : En particulier dans les cas d'une douleur chronique, demandez au client s'il sent la « présence » de quelqu'un d'autre à la surface de son corps à l'endroit où se situe la douleur. Soupçonnez cette cause surtout si vous trouvez que la douleur peut se dilater ou se contracter, comme si elle était causée par quelque chose qui bouge. De plus, soupçonnez également ce mécanisme si vous guérissez un traumatisme sous-jacent et que la douleur du client réapparaît rapidement. L'utilisation de l'EFT sur la problématique que le client « s'accroche » à l'autre personne suffit généralement pour l'amener à libérer la copie dans cette zone. À la libération, la douleur disparaîtra s'il n'y a pas de traumatisme supplémentaire dans cette zone. J'ai observé ce problème dans environ un tiers des cas d'épaule ankylosée sur lesquels j'ai travaillé.

> **Exemple :** Une femme âgée avait constamment mal au dos. Le problème n'a pas répondu favorablement à l'EFT ou à la TAT. L'utilisation du WHH pour guérir des traumatismes individuels mettait fin à la douleur, mais pour seulement un jour ou deux avant de revenir. Utilisant un état de conscience extraordinaire, le praticien a fait se détendre le plexus solaire de la femme, éliminant instantanément la douleur. La douleur a disparu pendant plusieurs semaines jusqu'à ce qu'une querelle de famille éprouvante ne la fasse réapparaître. La répétition du traitement a provoqué le même soulagement, suivi quelque temps plus tard du retour des symptômes.

Les conflits entre les cerveaux biologiques : J'ai découvert qu'il arrive parfois un traumatisme qui pousse les cerveaux à vouloir se séparer, comme un enfant peut essayer de fuir un camarade de jeu en colère. Bien que l'on puisse dire que c'est ce qui se passe entre le cerveau du cœur et le cerveau du corps qui cause la douleur, il s'avère que le même problème avec le cerveau du mental peut également causer de la douleur.

> **Exemple :** Un matin, je n'arrivais pas à sortir de mon lit tellement j'avais mal au cou. J'avais tellement mal que j'ai fait la seule chose que je pouvais faire, c'est-à-dire espérer que c'était quelque chose provenant de mon passé. Et effectivement, cela provenait d'un souvenir de naissance où je poussais sur le bassin de ma mère, et le simple fait de ressentir ma colère à ce moment-là fût suffisant pour éliminer instantanément ma douleur au cou. Il s'avère que le cerveau du mental avait imaginé que le cerveau du corps était en colère contre lui lors de ce traumatisme, et une fois qu'il s'est rendu compte que le corps était en fait en colère contre la mère, il a libéré son blocage qui maintenait la douleur au cou en place.

Des suggestions de procédure pour éliminer la douleur

Commencez par l'EFT ou une autre thérapie à base de méridiens à propos du sentiment que le client a vis-à-vis de la douleur. Continuez jusqu'à ce que tous les symptômes physiques aient disparu, comme la raideur ou la douleur, même si vous pouvez penser qu'une telle chose est impossible. Notez que, souvent, le client vous dira quelle en est la cause sous-jacente si vous lui posez la question, généralement des sentiments qui sont dus à des situations dans sa vie courante. Si cela ne fonctionne pas, passez à une combinaison d'autres techniques, peut-être avec des tests musculaires pour identifier tout traumatisme pertinent.

Une autre procédure qui, je le sais, fonctionne pour la douleur en général est une procédure que l'on trouve dans le livre de Tom Brown Jr. intitulé *Awakening Spirits*. Une de mes amies agonisait suite à une chirurgie dentaire, cette procédure a complètement éliminé la douleur en seulement quelques minutes, à sa grande surprise !

Points clés:

- La douleur n'est pas directement liée aux dommages physiques.

- Le mécanisme de douleur le plus courant est le cerveau du cœur qui maintient une sensation de douleur.

EXERCICE - PRATIQUE DU **WHH** AVEC UN PARTENAIRE

Choisissez de nouveaux partenaires. Encore une fois, faites comme si vous travailliez avec un vrai client. Comme auparavant, n'oubliez pas de noter le problème et d'évaluer l'USD. Il vous faudra prendre note des traumatismes du client et, si vous n'avez pas terminé dans le temps imparti, noter l'image du traumatisme ainsi que l'émotion et la sensation corporelle que vous avez laissées à votre client afin de pouvoir revenir au traumatisme ultérieurement. Puis changez de partenaire. Vous aurez chacun au moins 30 minutes pour travailler (c'est-à-dire une heure au total) ou plus, car nous nous attendons à ce que certains d'entre vous aient besoin de travailler pendant la pause déjeuner.

Prenez note des choses inhabituelles que vous avez trouvées pendant la séance afin de pouvoir partager votre expérience avec vos camarades de classe.

Vous avez maintenant été exposé à la plupart des tenants et aboutissants de la technique du WHH. Il s'agit de la dernière séance d'entraînement avant de commencer à inclure du matériel qui n'est pas encore disponible sur le site internet. Même si le processus n'est pas encore familier, gardez à l'esprit que vous le pratiquez non seulement pour augmenter votre niveau de compétence, mais aussi pour être capable de travailler confortablement et efficacement avec d'autres personnes et de les soigner. C'est vrai même si vous n'êtes pas thérapeute, car vous allez découvrir que vos amis (et vous-même, bien sûr) vont commencer à demander de l'aide lorsque vous vous sentirez à l'aise avec le processus.

C'est l'occasion d'essayer avec un partenaire compréhensif des choses qui, si vous les faisiez dans un cabinet de thérapie, pourraient laisser croire que vous ne savez pas ce que vous faites ! Tout comme l'apprentissage des enfants, c'est en explorant non seulement ce qui fonctionne, mais aussi ce qui ne fonctionne pas que l'on peut découvrir où sont les limites et dans quelle mesure elles peuvent être repoussées. Continuez d'échanger avec votre partenaire sur ce qui a fonctionné, ce qui n'a pas fonctionné, ce qu'ils ont trouvé intrusif, ce qui a été utile. Souvent, ce que nous pensons être utile ne l'est pas, et vice versa. Et cela peut changer d'un client à l'autre. C'est pourquoi une grande quantité de pratique et de restitution peut être si utile dans ce contexte de formation.

Notes sur l'exercice pratique :

<u>Notes sur l'exercice pratique (suite) :</u>

UNE EXTENSION TRANSPERSONNELLE DU MODÈLE DU CERVEAU TRIUNIQUE : LE SOI, LE FAUX-SOI, ET LA COQUILLE

Le soi, le « Centre de Conscience » (CdC) et l'inconscient

Si le modèle du cerveau triunique est correct, pourquoi ne correspond-il pas à notre vécu quotidien ? Certes, nous avons des pensées, des sentiments et des sensations corporelles, mais le modèle occidental d'une conscience unique, consciente et inconsciente, ne correspond-il pas mieux à la perception typique que nous avons de nous-mêmes ? Même si le modèle triunique est vrai, le siège de notre conscience n'est-il pas derrière nos yeux dans le néocortex ? Pour répondre à ces questions, nous devons inclure un élément transpersonnel dans le modèle du cerveau triunique.

Commençons par examiner ce que de nombreuses pratiques spirituelles tentent d'accomplir. Par exemple, la méditation bouddhiste Vipassana nous demande de nous désidentifier de nos pensées, sentiments et sensations corporelles. En d'autres termes, ils veulent que nous prenions conscience que notre sens de soi quotidien est indépendant des trois cerveaux biologiques. Cette conscience non biologique, le vrai soi, ou « esprit » comme on l'appelle parfois dans la littérature religieuse, est l'élément transpersonnel du modèle cérébral triunique. Malgré nos croyances culturelles selon lesquelles notre esprit est en quelque sorte extérieur à nous-mêmes et est généralement inaccessible, ce à quoi je fais référence nous est totalement familier, car c'est au centre de notre perception de nous-mêmes, instant après instant, « l'esprit conscient » en termes occidentaux.

Un test personnel important peut illustrer ce point. Prenez votre index et pointez l'endroit où se trouve votre centre de votre conscience (CdC) ou « soi ». Certains trouveront que c'est derrière les yeux, la norme culturellement acceptée. D'autres le trouveront dans la poitrine, le ventre ou distribué dans une région du corps (ce qui le rend difficile à cerner). Diverses pratiques spirituelles, travaux de guérison ou intentions peuvent déplacer la localisation de votre CdC. Votre conscience peut être étendue à chacun de vos trois cerveaux simultanément, maintenue à l'extérieur des trois cerveaux, déplacée entre eux individuellement ou étendue dans votre environnement. Nous soupçonnons que faire trouver la localisation de son CdC à un client peut s'avérer être un outil de diagnostic précieux pour la guérison ou le travail sur les états de conscience extraordinaires. Elle est probablement corrélée à la fusion cérébrale et à la perméabilité de la coquille. (Soit dit en passant, c'est en déplaçant notre esprit dans le cœur que naît la deuxième méthode pour avoir des expériences hors du corps dans le présent, car nous percevons la capacité du cœur directement sans qu'elle soit filtrée par le mental. Il est également possible de voir directement nos propres chakras internes en déplaçant notre CdC vers eux, bien que cela puisse nécessiter un autre état interne supplémentaire pour y arriver.)

Alors, quel est le phénomène que notre culture appelle « l'inconscient » ? Essentiellement, ce sont les actions des cerveaux biologiques lorsqu'ils sont séparés de notre « soi conscient » transpersonnel. Comme nous l'avons appris, les cerveaux individuels sont conscients d'eux-mêmes, poussés par leur propre fonction biologique et leurs traumatismes. Mais cela ne signifie pas nécessairement que « vous » êtes conscient de ce qu'ils pensent ou font ! Une façon d'illustrer ce point est de noter que de nombreuses personnes utilisent les processus de « Focusing » ou de test musculaire pour communiquer avec leur conscience corporelle - une conscience de soi transpersonnelle (la conscience) qui communique avec une conscience de soi biologique (l'inconscient). Comme il existe potentiellement 14 cerveaux biologiques distincts, l'inconscient n'est pas nécessairement une conscience simple et unique qui se cache. Bien que je n'aie jamais vérifié cela, je soupçonnerais que si le CdC ne s'étend pas dans la zone du cerveau en question avec une fusion forte, ce cerveau ferait partie de ce qu'on appelle » l'esprit inconscient ». Incidemment, nous avons constaté que le CdC peut se déplacer très rapidement et que cela peut se produire sans qu'on en soit vraiment conscient, ce qui ajoute à la difficulté de garder une « conscience consciente ».

Soit dit en passant, les cerveaux biologiques ne savent pas nécessairement pourquoi ils ressentent ou agissent comme ils le font. C'est comme si l'inconscient avait un inconscient ! Par exemple, les processus de pensée de la conscience corporelle sont composés d'associations. Si on associe pour une raison quelconque une action à la survie et qu'on en oublie la raison, elle agira de manière à concrétiser son association même si elle est inappropriée. Ainsi, si on associe une maladie à un stimulus quelconque, elle recréera la maladie lorsqu'il y aura ce stimulus, que ce soit ou non une bonne idée. Apparemment, le corps éprouve beaucoup de difficultés ou n'arrive pas à ignorer ces associations, surtout s'il s'agit d'associations *in utero* dont il a oublié l'origine. En particulier, les cerveaux biologiques ont de grandes difficultés à faire abstraction de la « coquille » décrite ci-dessous.

Pour ajouter à ce désordre, nous soupçonnons que la conscience corporelle et probablement tous les cerveaux peuvent avoir leur conscience coincée dans un moment du passé. Le cerveau reproduit alors ce qui se passe dans le passé, mais dans le présent, avec des résultats potentiellement désastreux. Nous avons observé à l'occasion que les clients qui effectuent un processus d'état de conscience extraordinaire ne l'obtiennent pas tant que leur « problématique principale » n'est pas guérie. Nous soupçonnons qu'un cerveau piégé dans le passé peut être à l'origine de ce phénomène.

Le soi et le « faux soi », ou « coquille »

Ces pratiques spirituelles désidentifiantes dont je viens de parler essaient aussi de nous amener à changer notre conscience, pas seulement à nous désidentifier avec les cerveaux de notre être organique. Par exemple, Gangaji ou D. E. Harding dans *Vivre sans tête* parlent de « laisser tomber le faux soi » et d'expérimenter une conscience désintéressée sans bornes. De quoi parlent-ils et quel est le rapport avec notre expérience quotidienne ? Et, plus important encore, pourquoi tout le monde a-t-il en premier lieu un soi à propos duquel il faut travailler si dur pour s'en débarrasser ?

Il s'avère que les êtres humains ordinaires ont ce que nous, à l'Institut, appelons une « coquille » qui entoure notre corps directement au niveau de la peau. Ce revêtement ou couche est en fait composé de nombreux morceaux disposés en couches de différentes tailles qui recouvrent notre corps et se chevauchent, un peu comme la peau d'un serpent. Chacune de ces pièces est composée d'une phrase et d'un sentiment douloureux et traumatique. Ces couches se chevauchent et peuvent être dures ou perméables à notre conscience. Si les couches durcissent, notre sens de soi dans cette zone est limité à l'intérieur de notre corps et la peau est perçue comme une frontière solide et physique. Si les couches d'une zone particulière deviennent perméables ou sont repoussées sur le côté, nous constatons que notre centre de conscience s'étend maintenant dans la zone physique environnante. Notre peau semble avoir moins de substance jusqu'à ce que, à la limite de la perméabilité, nous ayons l'impression d'être faits d'air, sans aucun corps ni peau dans cette région. Il est intéressant de noter que l'énergie produite par les chakras, qui ressemble à de l'eau chaude s'écoulant de notre corps à l'emplacement du chakra, rebondira vers l'intérieur si la coquille (fausse frontière de soi) est en place de façon rigide, causant de la douleur au corps. C'est un peu comme si on avait tiré un coup de feu à l'intérieur d'un baril et que la balle ricochait dans tous les sens.

En général, la stimulation des sites de traumatisme où un « trou » s'est formé à cause d'une blessure nous a fait durcir ou rendre imperméables ces couches au niveau de la peau dans la zone correspondante - si une zone affectée sous-jacente est stimulée (ou détendue) dans notre vie quotidienne, nous avons tendance à réagir en durcissant (ou en rendant perméable) la limite de la coquille dans la zone affectée et adjacente. Par exemple, ces couches de coquilles peuvent être relâchées dans une partie du corps, donnant lieu à des expériences telles que le « sans tête » de Harding. Quand cela se produit, on ressent cette partie du corps comme si elle était composée d'air, sans frontière, mais la région a une sensation de force et de bien-être que nous ne pouvions qu'imaginer pouvoir ressentir. Moins fréquemment, d'autres personnes ont rapporté que le fait d'enlever la coquille peut encore laisser un sentiment de substance dans leur corps, mais qu'elles ont toujours l'impression de ne pas avoir de peau.

C'est notre conscience constante de ces couches de coquilles intrinsèquement douloureuses qui donne naissance à notre sens familier de « soi » après la naissance et qui nous donne la sensation d'avoir une frontière au niveau de notre peau. L'autre effet majeur de la coquille est de faire en sorte que les événements sont ressentis comme étant « personnels ». (Cette « sensation que les choses sont personnelles » est également causée par des traumatismes générationnels et la coquille est souvent ancrée dans ces traumatismes générationnels à des endroits spécifiques à l'intérieur du corps.) Dans la littérature spirituelle, ces couches forment ce que l'on appelle le « faux soi », bien qu'au moment d'écrire je ne connaisse aucune tradition spirituelle qui ait réalisé que le faux soi est une couche frontière sur la peau. C'est la dissolution de ces couches défensives que de nombreuses pratiques spirituelles tentent d'accomplir. À ce stade de mon travail, il semble probable que ces couches de coquilles soient créées à partir ce qui compose « l'esprit » pur et sans limites, mais qui se retrouve je ne sais comment sous une forme solidifiée. Les deux phénomènes de l'esprit et de la coquille ont certainement une grande capacité d'interaction.

Comment cette « coquille » est-elle acquise ? Une pièce majeure du puzzle se trouve à la naissance. Dans l'utérus, la partie « esprit » (identité ou soi) qui peut être décrite comme une conscience pure et sans limites fusionne complètement avec notre corps. Notre sens de soi est très différent de ce qu'il deviendra après la naissance. Les choses qui nous arrivent ne nous semblent pas « personnelles » comme elles le seront par la suite. Nous nous percevons à l'intérieur de nous-mêmes comme très lumineux et grands, et nous sommes totalement conscients de nous-mêmes et de notre environnement, y compris l'environnement biologique et émotionnel qui est le corps de notre mère. Pendant l'accouchement, lorsque nous sortons du col utérin, nous traversons la couche de la coquille de notre mère. Ce faisant, sa couche nous recouvre au niveau de la peau et, pour reprendre les mots des clients qui s'en souviennent, c'est comme si nous étions enduits de goudron noir. Typiquement, au début, le revêtement est perméable et n'offre pas beaucoup de résistance à notre conscience au-delà de la peau. Mais au premier souffle, pour la plupart des gens, la couche durcit et devient imperméable, bloquant notre capacité à ressentir la conscience de notre environnement comme s'il se trouvait dans notre propre corps. C'est alors que naît le faux soi qui nous cause d'énormes problèmes le restant de notre vie.

> **Exemple :** Une femme a décrit la guérison juste après avoir quitté le col utérin. Elle avait déjà enlevé sa coquille (par un processus décrit dans *Peak States of Consciousness, Volume 2*). Pendant la régression, elle a senti son corps recouvert d'une substance collante sur laquelle les jugements de toutes les personnes présentes allaient se coller. Tous les jugements rendaient cette coquille plus épaisse et plus douloureuse. Elle a senti sa conscience placentaire glisser entre son corps et cette coquille collante, lui conférant une certaine protection. La couche collante s'est ensuite estompée. Elle sentait que les jugements seraient restés si elle avait encore eu sa coquille.

Ces morceaux de coquille peuvent être à l'origine d'une « séquence de traumatismess » du seul fait de leur existence. Comme je l'ai mentionné ailleurs, le cœur de nombreux traumatismes peut nous ramener à des blessures physiques - mais nous avons été interpelés par des irrégularités dans cette observation. Tout morceau de coquille est douloureux, négatif et contient une phrase qui guide notre comportement, tout comme un traumatisme ordinaire qui guide également notre comportement et qui est composé d'un sentiment, d'une émotion et d'une phrase. Par exemple, un morceau de coquille (ou un traumatisme) peut contenir l'expression « il est dangereux d'aimer les gens » et ainsi de suite. En termes psychologiques, ils représentent un des mécanismes à l'origine du phénomène des « croyances fondamentales inconscientes » dysfonctionnelles, voire de problèmes physiques tels que les allergies. Je tiens à souligner qu'un cerveau donné ne peut apparemment pas ignorer le message que lui transmettent les morceaux de coquille adjacents. Le fait de rendre la coquille perméable ou de déplacer le CdC réduit peut-être cet effet, mais nous l'ignorons encore.

Comment créons-nous les morceaux de la coquille ? Nous enquêtons toujours sur ce sujet. Nous pensons que les personnes présentes à la naissance du bébé, et pas seulement la mère, peuvent contribuer à la couche de coquille. La création de la coquille peut être liée à la façon dont les traumatismes générationnels se produisent. Curieusement, même quelqu'un qui meurt sans avoir de connexion biologique séquentielle avec la génération suivante peut transmettre un « traumatisme générationnel » (c'est-à-dire que le traumatisme est survenu après la naissance du bébé). Nous soupçonnons également que cela ne provient pas nécessairement d'un père ou d'une mère, mais que cela peut provenir d'autres personnes.

J'insiste, la coquille au niveau de la peau rend « personnels » les événements de notre vie (en particulier les événements traumatiques) ou les rapporte à nous. Lorsque nous pratiquons la WHH, nous trouvons qu'il est particulièrement difficile de guérir lorsque ce que nous ressentons lors d'un traumatisme nous semble personnel, peut-être en ayant l'impression que nous avons fait quelque chose de mal ou d'inadéquat, et qu'en fin de compte cela concerne véritablement qui nous sommes et notre valeur individuelle. Lorsque la coquille est perméable ou enlevée, on constate que le traumatisme n'est qu'un traumatisme, et que toute douleur ou sensation, telles que la honte ou la colère, n'est que de la honte ou de la colère comme chez n'importe qui, et non plus personnelle. C'est un peu difficile à mettre en mots, mais on ne peut pas s'y tromper lorsqu'on en fait l'expérience.

Ce que je viens de décrire ne se trouve dans aucun ouvrage écrit que je connaisse. Vous pouvez cependant vous démontrer à vous-même l'exactitude de cette analyse de diverses façons. Une façon directe est simplement de vous asseoir, de regarder votre poitrine et d'essayer d'y faire entrer votre conscience pour trouver ce qu'il y a à l'intérieur. Si vous êtes déterminé à connaître la vérité et que vous êtes prêt à endurer la douleur, vous pouvez passer à travers chaque couche successive en prenant conscience de ce qui compose chacune d'elles, jusqu'à ce que vous atteigniez la sensation « d'espace » à l'intérieur de votre corps. Une fois à l'intérieur, un effort volontaire légèrement douloureux peut dégager toute la zone de cet ensemble de couches, créant une sensation que votre corps dans cette zone est en réalité fait d'air. L'ouverture se refermera cependant lorsque vous relâcherez votre attention. Ce processus peut aussi se produire spontanément, par exemple lors d'expériences d'amour extrême. Incidemment, les yeux peuvent apparemment agir comme une ouverture dans le faux soi, permettant au « soi » de sortir du corps, ce dont j'ai profité lorsque j'ai parlé de perforer la frontière depuis l'extérieur dans la poitrine. Bien sûr, une fois entré, vous pouvez continuer le processus à partir de l'intérieur et perforer vers l'extérieur, ce qui est curieusement beaucoup plus facile.

Une autre partie de ce problème de coquille concerne l'existence de « trous ». Pour récapituler, certaines urgences spirituelles, techniques thérapeutiques ou pratiques spirituelles qui activent des souvenirs traumatiques ou augmentent la conscience interne peuvent provoquer une expérience d'un terrible sentiment de vide déficient, une sensation de manque qui, à un niveau plus profond, provient de ce que l'on peut considérer comme des trous noirs et sans fond dans notre corps. Ces trous se produisent à des endroits de notre corps où nous avons été blessés, et une grande partie de notre comportement est mise en place dans le but de nous empêcher d'en prendre conscience. Il s'avère que des morceaux de la coquille sont « ancrés » aux emplacements de ces trous. Nous avons tendance à utiliser la coquille comme un moyen de bloquer notre conscience de l'horrible vide du trou présent à ces endroits.

Une approche beaucoup plus intéressante, mais douloureuse pour démontrer cette analyse est de guérir les trous sous-jacents contre lesquels ces couches vous défendent. Lorsque les trous sont guéris, les couches deviennent perméables. Malheureusement, les trous adjacents ont leurs défenses étalées sur toute la région en question et une certaine masse critique de guérison est donc nécessaire, ainsi qu'un manque de stimulation des zones de traumatiques adjacentes. (Si vous tentez ceci, je vous recommande fortement d'éviter la blessure du plexus solaire. Elle est non seulement difficile à guérir, mais le fait d'enlever les traumatismes de cette région libère notre capacité d'influer le monde qui nous entoure. Ceci pose un véritable problème lorsqu'on l'utilise pour matérialiser nos fantasmes.) C'est la méthode que j'ai utilisée pour tester ma compréhension, mais j'ai quand même été très surpris quand ça a fonctionné comme prévu ! Contrairement à la première méthode, j'ai découvert que ces régions qui se sentent comme si elles étaient faites d'air sont également perçues comme intensément sacrées.

Un autre phénomène semblable à la coquille

À notre grande surprise, nous avons découvert qu'il est possible d'acquérir ce qui ressemble à des morceaux de coquilles ou quelque chose de similaire à partir des intentions conscientes ou inconscientes d'autrui. Nous les appelons des « formes de pensée négatives », bien qu'elles soient souvent appelées « malédictions » dans les films. Pour les personnes ayant la capacité de les « voir », elles ressemblent à des formes noires pouvant aller de la forme indistincte à des pointes ou des plaques attachées à l'extérieur du corps, pénétrant parfois à l'intérieur. Elles peuvent avoir des effets graves sur la santé mentale et physique, tels que l'amnésie, des symptômes de maladies neuromusculaires, l'épuisement, l'incapacité de guérir dans certaines parties du corps, etc. En termes de psychologie énergétique, il semble aussi que le corps fait une « inversion psychologique » quand il s'agit de les laisser partir. Nous en parlons ici, car la méthode du DPR décrite dans la section suivante peut parfois soulager ou éliminer ce problème chez nos clients.

Les implications pratiques

La chose la plus importante que je veux souligner est qu'au fond, TOUT LE MONDE veut être bien et en bonne santé. Un système de croyance populaire actuel est que les gens choisissent leur vie pour souffrir et vivre une foule de problèmes, mais nous n'avons jamais vu de preuve venant étayer cette croyance. À la place, tout ce que nous avons vu, c'est l'ignorance de comment régler les problèmes. À l'extrême, nous avons tous rencontré le problème de clients, d'amis ou même de nous-mêmes qui résistons à une guérison qui est manifestement nécessaire. Ceci est dû à des associations de traumatismes, une coquille et d'autres phénomènes qui opèrent à un niveau au-delà de notre capacité normale de résister ou même d'en avoir conscience. Nous allons traiter dans la prochaine section une façon de résoudre ce problème de résistance chez nos clients à l'aide d'un processus appelé le DPR.

Points clé

- Le Centre de Conscience (CdC) est l'emplacement de notre soi « spirituel », ou conscience.

- La coquille nous donne l'impression d'avoir une limite au niveau de la peau.

- Le traumatisme est personnel en raison de la présence de la couche de la coquille au niveau de la peau.

- La coquille est acquise à la naissance et se compose de traumatismes générationnels.

- Le subconscient est en fait la conscience et les actions des cerveaux biologiques lorsqu'ils ne sont pas fusionnés avec le « soi » spirituel.

- La résistance à la guérison est imposée à une personne par divers mécanismes, y compris les traumatismes, la coquille et les cordes. Ceci n'est PAS leur choix le plus profond.

LA TECHNIQUE DU DISTANT PERSONALITY RELEASE (DPR)

(Voir l'annexe C pour un résumé des étapes de base.)

Nous avons parlé de l'existence du soi et de la coquille non seulement parce que c'est une source majeure de misère humaine, mais aussi parce que vous avez besoin d'outils pour travailler dessus. Certains de ces outils dépassent le cadre de la « conscience ordinaire » de cette formation, mais d'autres non. En particulier, nous allons maintenant vous présenter une technique qui peut être pratiquée avec une conscience ordinaire et que la plupart des gens peuvent maîtriser assez facilement.

À quoi sert-elle ? Le Distant Personality Release (DPR, littéralement la « Libération de la Personnalité Distante »), comme nous l'avons appelé, est beaucoup plus puissant que nous ne le pensions au départ. Nous avons constaté qu'il peut avoir des effets spectaculaires en aidant quelqu'un à pratiquer le WHH, qu'une personne qui ne veut pas guérir un problème peut soudainement devenir coopérative, comme dans le cas des alcooliques, et qu'il s'agit d'une des meilleures techniques que j'ai jamais vues pour la résolution de problèmes de couples ou de conflits interpersonnels.

Cette technique, qui ne nécessite que quelques minutes pour la maîtriser pour pratiquement n'importe qui, donne l'expérience de changer la personnalité que vous percevez chez une personne ou un client, et la relation entre vous qui en résulte, d'une manière très rapide, spectaculaire et saisissante. Il est très utile en conjonction avec le WHH lorsque vous travaillez avec les clients.

Le contexte général

Nous avons l'habitude de penser que les gens sont des îles qui se déplacent, reliées entre elles uniquement par le toucher, la vue et le son. Ce modèle est complètement incorrect. Bien qu'il existe une variété de phénomènes non physiques, celui que nous connaissons le mieux est celui que nous appelons communément la « personnalité » d'une personne. Quand nous pensons à une personne, nous avons généralement une idée de qui elle est et de nos réactions à son égard. On nous a appris que ces sentiments à l'égard d'une personne sont fondés sur notre histoire personnelle. Il s'avère que cela n'est que partiellement vrai. En réalité, lorsque nous pensons et ressentons la personnalité d'une personne, nous accédons en temps réel à l'état de nos connexions énergétiques entre elle et nous. S'il n'y a pas de connexion énergétique entre nous, alors nous n'avons pas la sensation de leur « personnalité ».

Visuellement, avec de l'entraînement, ces connexions énergétiques entre les gens ressemblent beaucoup à des tubes ou des tuyaux creux qui relient les gens entre eux. Elles se terminent par une sorte de boule ou de zone diffuse qui les empêche de se connecter directement dans notre corps. Chacun de ces tubes (ou « cordes » comme les appellent les gens dans le domaine de la guérison psychique) transmet continuellement une phrase et une émotion entre les gens. Le message envoyé est composé de la phrase et de l'émotion rattachées à un traumatisme de notre passé qui a été activé, et il se trouve dans la « boule » terminale et la connexion. La phrase et l'émotion sont les mêmes que celles que nous guérissons quand nous appliquons le WHH pour guérir le traumatisme. Ainsi, nous envoyons toutes sortes de messages entre nous et les autres, tels que « je veux que tu meures » ou « on ne peut pas te faire confiance » ou « je suis incompétent ». Nos traumatismes tournent souvent en continu et nous amènent à communiquer avec toute personne qui a un traumatisme qui interagit avec le nôtre. Essentiellement, nous nous tourmentons les uns les autres de cette façon parce que nous partageons des traumatismes qui résonnent avec un sentiment de notre passé qui était similaire. L'élimination du traumatisme particulier qui a été activé éliminera le lien entre les deux personnes, mais la dynamique sous-jacente qui active ce mécanisme en premier lieu remonte à l'utérus, à des traumatismes monocellulaires et même à des traumatismes précellulaires.

Par ailleurs, l'envoi et la réception de brefs messages par l'intermédiaire de cordes temporaires est un processus normal entre les gens, de même qu'entre les gens et d'autres êtres vivants tels que les plantes. Leur utilisation correcte donne une expérience d'harmonie et d'équilibre avec le monde naturel. Malheureusement, ce mécanisme positif a dérapé dans notre espèce. Entre deux personnes, ce mécanisme de « cordage » peut être inexistant, douloureux, dévastateur ou même mettre la vie en danger s'il active des traumatismes néfastes. C'est la base de nombreux conflits de personnalités, de difficultés de guérison des clients et de problèmes relationnels.

Ce mécanisme de connexion énergétique peut ralentir ou même stopper net la guérison d'une personne. Malheureusement, les thérapeutes eux-mêmes sont souvent à l'origine de ces connexions énergétiques. Un thérapeute peut tester ce phénomène lorsqu'il travaille avec un client, en dressant une barrière autour du client pour briser les liens, à la fois entre lui et le client, et entre le client et les autres personnes dans sa vie. Les résultats sont instantanés et, si c'est ça le problème, le client se sent immédiatement très différent.

La meilleure façon d'y remédier est d'éliminer en nous le traumatisme qui anime ces messages énergétiques, en utilisant par exemple le WHH. Cela élimine notre côté du problème et, si vous le désirez, vous pouvez alors demander à l'autre personne de guérir son côté.

Utiliser le DPR pour guérir les problèmes de personnalité d'autrui

Il existe cependant une autre façon de traiter ce problème qui illustre de façon spectaculaire l'existence de ce que nous avons décrit et qui n'exige pas que nous trouvions le traumatisme qui peut être caché dans le passé. Je l'appelle le DPR. Fait intéressant, même avec des clients résistants (tels que moi), il n'y a apparemment aucun moyen de résister ou de bloquer le processus.

Le DPR ne guérit pas directement les gens, il élimine les messages traumatiques liés à la coquille qui sont envoyés par le biais de connexions « énergétiques » entre les gens et qui peuvent être si destructeurs. Premièrement, et c'est son utilisation principale, il accélère la guérison d'un client. Deuxièmement, il peut être utilisé pour permettre la guérison d'un client ou d'une connaissance qui résiste ou qui est perturbée. Troisièmement, c'est merveilleux pour le travail en couple pour diverses raisons - il peut être utilisé par les membres d'un couple l'un sur l'autre et il augmente considérablement la compassion d'une personne envers son partenaire. Quatrièmement, il fonctionne sur les problèmes liés à la coquille causant de la douleur et d'autres problèmes tels que l'épuisement. Bien que je l'aie développé pour l'utiliser sur des clients, j'ai eu des clients qui peuvent également l'utiliser sur eux-mêmes pour traiter ces problématiques.

La coquille de la personnalité

La partie de nous-mêmes que nous considérons comme le « Soi » - ce qui est connu dans les traditions spirituelles comme l'esprit éternel d'une personne - est le niveau auquel nous travaillons lorsque nous traitons ce phénomène des connexions énergétiques. Autour de notre corps se trouve une couche que vous finirez probablement par percevoir après une certaine pratique du DPR. Cette couche nous donne le sentiment d'avoir une personnalité qui nous est propre et agit comme une barrière à la libre expansion de notre conscience dans l'espace. Elle est également intrinsèquement douloureuse, mais nous connaissons tous si bien cette douleur que nous la considérons comme étant normale.

Le DPR agit à ce niveau de l'être. Vous pouvez voir les gens dans votre « vision intérieure » comme s'ils ressemblaient un peu à des arbres de Noël, avec des choses accrochées à des branches, et il y a au niveau de la peau une couche composée de gros morceaux qui se chevauchent. L'utilisation du DPR peut faire lâcher au client les morceaux qui y sont accrochés comme des blocs ou des boules, ou les morceaux de la couche solide au niveau de la peau. Le DPR fonctionne de façon inchangée que vous puissiez ou non percevoir ce phénomène.

Les effets secondaires inattendus

Un AVERTISSEMENT avant de continuer : J'ai inventé la méthode en ne partant de rien, en étudiant le phénomène de l'amour inconditionnel. Il n'a donc pas d'antécédents historiques indiquant l'existence d'éventuels problèmes inhabituels. Pour enquêter sur les conséquences négatives, j'ai présenté cette méthode dans une de mes formations et j'ai fait faire au groupe un test musculaire sur la question « Est-ce que je peux l'utiliser sans danger pour moi ? » 20% des participants ont répondu que c'était dangereux pour eux. Dans le cas de la seule personne sur laquelle j'ai pu enquêter plus avant, la raison était qu'elle croyait qu'on ne pouvait pas guérir une autre personne et qu'il y avait apparemment un conflit en elle. Le fait d'en prendre conscience et de tapoter sur son problème (en utilisant l'EFT) lui a ensuite donné comme résultat du test musculaire qu'elle pouvait maintenant l'utiliser en toute sécurité. Intéressant.

Une autre expérience étrange s'est produite lorsqu'une thérapeute l'a utilisée sur moi, à propos d'un traumatisme dans mon diaphragme, et a eu la réaction dramatique de ressentir qu'elle avait été contaminée par le mal. (J'avais justement travaillé plus tôt sur un problème comportant un sentiment maléfique, sans qu'elle le sache.) Cela a été un choc pour elle et l'a rendue hystérique, mais le tapotement avec l'EFT sur ce sentiment de contamination l'a éliminée instantanément. À mon grand soulagement !

Le dernier incident étrange que je dois signaler s'est produit lorsqu'une infirmière l'a utilisé sur mon père. À mi-course, elle a déclaré qu'elle avait l'impression que sa tête s'était transformée en ce qui ressemblait vivement à du bois. Elle pratiquait une des étapes incorrectement (la numéro 2), mais le fait de retirer son attention du processus a éliminé la sensation. Nous avons continué et il s'est produit un autre effet intéressant de ce processus : à ma grande surprise, j'ai ressenti un effet spectaculaire et immédiat en moi-même. Après tout, elle travaillait sur mon père, pas sur moi. Mon CdC s'est étendu dans l'espace si rapidement que j'ai failli tomber et je suis resté comme ça pendant un an. Il semble que l'utilisation du DPR peut en fait éliminer les problèmes générationnels des générations suivantes !

Un client m'a signalé qu'après avoir été guéri à distance par un thérapeute, des traumatismes connexes sont survenus spontanément, mais que le client les a traités facilement.

En résumé, il s'agit d'une technique expérimentale et à ce titre il faut se méfier, mais la centaine de personnes à qui je l'ai enseignée n'ont pas eu d'autres effets indésirables. Ce qui me préoccupe le plus, c'est que le thérapeute puisse récupérer le problème qu'il enlève au client. Cependant, l'EFT a jusqu'à présent réussi à corriger cet effet secondaire chez les personnes qui l'ont ressenti.

Le protocole du Distant Personality Release (DPR)

(L'annexe C indique également les étapes à suivre pour pratiquer le DPR.)

Étape 1

Détendez-vous et concentrez-vous sur la personne que vous voulez guérir. Faites-vous une idée de sa présence. Elle n'a pas besoin d'être physiquement présente pour que ça fonctionne. Si vous voulez guérir un problème de personnalité particulier que vous ressentez à propos de la personne, concentrez-vous dessus, mais en général, dans le travail en couple, concentrez-vous sur ce qui vous dérange à propos de cette personne. Vous en aurez la sensation, exactement de la même façon que vous en avez eu toute votre vie avec d'autres personnes. Ici rien de nouveau ni de compliqué. Par exemple, la tristesse du client, ses sentiments suicidaires, sa haine envers vous, son incertitude, son secret, etc. Soit dit en passant, si vous pouvez ressentir quelque chose à propos du client, que ce soit positif ou négatif, c'est qu'il s'agit d'un problème pour lui. Cela peut être difficile à croire, surtout dans le cas d'une personnalité « gentille », mais c'est parce que le niveau de personnalité que vous ressentez est une coquille ou une défense que la personne a construite autour d'elle-même en raison d'un traumatisme.

Étape 2

Aimez le client parce qu'il a ce problème. Plutôt que de l'aimer malgré le problème, ce que nous faisons habituellement, ressentez que c'est le problème qui fait qu'il mérite d'être aimé. Par exemple, si la personne est un fumeur, pensez que c'est son tabagisme qui fait qu'elle mérite d'être aimée. Pour insister sur ce point, je vous demande de considérer le client comme méritant d'être aimé parce qu'il a le problème, et en fait il mériterait moins d'être aimé s'il ne l'avait pas ! Utilisez l'EFT ou le WHH ou mettez temporairement de côté vos sentiments négatifs au sujet de la caractéristique ou du sentiment que vous essayez de guérir en lui. Il s'agit d'une étape critique pour deux raisons. Si vous ne le faites pas, vous ne pouvez pas aider la personne à laisser partir le problème, et vous entrez en fait dans une lutte de pouvoir avec eux alors que vous essayez de les forcer à laisser partir quelque chose. Deuxièmement, cela vous aide à éliminer la tendance dans votre propre vie d'attirer à vous ce problème chez autrui. C'est l'étape avec laquelle les gens ont le plus de difficulté. Si le processus ne fonctionne pas, c'est l'étape qui, d'après mon expérience, a jusqu'à présent échoué à chaque fois. (Si vous utilisez l'EFT ou une autre thérapie énergétique pour vous sentir calme et en paix sur la façon dont vous vous sentez par rapport à leur sentiment, vous pouvez toujours ressentir leur sentiment, même si vous vous sentez maintenant parfaitement calme, paisible et léger. Cela démontre que ce que vous ressentez chez une autre personne n'est pas juste une projection de votre propre matériel personnel.)

Une autre façon d'obtenir le sentiment correct d'aimer quelqu'un pour son problème est de vous remémorer quelqu'un que vous aimiez quoiqu'il arrive, par exemple un petit enfant que vous aimiez même s'il piquait une crise de colère. Ensuite, mettez en route le sentiment d'amour puis amenez l'image de l'enfant (par exemple) dans la personne sur laquelle vous travaillez. Le fait de ressentir l'amour éprouvé envers l'enfant et de le superposer à la personne actuelle semble faire l'affaire pour certaines personnes.

> **Exemple :** Un client commente : « Plutôt que de réparer le traumatisme, je me raconte une petite histoire : je me dis que, quoi que ce soit qui m'irrite dans la personnalité de la personne, elle le fait dans sa quête désespérée pour survivre et obtenir de l'amour. Et à un certain niveau de leur être, elle sent qu'elle doit le faire pour survivre et obtenir de l'amour. Et malgré toutes les conséquences négatives de la société, elle est tellement déterminée à survivre et à obtenir cet amour qu'elle supporte tout cela. C'est comme si le monde entier était contre elle, mais elle persévère. J'ai appliqué cela aux fumeurs - ils reçoivent tellement de messages négatifs de la part des autres, avec des gens qui les ostracisent, et une partie d'eux-mêmes pense également cela. »

Étape 3

Cette partie-ci est en fait celle qui élimine la connexion énergétique. Admirez maintenant cet être incroyable pour leur étonnante capacité à s'accrocher au problème quoiqu'il arrive. Réalisez à quel point ils sont géniaux d'être capables de faire cela, peu importe ce qui se passe dans leur vie. Concentrez votre admiration et votre amour sur eux et à quel point ils sont merveilleux d'avoir pu si bien s'accrocher au problème. Une étape qui peut aider en cela est d'imaginer que le leur problème est comme un nuage autour d'eux. (Dans certains cas, pour vous, cela peut ressembler à une couche de coquille.) Et c'est relié à eux par des cordes, des bandes d'énergie, des arcs-en-ciel, des tentacules de pieuvre, ou quelque-soit la chose que vous perceviez à ce moment-là. Il est intéressant de noter que c'est ce que les gens rapportent réellement sans qu'on leur demande « d'observer » le problème de la personne. Cette perception est utile pour vous donner une sensation de l'être qui est réellement sous le nuage, mais il n'est pas vraiment nécessaire d'être capable de percevoir réellement ce niveau de phénomènes. Le processus fonctionne de toute façon, quelle que soit votre capacité de perception « psychique ». Incidemment, lorsque vous travaillez sur vous-même, vous pouvez diriger l'amour vers les connexions, causant leur disparition.

Étape 4

Continuez votre admiration pendant une minute ou deux, ou jusqu'à ce que vous sentiez un changement en eux. En général, je dis aux élèves d'arrêter au bout d'une minute si rien n'a changé. Maintenant, revenez dans la pièce, regardez autour de vous, concentrez-vous sur ce qui vous entoure. Puis concentrez-vous à nouveau sur le client. Étonnamment, le client sera perçu différemment. Si ce n'est pas le cas, assurez-vous que l'étape 2 a été effectuée correctement. Apparemment, notre admiration à ce niveau est suffisante pour amener la personne à se détendre et à laisser partir le problème. Cela peut apparaître de façon assez spectaculaire selon le sujet sur lequel vous travaillez. Par exemple, un client ressentait de la haine, puis la couche suivante était de la confusion. C'est cette expérience qui montre bien que vous travaillez réellement sur le psychisme de quelqu'un d'autre. Ils se sentent non seulement soudainement différents, mais souvent d'une manière que vous n'auriez jamais imaginée. Nous croyons que lorsque nous pensons à une personne et que nous ressentons sa présence, il s'agit d'une projection de nos sentiments à son égard, mais cela s'avère faux en général. Nous les vivons en réalité en temps réel. Cela deviendra évident pour vous au fur et à mesure que le client change tandis que vous le regardez et que vous en faites l'expérience.

Étape 5

Vous devriez maintenant les percevoir différemment. Si vous ne les percevez pas en paix ou s'ils ne disparaissent pas de votre vue mentale, la couche suivante dans l'oignon a fait surface et doit également être guérie. Répétez le processus (étapes 2 à 4) pour cette nouvelle sensation. Continuez jusqu'à ce que la seule chose que vous puissiez ressentir comme couche suivante est un sentiment de paix, ou jusqu'à ce qu'ils aient complètement disparu de votre perception. J'ai constaté dans mon propre cas que le problème initial réapparaissait avec le temps si nous ne poursuivions pas le processus jusqu'au point final de paix, tandis que d'autres clients sont restés changés alors que nous n'avions pas éliminé toutes les couches. La raison pour laquelle ils peuvent soudainement disparaître de votre perception est qu'ils ont soudainement (et temporairement) relâché toute leur structure de défense de la personnalité.

> **Exemple :** Un thérapeute a trouvé une variation intéressante à l'étape 5. Après que la cliente ait atteint la paix, elle a gardé l'admiration de l'étape 4 pendant trois minutes de plus. Puis, elle a soudain ressenti un nouveau sentiment majeur chez la cliente. Après que celle-ci soit devenue paisible, elle a répété l'étape 4 pendant encore quelques minutes. Cela a mis au jour un autre sentiment majeur qui a également été correctement guéri.

Le DPR étendue au niveau de l'étape 2

Tout en pratiquant le processus du DPR, les thérapeutes ont trouvé qu'il était parfois intimidant de sauter directement à l'étape 2 (aimer la personne parce qu'elle a le problème, la caractéristique, etc.). J'ai donc mis au point ce processus progressif pour arriver à un endroit où je pourrais pratiquer le DPR. Voici les étapes à suivre pour ce DPR « étendu ».

Étape 2a

Fermez les yeux et faites-vous une idée de la personne sur laquelle vous travaillez et de ce qui se produit lorsque vous portez votre conscience sur elle. Disons par exemple que je travaille sur ma mère et que j'ai l'impression qu'elle est en colère.

Étape 2b

Énoncez ce que vous avez trouvé à l'étape 1 d'une manière qui correspond à ce que vous ressentez.

« *Ma mère est en colère.* » - Non, pas tout à fait exact.

« *Ma mère est en colère contre moi.* » - Non, pas encore tout à fait juste.

« *Ma mère est une personne en colère.* » - Oui, ça correspond à ce que je ressens.

Maintenant, restez avec cette affirmation jusqu'à ce que vous puissiez l'accepter (ce qui ne veut pas dire que votre mère est vraiment ainsi, mais que c'est une affirmation vraie de la façon dont vous la percevez en ce moment ou que votre mère est potentiellement ainsi).

Cela peut être très facile, « mon mari a des pertes de mémoire » (quand ses pertes de mémoire sont reconnues de tous et qu'une plaisanterie à ce sujet circule dans la famille) ou difficile, « mon père est rempli de vengeance et de rage » (alors que vous n'avez jamais vécu votre père comme ça).

Ce que j'ai remarqué en faisant cette étape et chacune des étapes suivantes, c'est que j'avais un dialogue interne sur la question.

1ère voix : « *C'est totalement ridicule, papa n'a jamais été revanchard de sa vie et je l'ai rarement vu en colère et encore moins enragé.* »

2ème voix : « *Il est possible que ce soit totalement réprimé.* »

1ère voix : « *Mais c'est tellement tiré par les cheveux.* »

2ème voix : « *Mais c'est possible, ne pensez-vous pas ?* »

3ème voix : « *Pour ma part, c'est ce que j'ai ressenti. Allez, voix 2, il faut admettre que les gens peuvent réprimer toutes sortes de choses.* »

2ème voix : « *Je suppose que oui, d'accord, alors je peux accepter ' Mon Père est rempli de vengeance et de rage ' comme décrivant ce que je perçois de lui en ce moment.* »

Ce sont peut-être les différents cerveaux qui communiquent, je n'en suis pas sûr, mais c'est plus facile pour moi de supposer que c'est le cas et d'examiner chacun d'entre eux et de faire le point.

« *Cerveau couronne, ça te convient ?* » - Oui.

« *Cerveau mental, et toi ?* » - Je suis avec toi.

« *Cerveau du cœur, qu'en penses-tu ?* » - T'as perdu la tête, c'est complètement dingue.

Et je continue ainsi jusqu'au cerveaux du plexus solaire et du corps. Néanmoins, ça marche aussi si j'écoute le dialogue sans savoir qui « parle ». Maintenant, revenons au processus. Lorsque le dialogue interne s'est tu et que « tout le monde » est d'accord avec la déclaration, vous passez à l'étape suivante.

Étape 2c (monter la mise)

Prenez votre énoncé de « ce qui est » et répétez-le avec « c'est OK que... » devant.

« C'est OK que ma mère soit en colère. »

« C'est OK que mon père soit rempli de vengeance et de rage. »

Souvent, il y aura un problème interne et le dialogue interne se poursuit jusqu'à ce que tous les « participants » à ce dialogue soient d'accord : « C'est OK que [ce qui est]. »

J'ai constaté qu'il y a habituellement au moins un des participants qui argumente du côté du pour et qui s'efforce de convaincre le(s) réticent(s). La seule fois où j'ai essayé et que j'ai eu un refrain de « absolument pas », « t'es dingue », « oublie ça », etc., je n'ai pas pu continuer. J'étais plongé dans un traumatisme douloureux et je n'ai pas eu le courage de persister malgré ce rejet unanime, bien que je soupçonne que le « moi » qui avait suggéré ce travail en premier lieu aurait pu essayer de convaincre tous les autres. Je n'en suis pas sûr puisque je n'ai pas essayé. Lorsque tout le monde est avec vous à cette étape, passez à l'étape suivante.

Étape 2d (monter à nouveau la mise)

Maintenant, prenez la déclaration et répétez-la cette fois en mettant « j'accepte que... » devant.

> « J'accepte que ma mère soit une personne en colère. »

> « J'accepte que mon père soit rempli de vengeance et de rage. »

Remarquez à nouveau le dialogue et continuez jusqu'à ce que tout le monde soit d'accord avec ceci. Passez ensuite à l'étape 2e qui correspond au DPR standard.

Étape 2e (le DPR standard)

Nous revenons maintenant au DPR standard, de sorte qu'à cette étape, vous aimez la personne à cause de l'énoncé :

> « Je t'aime maman parce que tu es une personne en colère. »

> « Je t'aime papa parce que tu es rempli de vengeance et de rage. »

Encore une fois, écoutez le dialogue interne et quand il s'arrête et que tout le monde est d'accord, assurez-vous de vous arrêter et de prendre le temps de ressentir l'amour qui coule de votre cœur jusqu'à ce qu'il soit bien fort. Passez ensuite à l'étape 3.

Étape 3 (suite du DPR standard)

Maintenant, admirez la personne pour ce qui est exprimé dans la déclaration.

> « Je t'admire maman parce que tu es une personne en colère. »

> « Je t'admire papa parce que tu es rempli de vengeance et de rage. »

Notez tout dialogue ou toute note de discorde ou de désaccord. Quand tout le monde sera de nouveau d'accord, assurez-vous de ressentir l'admiration amoureuse. Ressentez cela aussi à partir du cœur, bien que pour moi cela semble différent de l'amour - j'ai l'impression que le cœur tire l'admiration des autres cerveaux et l'achemine à travers le chakra du cœur pour ensuite la diriger vers la personne. C'est en quelque sorte de l'amour suralimenté.

Puis je m'arrête, j'ouvre les yeux, puis je les referme pour recommencer depuis le début. Sentez si vous avez encore une perception de la personne sur laquelle vous travaillez et si vous la ressentez de la même façon qu'auparavant, différemment, ou totalement calme, paisible et léger.

Que ressent le client ?

Lorsque le DPR est terminé avec un client ou une autre personne avec qui vous pourriez avoir une relation, vous pourrez peut-être observer des changements de comportement chez eux. Ce que vous observerez, c'est que vous « sentirez » qu'ils sont maintenant différents, d'une manière qui favorise votre sentiment d'acceptation et de paix. Cependant, surtout dans les relations de couple, il peut y avoir une douzaine ou plus de ces mécanismes présents entre deux personnes et leur élimination exige de la persévérance.

Il est intéressant de noter qu'à moins que le client n'observe directement la dissolution du problème, il ne remarque à ce moment-là aucun changement. L'effet du DPR devient perceptible pour le client si elle est pratiquée en même temps des techniques de régression. Le phénomène de l'abandon temporaire de toute la structure de la personnalité est particulièrement fascinant. J'ai vécu cela pendant que quelqu'un d'autre travaillait sur moi au même moment où je faisais une régression, et j'ai pisté mon maintien de la structure de la personnalité jusqu'au traumatisme causé par le manque d'oxygène à la naissance, peut-être au premier souffle. Cela concorderait avec d'autres travaux qui identifient le moment autour de la première respiration comme le moment où la coquille de la personnalité devient rigide et imperméable au soi au niveau de la peau.

Les questions éthiques et autres

Notez que cette technique peut être pratiquée sur une autre personne qui n'est pas présente, avec ou sans sa permission. Cela soulève plusieurs questions chez les étudiants : D'abord, est-il éthique de faire cela sur quelqu'un d'autre sans sa permission ? Par exemple, votre conjoint ou votre employeur vous rend fou, vous l'utilisez sur eux et le problème disparaît. Était-ce contraire à l'éthique ? C'est une question à laquelle vous devrez répondre par vous-même, mais de mon point de vue, ce que vous avez éliminé chez la personne en utilisant le DPR est une défense qu'elle a acquise, souvent très tôt dans sa vie, qu'elle n'a pas consciemment choisi d'avoir, dont elle n'a pas apprécié les effets, mais dont elle ne pouvait pas se débarrasser toute seule. Un autre problème pourrait se poser si vous ne terminez pas une séquence de sentiments en DPR parce que vous avez rencontré de la résistance en vous-même. Êtes-vous tenu éthiquement de terminer ce que vous avez commencé ? Là encore, c'est une question d'éthique que vous devez trancher par vous-même, mais je crois fermement qu'il faut terminer ce qui a été commencé.

Si vous avez des commentaires sur l'utilisation de cette technique, veuillez me contacter à grant@peakstates.com.

La pratique du DPR sur soi-même

Une autre façon d'utiliser la technique du DPR consiste à l'utiliser sur vous-même. L'auto-DPR a été développé par Preston Howard. Il explique son innovation ci-dessous :

« Au lieu d'essayer de m'aimer, puis de m'admirer pour ce que j'étais, j'ai eu l'intention de et je me suis laissé me SENTIR aimé parce que j'étais exactement ce que j'étais, puis de me laisser me SENTIR admiré parce que j'étais exactement ce que j'étais.

Étape 1

Ce que je fais, c'est me concentrer sur une personne que je connais. Alors j'imagine ce que je ressentirais si cette personne était à ce moment précis en train de m'aimer profondément parce que je suis ce que je suis, etc. Je ne sais pas si cela peut être généralisé ou s'il faut l'associer à une personne en particulier. Je ne pense pas que ce soit important de savoir d'où provient l'amour. Mais j'ai un peu essayé avec mon amie et j'ai senti quelque chose 's'ouvrir'.

Étape 2

Je maintiens ce flux, et ça commence effectivement à ressembler à un flux. J'ai trouvé une fois que ça ne ressemblait pas à de l'amour, mais à force de persévérer, ça s'est éclairci.

Étape 3

Puis, bien sûr, je me concentre sur le fait que cette personne m'admire pour ce que je suis, jusqu'à ce que je ressente une libération.

J'essaye régulièrement et j'ai vraiment l'impression que des morceaux de coquille se dissolvent. Je me sens plus léger et plus 'mince', si cela a un sens. Le gros problème était de me rappeler de le faire, et ensuite d'être prêt à le faire sur la problématique du moment. »

Le DPR dans la pratique clinique

Matt Fox, qui travaille dans le domaine du traitement des toxicomanes, offre les perspectives suivantes suite à son utilisation de la technique de la DPR dans sa pratique clinique :

« J'ai eu l'occasion d'employer le DPR en milieu clinique pendant presque quatre ans avec des résultats assez constants. Je crois que le DPR peut faire pour la thérapie de couple ce que les thérapies méridiennes ont fait pour le traitement des traumatismes. La technique est rapide, facile à enseigner aux clients et efficace. Je demande habituellement au client d'utiliser l'EFT sur une image du sujet après le DPR, car cela semble résoudre le traumatisme sous-jacent qui permet à la personne de se connecter. Une variante intéressante consiste à faire travailler le client avec les sentiments faisant partie de la relation, par exemple « ma mère est une personne si aimante parce qu'elle me fait sentir comme une petite fille », etc. Habituellement, cela résout le sentiment chez le client. Par exemple, une cliente a expliqué par la suite « je suis tout simplement contente qu'elle soit ma mère ». À l'occasion, le client a l'expérience de voir le sujet du processus du DPR se comporter vis-à-vis de lui d'une manière entièrement différente (positive). D'autres fois, le comportement cesse et ne revient jamais. Parfois, l'effet n'est que temporaire, mais lorsque le comportement se reproduit, le client trouve que ce n'est plus gênant. Il arrive parfois que la problématique disparaisse complètement de la vie du client.

En tant que conseiller en toxicomanie qui travaille avec des clients commis d'office par un tribunal, j'ai souvent eu des clients qui étaient résistants ou hostiles. J'ai trouvé que le DPR était efficace dans nombre de ces situations. En fait, après avoir utilisé le DPR de cette façon pendant environ un an, il est devenu inhabituel pour moi de rencontrer des clients résistants. Je souscris à l'idée que la plupart des résistances des clients sont une réaction à l'attitude du clinicien, alors je pars du principe que la pratique du DPR peut avoir éliminé des zones de mon champ énergétique auxquelles le client résistant typique « se raccroche ». De plus, je trouve que mon style de relation avec le client a évolué vers l'acceptation totale du client « là où il est », par opposition à là où je pense qu'il devrait être. Enfin, les clients résistants que je rencontre présentent des caractéristiques que l'on peut qualifier de troubles de la personnalité. Tel que je vois les choses, il serait peut-être efficace d'essayer le DPR sur l'attitude de ces clients à l'égard des figures d'autorité.

Voici des exemples de cas tirés de mon expérience clinique.

Cas 1 : Ce client était un homme blanc de quarante-cinq ans ayant des antécédents de dépendance à la marijuana et d'abus de cocaïne intraveineuse. Tôt dans sa dépendance active, il avait eu un fils dans le cadre d'une relation sexuelle occasionnelle. Il n'avait aucun contact avec l'enfant et avait l'impression que le fils avait été adopté. Il avait également un autre fils d'un précédent mariage. La relation avec le deuxième fils était tendue. Dans l'espoir d'améliorer cette relation, le client a renoncé à s'en préoccuper et s'en est « remis à Dieu ». Peu de temps après, il a été contacté par la mère du premier enfant qui a déclaré qu'elle avait entendu dire que le client était en sevrage. Son intention déclarée était que le client communique avec l'enfant et établisse une relation avec lui. Le fils, maintenant âgé de dix-sept ans, avait développé sa propre dépendance à la drogue et suivait un traitement. Le client a répondu qu'il amorcerait une relation une fois que leurs problèmes mutuels de toxicomanie auraient été résolus. Les contacts de la mère ont rapidement dégénéré en harcèlement, y compris des courriels quotidiens et des appels téléphoniques plusieurs fois par semaine. Le client est allé voir le thérapeute et lui a demandé comment résoudre la situation. Le thérapeute a guidé le client à travers le processus du Distant Personality Release (DPR), suivi d'une séance d'EFT. Lors de la séance suivante, le client a signalé que le harcèlement avait pris fin le lendemain de l'utilisation du DPR. Le contact avec la mère a été réduit à un niveau confortable, habituellement un courriel par semaine. Le client a fini par communiquer avec le fils et a amorcé une relation.

Cas 2 : Le sujet était une collègue du thérapeute âgée de vingt-cinq ans. Elle était en couple avec un homme divorcé qui avait un fils de six ans. Le fils était contre cette relation et agissait à l'encontre du sujet en l'agressant verbalement (« je te déteste », etc.), en lui donnant des coups de pied et en la frappant. Le thérapeute a guidé le sujet à travers une séance de DPR suivie d'une séance d'EFT. Le sujet a rapporté que le comportement de l'enfant a changé du jour au lendemain. Elle a déclaré qu'ils étaient devenus amis et l'enfant avait maintenant déclaré qu'il l'aimait et avait commencé à entretenir une relation très amicale avec elle.

Cas 3 : Le sujet était un homme blanc de vingt-neuf ans, de retour après une récidive de consommation d'alcool. Le client éprouvait des difficultés conjugales en raison d'un contact téléphonique avec une ex-petite amie qui était aussi la mère de son premier fils. Le client appelait pour parler à son fils et sa conjointe s'énervait à la pensée de l'ex-amie, ce qui provoquait une dispute. Après une séance de DPR, le client a indiqué que sa conjointe avait commencé à quitter la chambre avant les appels téléphoniques. Le client déclare que toutes les tentatives pour persuader sa conjointe d'apprendre à accepter la situation avaient échoué et que ce nouveau comportement n'était pas le fruit d'une communication de sa part.

Cas 4 : Le sujet était un homme de 40 ans qui se plaignait que sa conjointe insistait pour qu'il conduise puis critiquait sans cesse sa conduite. Toutes les tentatives pour résoudre la situation avaient échoué. Après une séance de DPR, le comportement a pris fin. Le sujet a raconté qu'il avait signalé le changement de comportement, moment à partir duquel la conjointe avait recommencé ses critiques, s'étant sentie manipulée. Cependant, au fil du temps, le comportement s'est arrêté.

Cas 5 : L'auteur a tenté une expérience de DPR auprès d'un groupe de récupération composé de quatre clients masculins. Trois des quatre ont fait état d'un succès significatif. Plus tard, un client a rapporté que le comportement était revenu après qu'il eut informé sa conjointe de l'intervention. »

Points clés:

- Le DPR est particulièrement utile pour aider un client à pratiquer le WHH pour éliminer la résistance à la guérison, et pour la thérapie de couple.

- Le fait de ne pas aimer complètement le client pour le problème est presque toujours ce qui cause l'échec du DPR.

- Il y a un risque faible, mais possible de récupérer le problème de personnalité du client.

EXERCICE - PRATIQUE DU DPR

Comme je l'ai dit pendant la présentation du DPR, le seul problème que j'ai jamais vu avec les gens qui ne réussissent pas avec le DPR est quand ils n'ont pas éliminé leur propre réaction traumatique par rapport à ce qu'ils ressentent chez leur client. Et c'est parfois un fragment subtil qui demeure et qui retarde les travaux. Si le processus ne fonctionne pas, continuez à pratiquer le WHH (ou l'EFT) jusqu'à ce que votre réponse à ce que vous ressentez chez le client soit le CPL. Répétez ensuite le processus jusqu'à ce que vous sentiez un changement chez le client. Assurez-vous que vous continuez à faire le DPR sur le client jusqu'à le ressentir également de façon CPL.

Prêtez attention ! Avez-vous ressenti plus de compassion envers la personne sur laquelle vous travailliez après avoir terminé ? Voyez-vous pourquoi ce serait si utile pour la thérapie de couple ? Pensez-vous qu'il serait possible de faire du DPR sur vos propres problèmes de personnalité ? Est-il préférable de faire le DPR sur une personne ou de la faire guérir du problème traumatique sous-jacent ?

Notes de l'exercice pratique :

Notes de l'exercice pratique (suite) :

EXERCICE - PRATIQUE DU **WHH** ET DU **DPR** AVEC UN PARTENAIRE

Encore une fois, choisissez de nouveaux partenaires. Continuez à prétendre que vous travaillez avec un véritable client en notant le problème et la cote USD. S'il y a lieu, essayez d'utiliser le DPR tout en pratiquant le WHH avec votre partenaire. Voyez comment cela peut faciliter le travail sur un traumatisme pour lequel le client éprouve du mal à être dans son corps, ou comment quelqu'un qui a du mal à ressentir le problème peut être soudainement débloqué. En tant que thérapeute, notez que vous pouvez maintenant pratiquer la technique de s'aimer soi-même et faire du DPR sur le client durant la séance. Comment pourriez-vous faire face aux difficultés de pratiquer l'une ou l'autre de ces techniques tout en vous focalisant sur le client ?

Changez les rôles du client et du thérapeute lorsque vous avez réglé un problème. Prévoyez au moins 30 minutes par rôle, mais n'hésitez pas à continuer pendant la pause du dîner si vous n'avez pas terminé dans ce laps de temps.

<u>Notes de l'exercice pratique :</u>

Notes de l'exercice pratique (suite) :

Notes de l'exercice pratique (suite) :

QUIZ NUMÉRO 2

1.   Y a-t-il des exceptions au principe de vouloir sauter des souvenirs afin d'obtenir le plus ancien ?

2.   Si le client voit une vieille photo ou une mémoire reconstituée lorsqu'il régresse, est-ce que vous l'exploitez ou est-ce que vous essayez d'obtenir une mémoire réelle ?

3.   Que signifie souvent la sensation de chaleur pendant une séance de guérison ?

4.   Si vous voyez une sorte de structure sombre dans votre corps, qu'est-ce que vous pensez que c'est et comment pouvez-vous la guérir (2 problèmes différents) ?

5.   Le DPR répare-t-elle le traumatisme sous-jacent ?

6.   Après l'utilisation du DPR, le comportement du client va-t-il changer ? Et le vôtre ?

7. La guérison du traumatisme sous-jacent élimine-t-elle les connexions énergétiques ?

8. Que faire si le traumatisme ne guérit pas ? Énumérez au moins 4 choses.

9. Quels sont les deux types de problèmes inhabituels qui ne guérissent pas avec la technique du WHH standard (la version en 8 étapes) ?

10. Que faire si un souvenir d'une vie antérieure surgit pendant la guérison ?

11. Vos clients seront-ils reconnaissants du travail de guérison que vous avez fait avec eux ?

12. En tant que thérapeute, quelles sont les choses les plus importantes que vous devez faire avec un client avant de commencer le processus de guérison ?

13. Est-ce que votre client ou vous-même pouvez avoir des problèmes en utilisant le WHH ?

14. Au cours d'une séance de guérison, quelles sont les deux raisons différentes qui expliquent qu'un client décrit qu'il ressent un manque ou que quelque chose lui manque, et que faire pour y remédier ?

15. Si un souvenir comporte des sentiments agréables, s'agit-il d'un traumatisme qui doit aussi être guéri ?

16. Combien de cerveaux biologiques avez-vous ?

17. Si vous avez un traumatisme semblable à celui de votre client, sera-t-il incapable de guérir avec le WHH ?

18. Si vous êtes dans la « Beauté Fondamentale », faites-vous encore des connexions énergétiques via des cordes ? (Après tout, dans cet état, on ne ressent plus les traumatismes émotionnels passés.)

19. Nommez un mécanisme qui provoque des maladies chez les gens.

20. Quelles sont les raisons typiques pour lesquelles votre client peut avoir vraiment froid pendant une séance de WHH ?

21. Si le fœtus entend sa mère ou quelqu'un d'autre dire quelque chose au cours d'un traumatisme physique, cela peut-il poser un problème ? Que diriez-vous d'un bruit très fort ?

22. Les cordes peuvent-elles être situées à différents endroits dans le corps ? Pouvez-vous avoir plus d'une corde connectée à un endroit donné ?

23. Peut-il y avoir différentes phrases dans un traumatisme précis ?

24. L'image la plus ancienne a-t-elle toujours exactement le même sentiment que le problème initial dont vous êtes parti ?

25. Chaque cerveau pense dans son propre « langage ». Quel est le « langage » du cerveau du cœur ?

Troisième jour

AUTRES TECHNIQUES EFFICACES DE GUÉRISON ÉMOTIONNELLE

Cette section est une brève comparaison des techniques de guérison émotionnelle que j'ai trouvées efficaces. Je les contrasterai avec ma technique de Whole-Hearted Healing lorsque c'est approprié.

Je recommande généralement à tout thérapeute d'apprendre au minimum l'EFT et la TAT avant d'apprendre le WHH. Ce sont deux des thérapies les plus rapides, indolores et efficaces. Un thérapeute typique utilisera la majeure partie du temps dans sa pratique ces approches de « psychologie énergétique ». De plus, le fait de les apprendre en premier amène généralement le thérapeute à complètement réévaluer ce qu'il est possible de guérir, car il découvre que de nombreuses choses peuvent facilement être éliminées en utilisant ces techniques (ou d'autres techniques de thérapie énergétique). En d'autres termes, son « paradigme de guérison » change et je n'ai pas besoin d'essayer d'effectuer ce changement dans le peu de temps où nous travaillons ensemble au cours de cette formation.

Compte tenu de ces conseils, pourquoi apprendre le WHH ? Comme tout processus, les différentes thérapies énergétiques ont chacune leur domaine où elles sont les plus efficaces. Après avoir utilisé d'autres thérapies pendant un certain temps, un thérapeute finit par découvrir qu'il y a des problématiques qui ne répondent peu ou tout simplement pas aux autres thérapies. Le WHH fonctionnera souvent très bien dans ces cas-là. De plus, comme nous le verrons plus loin, une guérison effectuée avec les thérapies les plus faciles et les plus rapides peut parfois être inversée, et il est alors bon de connaître des thérapies telles que le WHH qui sont intrinsèquement permanentes. Enfin, le processus de régression utilisé par le WHH peut souvent être incorporé dans l'utilisation des autres thérapies, ce qui les rend beaucoup plus efficaces et puissantes qu'elles ne le seraient normalement.

La thérapie standard

Mon opinion personnelle, basée sur l'observation des thérapeutes et sur ma propre formation dans un programme de doctorat en psychologie clinique et en conseil psychologique, est que la thérapie telle qu'elle est pratiquée par la grande majorité des psychiatres et des psychologues ne fonctionne pas et est ruineuse.

Pourquoi en est-il ainsi ? De mon point de vue, la principale raison est al croyance que les traumatismes n'ont pas de pertinence dans la plupart des problèmes psychologiques. Pratiquement aucune formation ou temps d'enseignement n'est consacré à ce sujet, aucun modèle actuellement enseigné ne le considère comme pertinent et l'unique catégorie dans le manuel de diagnostic (DSM) qui le mentionne seulement, le « Syndrome de Stress Post-Traumatique » (SSPT), implique qu'il est principalement limité aux soldats, aux survivants de guerre et à quelques malheureuses victimes de crimes. En tant qu'étudiant, je ne me souviens pas que ce mot ait été employé dans quelconque de mes cours pendant les deux premières années !

Mon propre travail, sur moi-même et sur des centaines d'autres personnes, m'amène à dire que le traumatisme est la seule clé nécessaire pour traiter la grande majorité des problèmes que rencontrent les gens. Heureusement, un certain nombre de groupes à l'extérieur de la profession en sont arrivés à cette conclusion et ont mis au point diverses techniques de guérison. Malheureusement, ces techniques n'étant pas une pratique reconnue, les professionnels agréés aux États-Unis risquent de perdre leur licence en les utilisant, même si elles sont efficaces. Actuellement, plusieurs thérapeutes ayant choisi d'utiliser ce genre de techniques le font discrètement, ou alors obtiennent une licence ministérielle ou alternative (par exemple, en hypnothérapie) pour pratiquer légalement. Bien que ces techniques apparaissent lentement dans les revues évaluées par les pairs et peuvent être considérées comme une « pratique courante », de nombreux thérapeutes s'inquiètent encore de la possibilité de poursuites judiciaires s'ils les utilisent.

L'autre raison majeure pour laquelle la psychothérapie standard ne fonctionne pas, encore une fois à mon avis, est l'hypothèse qu'il n'est pas possible de « guérir » quelqu'un de ses problèmes et le mieux que l'on peut espérer est une réduction des symptômes (sauf dans le cas de quelques types de phobies). Cette croyance a mené à la situation bizarre que les évaluations standard des problèmes psychologiques ne mesurent pas l'évolution spécifique du problème pour lequel le client consulte. En fait, les thérapeutes évitent toute mention du mot guérison dans leur travail, ce qui est un triste commentaire sur l'efficacité de leurs outils.

Enfin, la dernière grande raison pour laquelle le traitement standard est inefficace est qu'un pourcentage important des causes des difficultés des gens sont des phénomènes considérés comme inacceptables par les thérapies conventionnelles. Ainsi, les traumatismes à la naissance, les traumatismes intra-utérins, les vies antérieures, les urgences spirituelles, la perte d'âme, etc. sont considérés comme impossibles, de sorte qu'un client ayant ce genre d'expérience est traité comme délirant, ou alors la cause réelle des difficultés du client est jugée impossible et ne peut donc jamais être découverte.

Les thérapies alternatives sont de plus en plus connues et acceptées grâce au dévouement de nombreux professionnels qui se sont engagés à aider leurs patients. Jusqu'à récemment, ces techniques n'étaient jamais publiées dans les revues professionnelles parce qu'elles n'arrivaient pas à franchir l'étape du contrôle par les pairs de la validité du travail. Cependant, un article exceptionnel a été publié sur le syndrome de stress post-traumatique dans le numéro de juin 1996 de *Family Therapy Networker*. Il décrit le travail effectué par le Dr Figley (l'inventeur du terme Syndrome de Stress Post-Traumatique) pour évaluer l'efficacité de quatre des techniques alternatives les plus populaires. C'est à ma connaissance la première fois que ces techniques sont abordées dans une revue professionnelle à large diffusion. Ces techniques de base étaient l'EMDR, le TIR, le VKD et la TFT décrites ci-dessous. Chacune de ces approches utilise un mécanisme complètement différent et indépendant pour guérir les traumatismes. J'ai également ajouté quelques autres approches efficaces à la liste ci-dessous.

J'aimerais enfin dire que, d'après mon expérience, il existe de nombreuses techniques alternatives qui sont également inefficaces, bien qu'elles le cachent souvent en qualifiant leur résultat de « subtil ». Puisque le domaine évolue si rapidement, les consommateurs doivent malheureusement évaluer avec un certain scepticisme les fournisseurs de soins dans les courants traditionnels et alternatifs. Si vous choisissez de faire appel à un thérapeute conventionnel, assurez-vous alors de choisir un thérapeute qui connaît certaines des thérapies alternatives les plus courantes énumérées ci-après.

Thérapie classique	**Thérapie alternative**
Long terme	Habituellement rapide, 1 à 3 séances
Coûteuse, « ami payé »	Habituellement bon marché
Pas d'élimination des symptômes envisagée. Avec de la chance, diminution des symptômes.	L'élimination des symptômes est courante
Le modèle est erroné, peu d'attention aux traumatismes.	Le traumatisme est à l'origine de la plupart des problèmes
Outils médiocres (rêves, empathie, associations)	Outils et techniques variées : kinésiologie appliquée, appareils qui mesurent la conductivité de la peau, EMDR, TAT, etc.
Aucun matériel spirituel ou fœtal inhabituel n'est jugé acceptable	Les phénomènes inhabituels sont reconnus et utilisés
Uniquement oral - ne peut pas toucher	Inclut la conscience corporelle ainsi que les approches de travail sur le corps
Nécessite un thérapeute formé	Souvent des techniques d'aide personnel avec une assistance occasionnelle.
Peut avoir recours à des médicaments ayant des effets secondaires	Pas de médicaments, pas d'effets secondaires
Absence de confidentialité juridique	En général, le thérapeute n'a pas besoin de connaître l'histoire du client
Souvent, ne se souvient pas de l'origine du problème.	Certaines techniques ne nécessitent pas de se remémorer les traumatismes, d'autres les obtiennent rapidement et facilement

L'EMDR

L'EMDR (Eye Movement Desensitization and Reprocessing, littéralement la « désensibilisation et retraitement par les mouvements oculaires »), développée par Francine Shapiro, est une technique efficace qui permet d'obtenir des résultats trop rapides pour que les thérapeutes conventionnels arrivent à y croire. Reportez-vous à *Des yeux pour guérir*. Shapiro a eu beaucoup de mal à faire accepter cette technique dans le domaine de la psychologie, ne serait-ce que même partiellement, mais elle est de plus en plus populaire et c'est probablement la technique alternative la plus utilisée par la communauté des thérapeutes grand public. Aucun modèle actuellement accepté ne l'explique, mais au moins elle ne contredit aucun préjugé culturel occidental, et c'est sur cette base qu'elle gagne en acceptation. La formation est réservée aux professionnels agréés dans le domaine de la santé mentale, mais c'est si simple que les gens la pratiquent souvent eux-mêmes après en avoir fait l'expérience. Elle s'installe dans la culture alternative sous l'étiquette de thérapie du mouvement rapide des yeux et d'autres noms similaires. La technique comporte une stimulation visuelle, kinesthésique ou auditive alternant entre les hemicorps gauche et droit pendant que le client se concentre sur l'événement traumatique. Il est possible d'utiliser une main ou un autre support de focalisation visuel telle une lumière se déplaçant de façon répétitive vers la gauche et vers la droite pendant que le client le suit des yeux, ou des sons, des tapotements ou jeux de main avec une alternance gauche-droite - les mouvements des yeux ne sont pas nécessaires. L'événement traumatique inclut une image, une croyance négative, des émotions et des sensations corporelles. Le traitement EMDR complet comporte trois volets : 1) traiter l'incident initial, 2) traiter les déclencheurs internes et environnementaux actuels qui stimulent le comportement inadapté et 3) installer une réponse cognitive/comportementale souhaitée dans le but probable de renforcer le succès futur.

Au-delà de la guérison émotionnelle typique en psychotraumatologie, cette technique fonctionne bien pour les troubles de la personnalité multiple, les troubles de l'apprentissage et sur le contenu mental qui ne semblent pas provenir d'un traumatisme, comme dans l'imagerie des rêves. Elle ne fonctionne pas pour le trouble obsessionnel compulsif, la schizophrénie et la dépression (en tout cas en 1996, ils ont peut-être amélioré le processus depuis). Elle peut aussi susciter des expériences spirituelles après une expérience de guérison, comme le décrit Laurel Parnell dans l'article « *EMDR and Spiritual Unfoldment* » dans le numéro de printemps 1995 de la *Association for Transpersonal Psychology Newsletter*, mais je ne connais aucune tentative d'explorer davantage cette connexion.

Comment se compare-t-elle au WHH ? Elles sont assez semblables, bien que je pense que ma technique est en général plus rapide. Cependant, en l'absence d'un modèle théorique transpersonnel, ils ne comprennent pas comment le traumatisme est lié à la schizophrénie, à la dépression, etc. J'ai eu quelques cas où des personnes utilisant les deux techniques ont eu des expériences meilleures et plus complètes avec le WHH, ou ont guéri quelque chose par elles-mêmes avec le WHH alors que l'EMDR n'avait pas pu les aider. C'est peut-être un artefact lié à la taille de l'échantillon, mais j'ai tendance à penser que c'est plus lié au fait que, avec le WHH, les gens comprennent en eux-mêmes ce qu'ils essaient d'accomplir. Cela a tout simplement plus de sens, alors ils s'accrochent même si cela peut être douloureux.

Je ne connais pour l'instant personne qui fasse une synthèse des approches du WHH et de l'EMDR, bien que ce soit certainement possible.

Nous ne savons pas si une guérison effectuée avec cette technique est réversible ou non.

Le TIR

Le TIR (Traumatic Incident Reduction, littéralement la « réduction des incidents traumatiques) est enseigné par Frank Gerbode M.D. à travers son Institute for Metapsychology. C'est une version dépouillée des méthodes utilisées par l'Église de Scientologie, sans les problèmes liés au culte. En gros, en suivant un protocole, ils demandent aux clients de revivre le traumatisme plusieurs fois jusqu'à ce que la guérison se produise. Cette technique est très efficace et rapide, habituellement une ou deux heures par sujet. Elle a l'avantage supplémentaire d'utiliser des appareils qui mesurent la conductivité de la peau pour vérifier que le travail d'un client est vraiment terminé puisque, pour éviter la douleur, nous pouvons parfois croire que nous sommes complètement guéris alors que ce n'est pas le cas. Heureusement, une fois appris, ce système de mesure peut être utilisé avec n'importe quelle technique de guérison. Pour une lecture plutôt difficile, voir *Beyond Psychology* de Gerbode. Pour une description plus récente et plus facile à lire de leurs travaux, voir *Traumatic Incident Reduction* de Gerald French et Chrys Harris. Pour favoriser l'acceptation du public, ils ne mentionnent pas les phénomènes spirituels et chamaniques inhabituels qui peuvent aussi résulter de la guérison d'un traumatisme avec leur technique, mais ils gèrent ce phénomène sur la base du cas par cas.

Curieusement, cette technique très efficace n'a pas été généralement acceptée, bien qu'elle fonctionne bien, qu'ils ont élaboré des modèles sur la façon dont les traumatismes sont liés entre eux et qu'elle ne contredit aucune hypothèse culturelle. De plus, leur technique de mesure, qui existe depuis le début des années 1900 et qui, à mon avis, devrait être une pratique courante dans toute formation en psychologie, est également ignorée. Je suppose que l'association avec la Scientologie a créé un climat de peur chez les professionnels qui adopteraient normalement cette technique.

J'enseigne une combinaison de TIR et de WHH pour les occasions où le client ne peut pas ressentir le contenu émotionnel d'un traumatisme ou pour vérifier le matériel traumatique à côté duquel on pourrait passer en raison de la focalisation du WHH sur des moments uniques dans le temps. Je recommande fortement le système de mesure, en particulier utilisé comme « détecteur de mensonges » pour détecter le matériel que nous cachons à nous-mêmes. Fait intéressant, la seule fois où j'ai utilisé le WHH alors que j'étais surveillé par un de leurs professeurs utilisant un appareil de mesure, j'ai eu une expérience de guérison beaucoup plus profonde (et exceptionnellement rapide) par rapport au TIR tel qu'évalué par le niveau absolu d'une caractéristique appelée « chute » de la mesure.

Il n'est pas possible d'inverser l'effet curatif de cette technique.

La VKD

La VKD (Visual Kinesthetic Dissociation, littéralement la « dissociation visuelle et kinesthésique ») est basée sur le modèle de la Programmation Neuro Linguistique. Référez-vous au livre *Solutions* de Leslie Cameron-Bandler. Je n'en ai pas fait personnellement l'expérience, mais ça marche apparemment bien. C'est un peu le contraire du WHH en ce sens que le client est encouragé à se dissocier du traumatisme et à rester en dehors de son corps pour guérir. Dans mon travail avec des clients, j'ai eu un couple qui a peut-être utilisé accidentellement l'approche de la VKD, car ils n'ont apparemment ressenti aucune douleur émotionnelle ou physique pendant la guérison, dont l'expérience est l'un des principaux inconvénients du WHH (bien que le même résultat puisse se produire s'ils sont dans un état de conscience extraordinaire inhabituellement bon).

Après avoir lu l'explication de cette technique par un de ses inventeurs, j'ai eu l'impression que la technique substitue un sentiment agréable à un sentiment douloureux. C'est manifestement le contraire théorique de mon approche, car je veux complètement me débarrasser d'autant de matériel traumatique que possible. Cependant, pour la personne ordinaire souffrant d'un traumatisme douloureux, leur critère est la fin de la souffrance actuelle, et cela semble bien fonctionner de ce point de vue.

Nous ne savons pas si elle est réversible ou non.

La TFT

La TFT (Thought Field Therapy, littéralement la « thérapie du champ de la pensée ») est une thérapie de psychotraumatologie et est la première représentante d'une sous-catégorie de thérapies appelées thérapies « énergétiques » ou « méridiennes » (la terminologie évolue encore, mais on peut les classer dans la même catégorie que l'acupuncture). Inventée par le Dr Roger Callahan dans les années 1980 pour traiter les phobies, cette technique consiste à exploiter les points d'acupuncture pour guérir le matériel émotionnel. Je trouve que c'est l'une des techniques les plus fascinantes de toutes les techniques efficaces actuelles. Le client réfléchit à son problème et tapote divers points de son corps dans un certain ordre, avec quelques mouvements des yeux et un fredonnement. Le processus prend habituellement de 4 à 10 minutes et est étonnamment efficace. Il se peut que certains clients aient besoin d'une séquence de tapotements complexe, mais une séquence standard agit efficacement sur la plupart des difficultés. Il s'agit d'un processus idéal d'aide personnelle qui s'attaque aux phobies, à la dépression, aux pulsions provenant d'addictions, à l'anxiété, aux traumatismes, à la culpabilité, à la perte d'un être cher et d'autres problèmes. (Je recommande la version plus simple appelée EFT et qui est décrite ci-dessous.)

J'en ai discuté avec Gerald French, de l'institut TIR et, d'après ce qu'il a vu pendant la formation, il soupçonne que la technique élimine les facteurs déclenchants l'accès au matériel traumatique plutôt que d'éliminer le traumatisme lui-même. Ce serait logique pour moi, car, dans mon propre travail, j'ai découvert que même si le cœur trie le matériel traumatique et y accède, c'est le corps qui déclenche le processus global d'accès. Ainsi, pour la grande majorité des clients qui veulent simplement cesser de souffrir et reprendre leur vie actuelle, ce traitement serait idéal. Mais pour des gens comme moi qui veulent accéder à des niveaux plus profonds de conscience et de compréhension, cette technique ne serait pas aussi utile.

De plus, dans certains types de matériel traumatique, le processus ne fonctionnera pas sans des techniques de déblocage de la résistance inconsciente du client, appelées « correction pour l'inversion psychologique ». C'est aussi cette thérapie qui a relevé et nommé le phénomène de « l'Apex » qui se produit avec n'importe laquelle des thérapies de psychotraumatologie. Il s'agit de la réaction courante des clients qui, une fois que le processus a fonctionné, essaient immédiatement d'expliquer la disparition des symptômes en se référant à quelque chose qu'ils connaissent tel que « j'ai été distrait ». Le terme est également utilisé pour désigner le résultat fréquent selon lequel, peu de temps après le traitement, le client va souvent dire que le matériel guéri n'a jamais été un problème, peu importe à quel point il les avait fait souffrir. Ils ne se souviennent plus à quel point c'était douloureux et oublient souvent rapidement qu'ils avaient eu ce problème en premier lieu.

La TFT, comme toutes les thérapies énergétiques (par exemple l'EFT et le BSFF) souffrent des effets de certains produits chimiques et aliments qui peuvent bloquer ou inverser l'effet curatif. De plus, il est possible d'inverser la guérison en utilisant des techniques de respiration qui peuvent se produire par accident, comme nous l'avons déterminé dans nos expériences de 1999 et 2003.

L'EFT

L'EFT (Emotional Freedom Technique, littéralement la « technique de liberté émotionnelle ») a été développé par Gary Craig. Il s'agit d'un développement ultérieur de l'approche de la TFT pour la rendre plus simple et plus rapide. Elle utilise une formule répétitive pour résoudre tous les types de problèmes rencontrés. Pour l'instant, je recommande l'EFT plutôt que la TFT pour ces raisons.

L'EFT est une thérapie idéale à combiner avec le WHH. Bien que les inventeurs de ces thérapies énergétiques ne s'en rendent pas compte, leurs processus éliminent généralement les réactions traumatiques du passé - même s'il semble qu'ils ne s'occupent que des sentiments existant dans le présent. Cependant, la puissance, la vitesse et l'efficacité de l'EFT sont grandement accrues lorsqu'elle est ajoutée au processus de régression du WHH.

L'EFT souffre du même problème potentiel que toutes les thérapies énergétiques, c'est-à-dire que la guérison peut être inversée par des toxines énergétiques ou d'autres méthodes comme la respiration inverse. Cependant, ce n'est généralement pas vraiment un problème dans la plupart des cas, tant que le thérapeute note bien ce qui s'est passé afin que ce même matériel traumatique puisse être guéri de nouveau.

Le BSFF

Autre évolution du processus de la TFT, le BSSF (Be Set Free Fast, littéralement le « sois libéré rapidement ») est une thérapie énergétique qui utilise également le tapotement, mais sur seulement 3 points méridiens. Son inventeur est Larry Nims, psychothérapeute en Californie. Bien qu'il utilise personnellement le test musculaire avec le processus, celui-ci ne fait pas partie intégrante de la technique. (Comme vous le savez, je pense qu'il peut présenter des inconvénients lorsqu'il donne des résultats incorrects).

Une contribution majeure à la psychologie énergétique a été le développement de ce que Nims appelle le BSFF instantané. Avec cette technique, vous vous programmez pour appliquer le processus instantanément et automatiquement sans aucun tapotement en vous concentrant sur le problème et en utilisant un mot-clé pour déclencher le processus. Le temps écoulé est généralement de l'ordre d'une seconde.

Le BSFF est également une thérapie réversible.

La TAT

La TAT (Tapas Acupressure Technique, littéralement la « technique d'acupression Tapas ») a été inventé par Tapas Fleming pour traiter les allergies. Elle a découvert que les allergies étaient dues à des traumatismes transmis de génération en génération. Ainsi, sa méthode a en fait une application beaucoup plus large dans la guérison des traumatismes en général. Il s'agit typiquement d'utiliser la kinésiologie appliquée (radiesthésie avec le corps) pour poser au corps certains types de questions, en combinaison avec le fait de tenir la tête du client et de toucher certains points d'acupression autour des yeux tout en déroulant un processus en quatre étapes (augmenté ensuite à sept étapes). Notez que le test musculaire n'est généralement pas nécessaire, l'exécution par cœur de toutes les étapes semble fonctionner dans la plupart des cas. La technique prend généralement 4 minutes environ. Elle est également idéale comme technique d'aide personnelle, car elle ne nécessite pas d'aide extérieure une fois qu'elle a été apprise.

J'ai suivi sa formation et je l'ai vue obtenir des succès incroyables. Par exemple, l'un d'eux concernait un bébé garçon qui était dans un état de choc allergique et sa mère a effectué le traitement sur elle-même par procuration pour le bébé, puisqu'il ne pouvait pas suivre le processus. Ce petit garçon est revenu à la normale en quatre minutes environ, la chaleur et le gonflement du corps ayant complètement disparu ! Un certain nombre de thérapeutes que j'ai rencontrés utilisent le processus avec un taux de réussite très élevé, de l'ordre de 80% à 90%.

Cette technique présente cependant plusieurs inconvénients. Tout d'abord, environ 30 % de la population générale ne peut pas communiquer avec son corps pour obtenir des réponses et il faudrait donc l'aide de quelqu'un d'autre pour obtenir les réponses, soit en radiesthésie, soit en utilisant des tests de kinésiologie appliquée comme celui qui consiste à exercer une pression sur le bras. Le prochain grand problème concerne le facilitateur. Après la formation, voire parfois même pendant, certains thérapeutes n'arrivent pas à faire fonctionner le processus. Cela nous porte à croire qu'il y a un élément du processus qui n'est pas explicitement défini et qui n'est donc pas transmis au client à moins que le facilitateur ne le modélise inconsciemment. Nous croyons qu'à l'heure actuelle, le client ou le facilitateur doit être dans l'état de conscience « continuellement heureux » (le cœur et le corps fusionnés) ou mieux pour qu'il soit efficace de façon fiable. Nous avons fait quelques travaux préliminaires pour rendre le processus plus fiable avec un niveau de conscience ordinaire, mais nous avons besoin de quelqu'un pour donner suite à ce projet. Et comme pour toutes les thérapies, il y a un petit groupe de clients sur lequel elle semble ne jamais fonctionner, quoi qu'on fasse.

L'un des difficultés du WHH dans les problèmes physiques est de remarquer la sensation ou l'émotion déclencheur d'un symptôme. La TAT contourne cette difficulté et utilise la plainte du corps directement, pour une guérison très rapide, indolore et facile, souvent même sans une conscience consciente du traumatisme qui en est à l'origine. L'une des principales contributions de la TAT est son utilité pour les traumatismes générationnels, puisque c'est l'une des rares techniques qui s'attaque à ce problème. Je recommanderais cette méthode à tous ceux qui voudraient ajouter une autre technique simple et efficace à leur boîte à outils.

Nous ne savons pas encore si elle est réversible ou non, mais nous sommes en train de la tester au moment où nous écrivons ces lignes.

Le WHH

Notre propre WHH peut être classé comme une thérapie de psychotraumatologie qui utilise une technique de régression, avec la caractéristique unique qu'elle tire partit d'une compréhension de l'expérience hors du corps et de la nature du cerveau triunique pour obtenir ses résultats. Bien que plus rapide que le TIR et à peu près de la même vitesse que l'EMDR, il n'est pas aussi facile à utiliser ou aussi rapide et indolore que la sous-catégorie des thérapies de psychotraumatologie dites « énergétiques » ou « méridiennes » comme la TFT, l'EFT et le BSFF. Son avantage est qu'il fonctionne souvent quand les autres thérapies échouent et qu'il peut être utilisé conjointement avec elles. En particulier, il n'a pas les problèmes avec « l'inversion psychologique » ou les « toxines énergétiques » que peuvent rencontrer les thérapies énergétiques.

Le WHH ne fonctionne que sur les traumatismes et n'implique pas d'autres types de phénomènes. Cependant, bien qu'ils ne soient pas directement causés par un traumatisme, de nombreux autres types de problèmes sont provoqués par des traumatismes (par exemple la schizophrénie). Ainsi, le WHH est plus puissant qu'on ne pourrait le supposer une fois qu'un praticien sait quel type de traumatisme il faut guérir pour éliminer un problème qui, bien que provoqué par un traumatisme, n'est pas une réponse directe au traumatisme.

Ainsi, certains types de problèmes exigent que vous compreniez la cause générique avant de pouvoir guérir vos clients - la schizophrénie étant un exemple que nous avons résolu. Une grande partie du travail de l'Institut consiste à trouver les causes de certains types de conditions afin que nous puissions leur appliquer le WHH et d'autres processus hybrides que nous avons développés. Les addictions, les maladies neuromusculaires et le Trouble Obsessionnel-Compulsif (TOC) sont des exemples de maladies pour lesquelles nous n'avons pas encore trouvé de solution.

La guérison par le WHH n'est pas réversible.

La thérapie centrée sur le corps de Hendricks

C'est la première thérapie que j'ai trouvée qui guérissait rapidement et de façon répétée les gens. Les Docteurs Gay et Kathlyn Hendricks donnent une excellente description de leur travail dans *At The Speed Of Life : A New Approach to Personal Change Through Body-Centered Therapy*. De plus, ils ont également appliqué leurs techniques à la thérapie relationnelle, allant au-delà de mon approche plus limitée qui consiste simplement à traiter le traumatisme dans des situations interpersonnelles. Leur approche polyvalente a également été bien adaptée par Caroline Braddock au traitement des abus sexuels. En essence, ils ont développé des techniques pour provoquer et guérir les problèmes en examinant les indices corporels, et ils ont porté beaucoup d'attention à la guérison de la personnalité et des relations interpersonnelles des gens.

J'aime leur travail, mais je l'utilise rarement. À l'époque où j'ai suivi leur formation, je ne comprenais pas pourquoi cela fonctionnait, alors leurs principes étaient un simple apprentissage par cœur et je ne pouvais pas les étendre à de nouvelles situations. Ce n'est que récemment que j'ai pris conscience de la nature première du corps et de l'importance de se soutenir joyeusement dans le présent afin de pouvoir affronter plus facilement le matériel ancien, approche qu'ils mettent en avant dans leur processus.

Alors, comment leur travail se compare-t-il à celui de WHH ? L'un des problèmes que j'ai rencontrés est qu'il a tendance à nécessiter une aide extérieure qualifiée pour nous aider à repérer les choses que nous ne voyons pas en nous-mêmes. D'un autre côté, ils croient que tout problème particulier ne devrait pas prendre plus de quelques séances et qu'une guérison rapide est en fait la norme. Au-delà de ça, je soupçonne que leurs clients peuvent s'attaquer à des problèmes qui sont plus difficiles à cerner avec le WHH et qu'ils ont aussi considérablement plus de rencontres avec une expérience corporelle positive et édifiante qu'ils appellent « essence ».

Le travail sur la respiration

Un certain nombre de techniques connexes utilisent toutes l'hyperventilation de diverses façons pour guérir et accéder à des expériences spirituelles. La respiration holotropique (Holotropic Breathwork™) a été développée par Stanislav Grof, MD comme substitut à sa technique qui utilise des substances hallucinogènes. Elle fait appel à jusqu'à deux heures de respiration profonde et de musique forte et souvent dérangeante. J'aime cette technique, et pas seulement parce qu'elle m'a sauvé la vie. Utiliser la respiration pour briser les résistances et ouvrir de nouvelles zones de la psyché avant de poursuivre avec le WHH a été une combinaison très efficace pour moi. Elle a à mon avis cinq défauts - l'expérience vécue peut être ou ne pas être ce sur quoi on a choisi de travailler ; ils ne suggèrent pas d'explorer le passé à la recherche de symptômes qui surviennent dans une séance ; il faut généralement que quelqu'un d'autre s'occupe de la musique et assiste, au moins au début ; ils ne reconnaissent pas l'importance de l'expérience hors du corps, et donc pour éviter de revisiter les traumatismes après la séance, assurez-vous de rester dans votre corps durant celle-ci ; et enfin, ils ne reconnaissent pas la nature triunique du cerveau, de sorte qu'ils passent à côté de l'importance de certaines expériences. Du côté positif, cette technique est fortement orientée vers des expériences spirituelles et transpersonnelles inhabituelles, et elles sont attendues et encouragées. Elle favorise également les rencontres avec des traumatismes à la naissance, ce que la plupart des autres approches ont tendance à minimiser. Encore une fois, je la recommande fortement, surtout en combinaison avec quelque chose comme le WHH. Grof a écrit de nombreux livres tels que *LSD Psychotherapy* ou *Nouvelles perspectives en psychiatrie, psychologie et psychothérapie : Aux confins de la recherche contemporaine sur la conscience*.

Le Radiance Breathwork a été développé par Gay Hendricks, mentionné ci-dessus. L'hyperventilation est limitée à moins d'une heure et seule de la musique essentiellement apaisante est utilisée. Elle a tendance à être plus douce, ce qui la rend plus appropriée pour les clients typiques d'une thérapie. Semblable à la respiration holotropique, elle présente les mêmes inconvénients.

Le rebirth est la technique mise au point par Leonard Orr. Cette technique se caractérise par un souffle d'expiration détendu et l'absence de musique, mais elle souffre d'un défaut théorique fondamental à mon avis. Ils n'ont pas l'impression que des émotions douloureuses et négatives sont nécessaires à la guérison et que si elles surviennent toutefois par hasard, elles peuvent être guéries doucement et facilement, ce qui veut dire à mon avis qu'ils ont tendance à bloquer l'opportunité de faire face et de guérir ce genre de matériel. Ils ne seraient bien entendu pas d'accord avec mon évaluation.

Le processus Motherwave Awakening de Kathryn Masters utilise un mouvement en forme de vague à l'intérieur du corps durant le processus de la respiration. Elle estime que cela rend la libération de matériel traumatisant pratiquement indolore et douce. C'est peut-être le cas, mais je soupçonne que le processus améliore les états de fusion plutôt que de guérir les traumatismes. Bien sûr, si c'est le cas, cela en vaut probablement la peine pour cette seule raison. Bien que ce processus promette exactement ce que nous voulons tous en termes d'union avec Dieu et d'états spirituels avancés, la fin des problèmes d'argent et de relations, et ainsi de suite, je ne me sens pas attiré par lui pour une quelconque raison. Vérifiez par vous-même si vous êtes prêts à en payer le prix élevé.

La thérapie primale

Arthur Janov est le thérapeute primal le plus connu et l'auteur de nombreux livres, le plus récent étant *Le Nouveau Cri Primal*. Il a refusé de décrire ses techniques dans ses livres, mais les résultats qu'il obtient sont très intéressants. Lui aussi se concentre sur les traumatismes et est conscient de la nature triunique du cerveau. Toutefois, ses premiers travaux ont été faussés par un refus de croire en l'existence des traumatismes de la naissance et à l'intérieur de l'utérus. Finalement, il a cédé sous la pression de ses clients, mais il n'a jamais abandonné son refus d'accepter les phénomènes transpersonnels, un défaut grave à mon avis. Il a également rejeté l'approche et les résultats du Dr Grof, apparemment suite à un conflit de personnalités de sa part. Je n'ai jamais travaillé avec son groupe, mais Alice Miller, dans son livre *La connaissance interdite : Affronter les blessures de l'enfance dans la thérapie*, a donné une description très claire des raisons pour lesquelles elle estimait que le groupe avait de sérieux problèmes, y compris des comportements sectaires dérangeants. Au lieu de cela, elle a trouvé un thérapeute primal, J. Konrad Stettbacher (*Making Sense of Suffering*), qu'elle sentait être sur la bonne voie et a pratiqué sa technique avec succès sur une variété de traumatismes. Personnellement, je trouve la technique de Stettbacher difficile à suivre ou à voir comment elle peut être efficace, mais apparemment elle l'est.

J'ai récemment été exposé à la thérapie primale de Janov et à la thérapie similaire utilisée par les membres de Primal Association. J'ai été frappé par deux observations troublantes. Tout d'abord, la durée et le coût du travail, puisqu'il fait appel à un facilitateur formé. Pire encore à mes yeux, l'absence de guérisons claires et achevées - leur modèle semble prédire que les gens n'obtiendront qu'une réduction des symptômes plutôt qu'une guérison complète pour un problème donné. Comme vous pouvez l'imaginer, je trouve cette attitude inacceptable. Cependant, d'un point de vue personnel, j'ai apprécié les facilitateurs que j'ai rencontrés.

Le Focusing

Référez-vous à *Focusing* d'Eugene Gendlin pour plus d'informations. Cette technique a été populaire pendant un certain temps, mais, lorsque j'ai commencé mon programme de doctorat au début des années 1990, elle n'était plus utilisée et n'avait plus la cote. Contrairement à la plupart des autres techniques précédentes, son efficacité ne passe pas par la guérison des traumatismes anciens. Au lieu de cela, le matériel actuellement bloqué qui est retenu par la conscience du corps est conscientisé et libéré. Je soupçonne que cette technique a perdu de sa popularité parce qu'aucun modèle académique du cerveau capable d'expliquer ce qui se passait n'était disponible et elle a donc été ignorée comme une sorte de technique marginale. Je soupçonne également que, puisque les traumatismes originels ne sont pas traités, les résultats ne sont pas aussi satisfaisants sur le long terme qu'on pourrait le souhaiter.

Je l'ai essayé, avec des résultats étonnamment importants. Je pense cependant qu'il pourrait être plus utile pour traiter des choses dans le présent et qu'il faut employer d'autres techniques pour la guérison permanente. Le Focusing est fondamentalement ce que vous faites lorsque vous trouvez la phrase en WHH, il est donc très utile d'étudier le livre de Gendlin. Sa pratique peut rendre la technique du WHH plus efficace. Je ne sais pas si les changements obtenus par cette approche sont permanents, mais ils peuvent l'être parce que la conscience du corps est le cerveau primaire et que les autres cerveaux, sciemment ou non, ont tendance à agir en réaction par rapport à lui, de sorte que la technique a probablement un impact plus important que prévu. Il favorise probablement la fusion, ce qui rend le processus de guérison beaucoup plus facile et rapide. Pour le moins, il aide à libérer la partie des sensations corporelles du traumatisme passé et à obtenir la partie « phrase » de la technique du WHH.

Au cours des dernières années, une élève de Gendlin, Mme Christel Kraft, a apporté des améliorations à la technique en y ajoutant la régression et la guérison du traumatisme - fondamentalement, ils convergent vers le processus du WHH.

La Vibrational Healing Massage Therapy

Son nom signifie littéralement la « thérapie de massage de la guérison par la vibration ». Basée sur le travail prénatal et périnatal de William Emerson, cette technique a été développée par Patricia Cramer, fondatrice de la World School of Massage à San Francisco. Elle travaille avec les nouveau-nés et les adultes pour faire revivre et guérir les traumatismes de la naissance et d'autres traumatismes corporels en très peu de temps. Cette technique est l'une des seules que je connaisse qu'un nouveau-né pourrait utiliser pour guérir ce genre de problèmes (sans compter les massages et autres travaux corporels pour aider le bébé à réaligner les os du crâne, etc.)

Elle nécessite un facilitateur formé, ce qui est un inconvénient, mais d'un point de vue positif, une séquence de traitement n'est pas excessivement longue. Et tout ce qui concerne les traumatismes à la naissance représente à mon avis une excellente affaire. Je ne peux pas dire à quel point ces blessures sont complètement guéries, mais certainement assez pour que le comportement soit souvent radicalement changé pour le mieux - même chez les nouveau-nés !

Soit dit en passant, William Emerson a probablement le meilleur catalogue d'expériences de développement *in utero* et quels peuvent être les problèmes. Ils donnent des formations et ont un site internet (www.emersonbirthrx.com) que je vous recommande de consulter. Il a récemment écrit un livre intitulé *Birth Trauma, the Psychological and Somatic Effects of Obstetrical Interventions* qui a été publié en anglais et en allemand.

D'autres sources d'informations intéressantes sur la guérison et les sujets connexes

Reportez-vous à l'annexe H pour prendre connaissance d'autres processus de guérison que nous avons rencontrés et que nous jugeons utiles. Cela comprend des livres, des sites internet, des thérapies et d'autres documents pertinents. Une liste continuellement mise à jour peut être consultée sur notre site internet www.peakstates.com.

Points clés:

- L'EFT et la TAT sont probablement les traitements les plus rapides, indolores et faciles à utiliser. Nous vous recommandons de les apprendre en premier, avant même le WHH.

- La formation en TIR est très utile en conjonction avec le WHH, mais nous l'utilisons rarement seule.

- La technique du Focusing est pertinente pour obtenir la phrase en WHH.

- La thérapie centrée sur le corps peut être utile pour les traumatismes difficiles ou pour certains clients.

- La CPL est le critère d'évaluation pour chaque thérapie, pas seulement le WHH (même si nombre d'entre elles ne le savent pas).

L'UTILISATION DU **WHH** AVEC L'EFT

Un bref aperçu de l'utilisation de l'EFT

(Voir l'annexe D pour un aperçu des étapes standard de l'EFT.)

Le processus de base de l'EFT peut être appris en autodidacte, à partir d'enregistrements vidéo ou audio ou de supports écrits. Comme la procédure est assez inhabituelle, j'ai trouvé très utile de montrer la vidéo d'introduction de Gary Craig, d'une durée de 10 minutes, aux clients et aux participants. Une fois la « recette » de base de l'EFT apprise, de meilleurs résultats peuvent être obtenus en l'utilisant de diverses manières. Différents processus sont combinés, comme dans la technique de « raconter l'histoire » ci-dessous, qui est une combinaison de l'EFT et du TIR. Nous parlerons dans la prochaine section de la combinaison de l'EFT et du WHH. Les processus sont :

(1) La technique du traumatisme sans larmes (The Tearless Trauma Technique)

Plutôt que d'entrer dans le vif du sujet et de ressentir un traumatisme, devinez sa cote USD et quel serait le sentiment dominant. Tapez là-dessus, regardez-le de loin, pour ainsi dire, plutôt que de ressentir la douleur pendant que vous travaillez.

(2) La technique du film (The Movie Technique)

Pour éviter les généralisations globales des problèmes, demandez au client d'inventer un scénario de film spécifique et tapotez dessus. Ceci oblige le client à décrire des événements et des expériences spécifiques plutôt que de vagues généralisations qui ne fonctionnent pas bien avec l'EFT.

(3) Emprunter les bénéfices (Borrowing Benefits)

Ceci signifie tapoter pendant que quelqu'un d'autre pratique l'EFT. Chaque spectateur choisit un problème personnel puis tapote avec le client comme s'il était le client, en utilisant exactement les mêmes mots et en tapotant sur les mêmes points exactement en même temps. Il est intéressant de noter que si vous gardez votre propre problème « en arrière-plan » tout en tapotant pour quelqu'un, vous résoudrez probablement votre problème MÊME SI VOUS PENSEZ QUE VOUS TAPOTEZ SUR LE PROBLÈME D'UN AUTRE. Vous allez en effet créer vos propres parallèles et « emprunter les bénéfices » de l'autre. On peut également remarquer qu'il n'y a pas de larmes apparentes ou de moments d'angoisse chez un spectateur quand son problème disparait.

(4) Les choix (Choices)

Demandez au client de choisir des situations pour lesquelles il a déjà tapoté et de noter les choix positifs qu'il choisirait maintenant de faire. Ce sont essentiellement des affirmations, mais plus spécifiques et concrètes.

(5) La technique de raconter l'histoire (Tell the Story Technique)

Il s'agit d'une combinaison d'EFT et de TIR. Demandez au client de raconter un ÉVÉNEMENT SPÉCIFIQUE (à propos d'un traumatisme, d'un deuil, de la colère, etc.) et de s'arrêter pour tapoter chaque fois qu'il en arrive à des parties émotionnellement intenses. Chacun des points d'arrêt représente un nouvel aspect de la problématique qui, à l'occasion, vous mènera à des problématiques encore plus profondes. Conceptuellement, c'est difficile de faire plus simple et cela a tendance à soulever des aspects importants dont la localisation nécessiterait par ailleurs un travail de détective sophistiqué.

Voici quelques indications pour améliorer le processus.

1. Après avoir décrit la technique de raconter l'histoire au client, demandez-lui ce qu'il ressent maintenant à la simple idée de raconter l'histoire. Vous obtiendrez souvent une intensité substantielle à ce stade et, si tel est le cas, cela vaut la peine de faire quelques tournées d'EFT standard pour détendre le client.

   - « Même si je suis nerveux à l'idée de raconter l'histoire... »

   - « Même si j'ai peur de ce qui peut arriver quand je raconte cette histoire... »

   - « Même si je n'aime pas tout ça... »

   - « Même si le début de l'histoire me donne le trac... »

2. Lorsque le client se sent à l'aise de commencer l'histoire (peut-être avec une intensité de 0 à 2), demandez-lui de commencer à un moment où il n'a rien à craindre. Par exemple, un déjeuner avec un ami juste avant un accident de voiture. Cela tend à faciliter l'expérience du client.

3. Demandez au client d'ARRÊTER À TOUT MOMENT OÙ IL RESSENT QUELQUE INTENSITÉ QUE CE SOIT. C'est essentiel pour le succès de cette procédure. La plupart des clients sont conditionnés par les techniques conventionnelles à « être courageux », à « ressentir les sentiments », à « serrer les poings et à traverser cela ». Il leur est alors possible de passer à côté d'un point de tapotement important sans que vous le sachiez. Le CLIENT DOIT COMPRENDRE QUE S'IL NE S'ARRÊTE PAS, IL PASSE À CÔTÉ D'UNE OPPORTUNITÉ DE GUÉRISON. Insistez sur ce point. Soulignez-le. Élevez un peu la voix pour le ponctuer. Mettez-le en exergue. Rappelez-leur que nous cherchons ici à minimiser la douleur et que la bravoure ne leur fera marquer aucun point.

4. Demandez au client de répéter l'histoire tout en pratiquant l'EFT jusqu'à ce qu'il puisse la raconter avec nonchalance, comme s'il s'agissait d'une sortie pour faire des courses.

5. Demandez ensuite au client de fermer les yeux et d'IMAGER VIVIDEMENT l'ensemble de l'événement et demandez-leur d'ESSAYER DE SE SENTIR MAL en exagérant les images, les sons et les sensations. Il y a de fortes chances qu'ils s'en sortent bien, mais si ce n'est pas le cas, vous aurez découvert un aspect important ou une cause sous-jacente. Utilisez l'EFT pour tout ce qui survient, jusqu'à ce que la situation ne leur pose plus aucun problème, que ce soit en l'imaginant ou en en parlant.

6. Le test ultime, bien sûr, sera de rendre à nouveau physiquement visite au lieu ou à la personne concerné(e) et de voir si quelque chose d'autre se présente. S'il il y a des reliquats, ils se manifesteront dans la « vraie vie ».

Cette technique de raconter l'histoire présente plusieurs avantages :

- Elle est facile à effectuer et, parce que le client parle beaucoup pendant le processus, elle ressemble souvent à ce que les clients considèrent comme une « vraie thérapie », ce qui minimise la perception de la « bizarrerie » de l'EFT.

- « L'histoire » contient une procédure pour trouver les différents aspects.

- Elle peut être utilisée soit comme une technique primaire, soit comme un moyen de tester vos résultats.

- Elle permet à la problématique de se révéler aussi doucement que possible.

- Le client vous donne des informations solides en cours de route, qui vous permettent de savoir comment vous progressez.

Quand utiliser le WHH, l'EFT ou une combinaison des deux

Comme je l'ai déjà dit, je recommande que l'EFT et d'autres thérapies énergétiques soient apprises avant d'apprendre le WHH. Elles sont généralement plus simples, plus rapides et moins douloureuses. Étant donné les compromis décrits ci-dessous, je recommande habituellement qu'un thérapeute utilise d'abord l'EFT (ou une thérapie énergétique équivalente) et/ou le TAT avec le client. Si elles agissent rapidement, vous avez terminé et vous pouvez rentrer chez vous.

Quels sont les inconvénients potentiels des thérapies énergétiques ?

- Les thérapies énergétiques ont le problème des toxines énergétiques qui les empêchent de fonctionner ou qui peuvent inverser la guérison lorsque le client rencontre la substance toxique.

- Le problème de l'inversion psychologique avec les thérapies énergétiques peut parfois bloquer toute progression.

- Certaines pathologies ne répondent tout simplement pas aux thérapies énergétiques ou répondent mal, quels que soient les efforts déployés.

- Nous avons effectué des tests qui suggèrent fortement que certaines actions accidentelles de la part des clients peuvent annuler la guérison apportée par les thérapies énergétiques (c'est-à-dire que les thérapies énergétiques sont intrinsèquement réversibles, voir plus loin).

- Les thérapies énergétiques ne fonctionneront tout simplement pas du tout chez certains clients, quoi qu'on fasse pour les faire fonctionner.

La plus grande faille dans le modèle des thérapies énergétiques actuelles est leur manque de compréhension du fait que, en dépit des apparences, les traumatismes dans le passé sont généralement à l'origine des problèmes des gens dans le présent. Puisque l'EFT et ses cousins semblent tout simplement enlever un problème par magie en tapotant dessus sans qu'aucun souvenir du passé ne vienne à la conscience du client, les thérapeutes ne réalisent pas l'effet que le processus a réellement sur le traumatisme passé du client. Le deuxième plus grand défaut est leur méconnaissance des états de conscience extraordinaires et l'impact qu'ils ont sur les processus de guérison, tout comme la compréhension du fait que le point final de la guérison est un sentiment de CPL. Le WHH traite tous ces aspects dans le cadre de son processus. De plus, le WHH n'est pas affecté par les toxines énergétiques ou l'inversion psychologique, il est intrinsèquement irréversible et il va souvent guérir rapidement des problèmes sur lesquels les thérapies énergétiques n'auraient aucun effet ou ne seraient pas très efficaces. Pourtant, le WHH est beaucoup plus lent, plus douloureux et plus difficile à utiliser que les thérapies énergétiques et, dans certains cas, il ne fonctionne pas aussi bien, par exemple lorsque le client ne se souvient pas des traumatismes antérieurs.

Il existe cependant une autre alternative. Nous avons constaté que l'ajout du processus de régression du WHH à l'EFT améliore généralement considérablement la vitesse déjà étonnante de l'EFT et permet de guérir des problèmes qui semblent se régler très lentement ou pas du tout avec la procédure standard de l'EFT. Par exemple, les séances d'EFT voient souvent un client « tourner en rond » autour d'un problème, ce qui exige de nombreuses séances de tapotements répétitifs. La régression s'attaque souvent au cœur du problème pour une guérison efficace. Donc, si vous avez déjà décidé d'utiliser une thérapie énergétique telle que l'EFT et qu'il n'y a pas beaucoup d'amélioration, et que la TAT ne semble pas beaucoup aider non plus, je recommande d'essayer ensuite un mélange hybride de WHH et d'EFT. La combinaison présente tous les avantages de l'EFT et du WHH avec le seul inconvénient que la guérison pourrait être accidentellement inversée.

D'ailleurs, certains clients ne sont pas affectés par les thérapies méridiennes ou ne le sont que légèrement. Un homme a découvert qu'après avoir guéri un traumatisme concernant la première étape de sa naissance quand il était coincé en tant que bébé et ne pouvait pas sortir, l'EFT s'est mise à fonctionner. Je ne sais pas si cela peut être généralisé, mais c'est une piste intéressante si vous avez un client qui a ce problème. J'ai eu parfois du succès avec des clients qui n'avaient pas bien répondu à l'EFT et qui ont eu plus de réussite après avoir bu de l'eau avant la séance.

Comment pratiquer le processus hybride EFT/WHH ?

Appliquer le WHH à l'EFT est très simple. Vous pratiquez le WHH comme vous l'avez toujours fait, mais, au lieu de l'expérience douloureuse et lente du traumatisme où le client reste dans l'expérience jusqu'à la fin, vous utilisez simplement la partie tapotement de l'EFT pour éliminer la douleur. En vous référant au résumé du WHH à l'annexe B, remplacez l'étape 6 par le processus de l'EFT. Cela accélère considérablement le processus et le rend BEAUCOUP plus indolore. Il n'est pas aussi important d'être dans le corps (étape 5 du processus du WHH), car l'EFT fonctionne généralement même si le client n'y est pas, mais vous aurez quand même parfois besoin de faire rentrer le client dans son corps pour que l'EFT soit efficace. Curieusement, lorsque je combine les techniques, je n'ai jusqu'à présent pas eu à faire les étapes d'inversion psychologique qui sont parfois nécessaires avec l'EFT. C'est peut-être juste un artefact du petit groupe sur lequel j'ai effectué mes tests.

Pour votre commodité, je répète ci-dessous les étapes de l'annexe B avec l'apport de l'EFT :

- **Étape 1.** Choisissez quelque chose qui vous dérange dans le présent. Écrivez-le et notez à quel point cela vous fait vous sentir mal (cote USD).

- **Étape 2.** Concentrez-vous brièvement sur le sentiment que cette situation suscite dans votre corps.

- **Étape 3.** Rappelez-vous les incidents où vous vous êtes senti exactement comme cela (souvent les situations sont très différentes). Choisissez le plus ancien qui a une image claire. Notez les souvenirs que vous avez sautés. Si besoin, utilisez la technique de s'aimer soi-même pour vous aider à accéder à vos souvenirs.

- **Étape 4.** Placez votre main sur votre poitrine pour vous rappeler de rester dans votre corps dans le passé.

- **Étape 5.** Entrez dans votre corps dans l'image et fusionnez vos moi passé et présent. Si c'est difficile, essayez simultanément a) de vous aimer, b) la lumière blanche, c) de détendre le diaphragme, la gorge et la mâchoire, d) d'hyperventiler avant ou pendant, e) faire un maintien crânien (masser les tempes en maintenant le lobe occipital), f) de masser le diaphragme, g) d'adopter la position au moment du trauma ou h) de faire des mouvements rythmiques d'ondulation. Référez-vous au texte pour plus de détails.

- **Étape 6.** Utilisez le processus de l'EFT pour éliminer toutes les composantes émotionnelles et physiques du traumatisme.

- **Étape 7.** Si une image d'une mémoire précédente est apparue, passez-y et répétez l'étape 6. Continuez vers des souvenirs de plus en plus anciens jusqu'à ce qu'il n'y en ait plus. Utilisez la technique de s'aimer soi-même pour accéder aux souvenirs antérieurs. Le souvenir le plus ancien implique toujours des dommages au corps, et il peut y avoir plusieurs mémoires de dommages dans une série.

- **Étape 8.** Vérifiez votre travail. L'image hors du corps devrait avoir disparu, avec seulement une image dans le corps. Si vous retournez brièvement dans la mémoire, il ne devrait pas y avoir de douleur. Les souvenirs que vous avez sautés ne devraient plus avoir aucun sentiment en eux. Dans l'utérus, le corps devrait être grand et lumineux. Revenez au présent. Vous ne devriez plus rien ressentir du tout vis-à-vis de la situation actuelle à part le calme, la paix et la légèreté. Si un nouveau sentiment est apparu à propos de la situation, répétez tout le processus encore et encore jusqu'à ce qu'il ne reste plus rien.

Partant de ce processus comme schéma de base, il y a plusieurs variantes que vous aurez peut-être envie d'essayer :

- Certains de nos étudiants ont suggéré qu'il pourrait être utile de retirer la plus grande partie de la charge d'un traumatisme en tapotant, mais de terminer ce qui reste en utilisant le WHH afin de rendre la guérison irréversible. Bien sûr, il n'est pas possible de trouver le bon timing pour qu'il reste juste un peu de douleur, mais l'idée aide certainement face à la souffrance du client ! En fait, nous soupçonnons maintenant que le matériel lié à la coquille force les événements émotionnellement douloureux à se verrouiller en place, même si aucune blessure n'est présente (après la naissance, bien sûr). Nous enquêtons toujours sur la validité de cette hypothèse.

- Une autre suggestion est d'utiliser l'EFT ou la TAT par elles-mêmes pour débloquer la résistance à la localisation du traumatisme.

- Encore une fois, un des plus gros problèmes dans le domaine des thérapies énergétiques, et pas seulement de l'EFT, est de ne pas savoir que la guérison d'un traumatisme se termine par un sentiment de CPL. J'ai souvent vu d'autres thérapeutes s'arrêter trop tôt lorsque le client a commencé à ressentir une émotion positive. Comme je l'ai dit, même les émotions positives sont un problème lorsqu'elles sont bloquées en raison d'un traumatisme, puisqu'elles guident alors notre comportement dans le présent de façon inappropriée. (Un exemple extrême de cela serait quelqu'un coincé dans la phase « maniaque » de la dépression maniaque, une sensation agréable. Les deux extrêmes causent un comportement dysfonctionnel.)

- Si vous décidez d'utiliser une thérapie énergétique, notez la séquence de traumatismes. Ainsi, si elle s'inverse, vous pourrez sauter directement à l'origine et recommencer, ce qui permettra de gagner du temps et d'épargner du stress au client.

L'EFT par procuration

Il est possible que le thérapeute tapote sur lui-même pendant que son attention est centrée sur le client, pour ainsi dire devenir le client, et de faire disparaître les symptômes du client. Appelé tapotement par procuration, il n'est généralement pas aussi fiable que le tapotement direct sur le client. Cependant, un certain nombre de thérapeutes se tapotent sur eux-mêmes tandis que leur client se tapote également sur lui-même pour essayer d'améliorer l'efficacité de la thérapie. Je ne doute pas qu'une procédure similaire puisse contribuer à accroître l'efficacité du WHH ou processus hybride WHH/EFT. Je soupçonne toutefois qu'il y a un risque que le thérapeute récupère occasionnellement le problème du client (copie) et j'ai donc tendance à ne pas insister là-dessus dans cette formation. Évidemment, il y a des moments où c'est très utile, comme pour les bébés, les animaux, les personnes handicapées et ainsi de suite. Et il faut résoudre les questions d'éthique en ce qui concerne l'utilisation de cette technique sur les personnes qui ne peuvent pas ou ne veulent pas donner leur autorisation.

Inverser (défaire) la guérison de l'EFT

(reportez-vous à l'annexe E pour un compte rendu de l'expérience que nous avons menée pour tenter d'inverser l'EFT.)

Il y a quelques années de cela, nous avons mené une expérience pour voir si nous pouvions renverser les effets curatifs de l'EFT sur les traumatismes sur lesquels les participants venaient de tapoter pour se retrouver CPL. Un des participants a découvert que respirer de façon anormale alors qu'il se concentrait sur le traumatisme inversait souvent la guérison. Les étapes que nous avons proposées par la suite pour inverser l'EFT de façon plus régulière sont les suivantes. Il n'est pas nécessaire de franchir toutes les étapes pour inverser tous les traumatismes, problèmes ou pathologies.

- **Étape 1 :** Concentrez-vous sur la sensation du problème, comme si vous faisiez de l'EFT normal.

- **Étape 2 :** Tendez le diaphragme et la gorge. Une façon d'y parvenir est de respirer d'une manière qui est à l'opposé de la respiration normale, c'est-à-dire aspirer le diaphragme sur une inspiration tout en tendant la gorge.

- **Étape 3 :** Initier une sorte de sensation de frisson, comme si l'on avait froid, avec la sensation kinesthésique de s'enfoncer en soi, comme si l'on tendait une couverture serrée sur son corps. Cette dernière étape n'est pas nécessaire dans de nombreux cas.

> **Exemple :** Une cliente a par inadvertance inversé la guérison que nous avions effectuée avec l'EFT. Elle avait un problème avec le sentiment de mourir. Après un traitement réussi à propos d'un traumatisme utérin, son expérience de la vie quotidienne s'est radicalement améliorée. Huit jours plus tard, suite à un voyage en kayak, son état amélioré s'est inversé. Voici ce qui s'est passé : elle faisait du kayak avec un groupe et ils avaient l'impression qu'ils allaient tous mourir à cause du mauvais temps sur l'océan. Elle avait le sentiment qu'elle risquait de mourir (étape 1). Elle pagayait frénétiquement, s'efforçait et respirait fort pendant qu'elle luttait contre les vagues (étape 2). Et elle avait froid après des heures passées dans l'eau (étape 3). La cliente a par la suite constaté l'inversion dramatique.

Nous avons les recommandations suivantes pour l'utilisation des thérapies énergétiques :

1. Continuez à utiliser l'EFT et ses cousins comme nous l'avons toujours fait parce que, dans la plupart des cas, ce sont toujours des thérapies rapides, simples et efficaces. Leur utilisation est une aubaine incroyable pour les clients qui souffrent, et cela change radicalement les attentes des clients, des thérapeutes et des coaches en performance du monde entier.

2. Prenez de bonnes notes au cours d'une séance afin que, dans les cas difficiles, le client puisse revenir rapidement à la question centrale du problème présenté si l'EFT est inversée.

3. Pour les traumatismes graves que les clients auraient du mal à gérer ou auquel ils auraient du mal à accéder par eux-mêmes, telle une blessure à la naissance ou dans l'utérus, je recommande l'utilisation d'une thérapie énergétique non méridienne telle que le WHH (Whole-Hearted Healing) ou le TIR (Traumatic Incident Reduction).

4. J'espère que d'autres chercheurs impliqués dans le développement de techniques énergétiques chercheront à isoler plus précisément comment inverser l'EFT (et les thérapies méridiennes connexes) en vue de trouver une solution à ce problème. Ces travaux de recherche pourraient être précieux pour d'autres raisons, car ils pourraient mener à une solution simple au problème de la « toxine énergétique ».

Récemment, un thérapeute a rencontré le problème d'inversion chez un client. Dès que la procédure d'EFT était terminée, le client l'inversait. Le thérapeute a remarqué que le client effectuait la respiration inverse mentionnée ci-dessus comme un schéma respiratoire normal après avoir tapoté. Il a alors essayé le tapotement pendant que le client effectuait délibérément une respiration inverse et se concentrait sur le traumatisme. Le tapotement ne s'est alors plus inversé. Je ne sais pas si c'est généralement applicable, mais c'est la première piste que nous ayons trouvée pour résoudre ce problème.

<u>Points clés:</u>

- L'utilisation de l'EFT avec la régression (par exemple avec le WHH) peut améliorer considérablement les résultats de l'EFT.

- Le CPL est le point d'aboutissement de la guérison des traumatismes pour les thérapies énergétiques au même titre que pour le WHH.

- Les observations suggèrent fortement que les thérapies énergétiques sont intrinsèquement réversibles pour plusieurs raisons et il faudrait prendre des précautions pour compenser ce problème.

L'UTILISATION DU **WHH** AVEC LE **TIR**

En général, je ne trouve pas le TIR (le visionnage) aussi utile ou populaire que les thérapies énergétiques. Cependant, si vous avez le temps et les ressources, je vous recommande de suivre la formation parce qu'elle vise à faire en sorte que les thérapeutes soient vraiment présents et utiles aux clients (en particulier en n'analysant pas ou en ne parlant pas aux clients lorsqu'ils travaillent !). Le processus du TIR forme également les thérapeutes à utiliser le système de mesure de la conductivité de la peau qui donne des informations précieuses pour qu'ils puissent disposer d'un retour visuel sur leur intuition de comment se comporte un client. Comme je l'ai déjà mentionné, le système de mesure a d'autres utilités. L'autre caractéristique importante a trait à leur formation sur la façon dont les traumatismes interagissent et se connectent, et cela vaut la peine de suivre leur formation juste pour ça. Mais sachez que vous utiliserez probablement rarement le processus dans votre pratique.

Pourtant, le principe du TIR est très utile dans une séance de WHH pour deux raisons. J'ai déjà mentionné que l'utilisation de la nature répétitive du TIR lors d'une séance de WHH est particulièrement utile pour les clients qui ne peuvent pas ressentir les aspects émotionnels ou physiques du traumatisme qu'ils tentent de guérir. La deuxième raison est liée à la différence entre les deux approches et à la manière dont l'approche du TIR, une fois ajoutée à l'approche du WHH, est plus bénéfique (dans certains types de traumatismes) que l'une ou l'autre seule. Le TIR met l'accent sur la guérison de tous les différents traumatismes qui peuvent survenir pendant un laps de temps tandis que le WHH met l'accent sur un moment particulier dans le temps (l'image). La combinaison des deux approches en pratiquant le WHH dans le corps tout en parcourant l'intervalle de temps peut être particulièrement importante dans la guérison totale d'un incident.

Prenons un exemple. Le client se met à pleurer chaque fois qu'il entend une sirène de police. La pratique du WHH le ramène rapidement au moment où il a été pris en otage lors d'un braquage de banque et il semblait que le voleur allait tuer non seulement le client, mais aussi toutes les autres personnes qui se trouvaient à la banque à ce moment-là. La guérison par le WHH du moment avec l'image pertinente élimine le sentiment et, normalement, on continue jusqu'à trouver le traumatisme antérieur dans la séquence de traumatismess jusqu'à ce que tout soit définitivement enlevé. Pourtant, la prise d'otage prend pas mal de temps, pas juste un instant, et il y a de nombreux traumatismes autour de cet évènement qui pourraient apparaître clairement d'autres façons dans la vie du client, pas seulement dans le problème présenté. Ainsi, après s'être entretenu avec le client, il serait probablement dans son intérêt de retourner à l'incident du braquage et de le laisser rester dans son corps pendant qu'il traverse lentement tous les moments traumatiques qui se sont produits.

Soyons plus précis. Ce que l'on découvre, c'est que lorsqu'un nouveau moment douloureux se produit dans la séquence, le client ressent une nouvelle douleur et sort probablement hors de son corps. Vous vous arrêtez, vous revenez au moment de la sortie du corps et vous y restez jusqu'à ce que ce soit guéri, puis vous allez de l'avant. C'est un peu comme avoir le contrôle d'une vidéo - vous pouvez passer au ralenti dans le temps, faire un arrêt sur image, ou avancer rapidement là où il ne se passe pas grand-chose. Ce faisant, j'essaie de faire un travail aussi complet que possible, puis je recommence tout le processus à partir du début jusqu'à la fin du traumatisme, pour voir s'il y a quelque chose que j'ai manqué ou sauté. Et je recommence jusqu'à ce que l'incident traumatique soit complètement sans sensation ni émotion.

> **Exemple :** Adam Waisel décrit l'utilisation du TIR avec le WHH : « Je travaille sur un traumatisme générationnel lié à un pogrom en Ukraine (en 1918, pour autant que je sache). J'arrive dans ma ville natale pour constater qu'elle a été dévastée et que de nombreuses personnes y ont été brutalement massacrées, y compris ma propre famille. C'est l'un des traumatismes les plus difficiles que j'ai subi et je ne suis pas certain de l'avoir entièrement réglé. Mais ce que je veux dire en ce qui concerne « l'utilisation d'autres techniques avec le WHH » est que, quand je suis arrivé à ce traumatisme pour la première fois, j'ai essayé de le traiter, mais je ne pouvais pas, car il était trop chargé émotionnellement. Ainsi, pendant les premiers jours, j'ai utilisé la technique du TIR pour passer en re-

vue les événements dans l'ordre chronologique, et ce n'est qu'après avoir senti que c'était majoritairement guéri, avec le plus gros des émotions évacuées, que j'ai utilisé le WHH pour terminer la guérison. J'ai aussi utilisé cette technique avec succès auprès de patients qui avaient des traumatismes très difficiles. »

Ce type de problème peut également se manifester de la façon suivante : lorsque vous travaillez sur une guérison, vous pourriez être surpris de vous retrouver dans un traumatisme que vous étiez sûr d'avoir guéri. C'est peut-être le phénomène de ce que j'appelle les traumatismes staccato ou les traumatismes multiples. Cela se produit lorsqu'un traumatisme dure assez longtemps et change suffisamment pour que vous ayez plusieurs souvenirs traumatiques agglomérés. Vous allez stocker de multiples images traumatiques, bien que d'apparence assez semblable, car vous êtes sorti de votre corps plusieurs fois au cours de l'incident. La naissance est un exemple spectaculaire de ce phénomène. Heureusement, vous guérissez la nouvelle image de la même manière (bien qu'elle soit peut-être similaire). Si vous soupçonnez que c'est ce qui se produit, je vous suggère de suivre la procédure décrite ci-dessus pour voir si autre chose survient.

L'UTILISATION DU WHH AVEC LA TAT

Les deux processus peuvent être utilisés conjointement, mais je recommande d'apprendre la TAT pour une autre raison. Nous croyons que la TAT est particulièrement utile pour les problèmes de nature générationnelle (si vous avez la capacité de l'utiliser avec succès). Bien que le WHH puisse également les guérir, il est beaucoup plus difficile de faire régresser le client à ce niveau. Ainsi, l'utilisation de la TAT est rapide et efficace, soit en premier, soit en combinaison avec le WHH. Nous soupçonnons de plus que, contrairement à l'EFT, elle peut parfois être réversible et parfois irréversible. Nous effectuons des tests à ce propos.

Comme l'EFT, la TAT est une thérapie qui peut être utilisée sur une autre personne (ou un bébé ou un animal) sans la participation du client. Appelée TAT par procuration, elle fonctionne de façon assez semblable à l'EFT par procuration Les mêmes mises en garde et questions éthiques s'appliquent.

L'UTILISATION DU WHH AVEC D'AUTRES THÉRAPIES

L'efficacité du processus du WHH peut être grandement augmentée en utilisant conjointement d'autres thérapies. J'en ai déjà mentionné plusieurs dans ce manuel, par exemple la thérapie centrée sur le corps de Hendricks que je recommande fortement. Comme la plupart d'entre vous apportent une mine de connaissances à propos d'autres techniques de guérison, je vous suggère d'essayer de combiner ce que vous savez déjà avec le cœur du WHH, la compréhension de la signification de l'image hors du corps.

Plusieurs de nos étudiants ont posé des questions sur l'utilisation d'autres technologies avec le WHH, telles que les processus de battements binauraux (« Hemisync » de Monroe, « Holosync » de Centerpointe, les logiciels de bruit de fréquence cérébrale, etc.). Au moment d'écrire ces lignes, nous n'avons pas encore expérimenté ces approches fascinantes avec le WHH, mais nous espérons le faire dans un avenir proche. Si vous souhaitez poursuivre dans cette voie, n'hésitez pas à nous contacter !

Je vous recommande également d'acquérir plus d'expérience et de formation sur les techniques qui fonctionnent avec les traumatismes prénatals et périnatals tellement ces types de traumatismes surviennent fréquemment dans le processus du WHH. En général, vos clients trouveront plus facile d'accéder à ces traumatismes si vous y avez été plus souvent exposé vous-même. Par exemple, William Emerson en Californie dispense d'excellentes formations. Diverses techniques de respiration qui fonctionnent avec ces traumatismes sont également très utiles, telles celles de Hendricks, Grof et d'autres encore.

En particulier, nos étudiants ont trouvé plusieurs autres techniques qui ont bien fonctionné avec le WHH : le Focusing de Gendlin et la Somatic Experiencing de Levine.

Le Focusing

Comme vous l'avez lu auparavant, la technique du Focusing est idéale pour obtenir la phrase que le mental stocke lors d'un traumatisme. Le Dr Adam Waisel a proposé cette variante pour s'aider lui-même ainsi que ses clients à trouver des images de traumatismes pertinentes à guérir. Le Dr Waisel propose ces étapes :

> « Je n'utilise le Focusing que pour « me trouver un souvenir », un peu comme un limier sur une piste. Je lui laisse « renifler » mon intention - ressentir le « ressenti corporel » de ce que je cherche - puis, après avoir trouvé un « ressenti corporel » et sa « prise », je demande une image ou une représentation du souvenir. Ensuite, à l'instant où j'obtiens une image, j'abandonne le Focusing et je reviens au WHH.
>
> **Étape 1 :** Je commence par me concentrer sur un problème (un problème dans le présent dont je veux trouver le traumatisme central, la mémoire dans le passé à laquelle je ne peux pas accéder, la tendance récurrente qui me dérange, etc.). J'obtiens le « ressenti corporel » et la « prise » et je demande une image pertinente.
>
> **Étape 2 :** Quand j'ai une image de moi-même (en tant que nourrisson ou fœtus/bébé), j'abandonne le Focusing et je commence le WHH avec l'image + le « ressenti corporel » comme sensation corporelle + la « prise » comme émotion + la phrase.
>
> Au début, j'avais peur de perdre l'image si je n'y allais pas immédiatement, mais je me suis rendu compte après quelques essais que même si je la perds, je puisse toujours y revenir facilement, soit en l'évoquant telle que je m'en souviens du Focusing, soit en refaisant tout le chemin depuis le début en me focalisant à nouveau sur le même sujet (cela dépend du temps qui s'est écoulé depuis que j'ai eu l'image la première fois). J'ai un problème avec les images, comme je vous l'ai dit, car je ne les vois généralement pas clairement et je dois donc travailler avec une image très floue et indistincte. Un

autre problème, c'est que je n'ai pas toujours une émotion avec l'image et que je dois la deviner. Parfois, le processus met en avant l'émotion correcte, parfois pas. »

La Somatic Experiencing

Comme je l'ai dit, j'ai constaté au fil du temps que le fait d'exprimer des émotions pendant une séance de WHH ne faisait que ralentir le processus. Mais qu'en est-il des mouvements du corps ? Au cours d'une séance de WHH, certaines personnes trouvent que leur corps a envie de bouger spontanément, et permettre ce mouvement facilite et accélère le processus. La thérapie Somatic Experiencing (littéralement « la pratique de l'expérience somatique ») de Peter Levine utilise cette tendance pour guérir. Deux de mes collègues m'ont dit qu'ils ont obtenu de bien meilleurs résultats avec le WHH lorsqu'ils y ont adjoint la Somatic Experiencing.

Le révérend Richard Hunt fait part de l'observation suivante :

> « J'ai lu le site internet de Peter Levine sur la guérison des traumatismes et la nécessité d'achever les mouvements somatiques pour libérer le traumatisme du cerveau abdominal concernant l'événement. Il expliquait ce qui m'arrivait spontanément quand j'étais en train de traiter les problèmes avec le WHH. Très souvent, je me mettais spontanément à faire des mouvements tremblotants et spasmodiques et à respirer rapidement avec un diaphragme tendu. Je réalise maintenant que je libérais la composante somatique du traumatisme.

> J'étais en train d'y réfléchir lorsque j'ai réalisé que lorsque j'étais guéri par un maître de Qi Gong local, elle provoquait délibérément une telle réaction somatique qui était considérée comme essentielle pour le processus de guérison. Ça marchait, mais je me rends aussi compte qu'elle ne détenait qu'une partie de la solution parce qu'elle ne prenait pas en compte les cerveaux du cœur et du mental.

> J'envisagerais d'incorporer le travail de Levine dans le nôtre. Il souligne que les traumatismes graves ne devraient jamais être abordés directement sans traumatiser à nouveau le client. Son approche somatique est indirecte et moins menaçante pour la stabilité du client. Peut-être devrions-nous aborder un traumatisme grave par étapes - traiter d'abord le traumatisme du cerveau abdominal de Levine puis nous attaquer aux aspects plus explosifs du traumatisme avec les cerveaux du cœur et du mental. Peut-être que l'approche de Levine incorporée dans notre protocole augmenterait le pourcentage de guérisons que nous serions en mesure d'effectuer. »

Maarten Willemsen l'affirme encore plus fortement dans une lettre sur la façon dont le corps pense et comment il communique avec le cœur et le mental :

La douleur et le plaisir :

> Quand je regarde mes propres expériences et que je récapitule ce que j'ai retenu de diverses lectures, je pense que le corps communique avec les autres cerveaux et essaie de les contrôler principalement par la douleur et le plaisir. Le cybernéticien Stafford Beer a créé le terme « algedonic control » (littéralement le « contrôle algédonique ») à partir de algos-douleur et hedos-plaisir. La douleur et le plaisir déterminent dans une large mesure la façon dont les ressources sont allouées dans une organisation et un organisme.

La réponse combat/fuite/gel :

> Dans son livre Réveiller le tigre - Guérir le traumatisme, Peter A. Levine écrit que le traumatisme au niveau du corps s'accompagne de contraction, d'éveil, de gel/immobilité (réaction au choc) et de dissociation. La dissociation est l'expérience hors du corps créée par le cœur. Ainsi, le corps communiquerait par la contraction-expansion, l'éveil-relaxation (c'est-à-dire le contrôle sympathique-

parasympathique), la fragmentation (l'expérience hors du corps) - le centrage (l'expérience dans le corps), le gel/immobilité - la libération/tremblement/mouvement (le combat ou la fuite). La relaxation et l'expansion s'appellent le « mouvement corporel » en Focusing.

Levine affirme également que le stress post-traumatique est causé par le fait que l'énergie activée dans le corps n'est pas libérée par le mouvement (combat, fuite ou tremblement/pleur), mais gelée dans la réponse au choc. Pour contenir ces énormes énergies, le corps crée les symptômes du Syndrome de Stress Post-Traumatique (SSPT). Les énergies bloquées commencent à contaminer les émotions (le cœur) et aussi l'appareil de la pensée (le mental). Il recommande de libérer ces énergies par l'expérience somatique. C'est comme ça qu'il a appelé sa méthode. Cela se fait en se concentrant sur les sensations corporelles et les mouvements involontaires du corps qui sont liés à un incident traumatique ou à un problème (lorsque l'incident n'est pas accessible au début). Les intentions corporelles qui ont été bloquées par la réponse au choc ou qui ont été autrement frustrées doivent être portées à leur terme en les exécutant.

Une étape importante de sa méthode consiste à faire la différence entre la peur (émotionnelle) et l'éveil (somatique). Les gens créent la peur (au niveau du cœur) pour essayer de contrôler les énergies somatiques stockées qui cherchent un moyen de se libérer et de se normaliser. La peur de l'éveil provoque finalement la dépression et maintient le blocage des énergies traumatiques. Levine dit que la libération émotionnelle seule ne guérirait pas le traumatisme, il faut aussi une libération somatique. Il est très important d'avoir une attitude de non-jugement ou même d'avoir une attitude d'appréciation et d'amour envers toute expérience, qu'elle soit émotionnelle ou somatique. De plus, la libération sans prise de conscience ne servira pas à grand-chose.

Pour résumer, je dirais que l'expérience somatique est une combinaison de concentration et de régression, plus l'achèvement répétitif des intentions corporelles inachevées et la libération de l'énergie corporelle stockée par tout mouvement spontané du corps qui survient lors de l'incident (comme sauter, trembler, pleurer, serrer les poings, etc.).

Une expérience avec la Somatic Experiencing :

Ces deux derniers jours, j'ai endossé le rôle du cobaye et j'ai expérimenté un peu avec ces idées - qui sont plus précisément décrites dans le livre de Levine.

J'ai constaté les choses suivantes. Cela m'aide à rester délibérément en contact avec mon expérience corporelle plutôt que de plonger dans mes émotions. J'ai trouvé utile de me masser les pieds et les mains pour rester dans l'expérience de mon corps. C'est plus rapide et moins stressant émotionnellement. (J'ai fait l'expérience des émotions quand elles sont apparues, mais je ne les ai pas recherchées.) J'ai ressenti beaucoup de frissons, des ondulations comme celles d'un serpent, des tremblements, de la fraîcheur et de la chaleur dans mon corps, parfois des larmes et une respiration chaotique. Après les séances, je me suis senti plus léger et plus calme qu'avant. Je me sens plus centré dans mon corps.

Pendant cette expérience, j'ai également effectué les autres étapes du WHH, la phrase et l'émotion, mais je me suis concentré sur l'expérience du corps.

Conclusion :

De ces expériences, il devient très clair pour moi qu'il s'agit d'une question de survie corporelle, pas d'une question émotionnelle. J'ai fait beaucoup de travail de libération émotionnelle, mais il me semble qu'il est beaucoup plus puissant de se concentrer sur la libération somatique. Nombre de ces émotions négatives telles que la honte, la culpabilité, la colère, la peur et la tristesse sont le moyen que trouve le cœur pour essayer de contrôler les émotions corporelles non libérées. De nombreuses douleurs corporelles et même des déchirements (« douleurs émotionnelles ») sont le signal du corps qu'il y a des énergies somatiques non libérées.

Un regard sur les techniques traditionnelles :

Il y a beaucoup de méditations et de techniques qui mettent l'accent sur l'expérience corporelle, par exemple le Kriya Yoga, le Hatha Yoga, le Tao Yoga de Mantak Chia, les exercices tantriques, les exercices d'énergétisation de Yogananda ou la relaxation progressive. Leur pouvoir, semble-t-il, provient de l'accès aux traumatismes corporels stockés et de leur libération par petites étapes. »

EXERCICE - PRATIQUE DU WHH ET DE L'EFT AVEC UN PARTENAIRE

Essayez d'utiliser le WHH et l'EFT ensemble. Quand pourriez-vous ne pas utiliser la partie EFT ? Est-ce plus rapide ? Qu'en est-il des questions éthiques entourant l'utilisation d'une thérapie qui peut potentiellement s'inverser ?

Si vous ne connaissez pas déjà l'EFT, essayez de choisir un partenaire qui l'utilise et ensuite alternez entre son utilisation ou non. Référez-vous à l'annexe D pour un résumé des étapes du processus de l'EFT.

Notes sur l'exercice pratique :

Notes sur l'exercice pratique (suite) :

LES CAS PARTICULIERS

Les addictions

Nous avons trouvé un résultat tout à fait étonnant concernant les addictions. Dans certains cas, le WHH rend un dépendant disposé à guérir de sa dépendance, surtout dans le cas de l'alcool. D'autres expériences sont en cours à l'heure actuelle. Pour connaître les résultats actuels, consultez la page du projet addiction sur notre site internet www.peakstates.com.

Nous avons également vu des cas où une addiction était causée par l'influence d'une « voix ribosomique » sur le client.

> **Exemple :** La cliente était une femme d'une trentaine d'années qui fumait depuis qu'elle était préa-dolescente. Après avoir guéri plusieurs traumatismes qu'elle réprimait à l'aide du tabagisme, elle voulait toujours fumer. Il s'est avéré que cela était dû à une « voix ribosomique » qui voulait fumer et la cliente ne pouvait ni résister ou ni changer ce sentiment. Elle a pu le détecter en réalisant que le désir de fumer provenait de ce qui ressemblait à la personnalité de quelqu'un d'autre. L'utilisation de l'EFT sur le sentiment qu'elle s'accrochait à ce sentiment étranger a libéré la voix ribosomique et l'envie a disparu.

Nous avons également été témoins de plusieurs addictions causées par un « trou » dans la poitrine des gens. Dans un cas, le client se servait d'une dépendance aux relations pour combler la terrible sensation de vide du trou. Dans plusieurs cas, j'ai vu des addictions au tabac causées par un trou dans la poitrine. En général, ces trous étaient causés par des blessures physiques à la poitrine dans le col de l'utérus à la nais-sance. (Soit dit en passant, la guérison de ce trou thoracique a toujours permis au client d'obtenir un con-trôle conscient sur le chakra du cœur.)

Les pulsions suicidaires

Les clients suicidaires requièrent une attention et une formation particulière, ainsi qu'un lieu de soutien où les envoyer. Je vous recommande par conséquent de NE PAS travailler sur ces clients à moins que vous ne soyez déjà un spécialiste dans ce domaine. Beaucoup de gens pensent que c'est simplement une perte d'espoir ou d'envie de vivre qui pousse les gens au suicide, mais ce n'est pas le cas chez les clients que j'ai vu. Il y a en fait un sentiment distinct et écrasant qui donne envie à une personne de se suicider, même si elle est trop léthargique pour le faire.

Le travail avec ces clients pose trois problèmes principaux :

- Tout d'abord, et c'est le plus important, le WHH (ou n'importe quelle thérapie énergétique) guérira souvent le problème présenté lors de la première séance. Comment cela pourrait-il être une mauvaise chose ? Parce que dans de nombreux cas, le problème est « empilé » et il y a plus d'un traumatisme encore caché et pas encore activé. Si vous ne les avez pas tous guéris, le problème mortel suivant peut survenir. En général, les clients suicidaires qui arrivent dans votre cabinet combattent ce sentiment ou se sentent trop léthargiques pour agir réellement selon leur intention. Après avoir guéri le traumatisme présenté, ils se sentent généralement « redevenus normaux » et revigorés. S'il y a d'autres trauma-tismes avec un contenu suicidaire qui s'activent plus tard en dehors de votre cabinet, le client aura maintenant l'énergie de se suicider au lieu de ne faire qu'y penser.

- Si vous ne guérissez pas complètement les sentiments suicidaires lors d'une seule visite au cabinet, vous pouvez facilement aggraver le problème. Le WHH active les traumatismes réprimés qui sont gé-néralement pires que les symptômes qui sont à l'origine de la maladie. Les clients peuvent se trouver beaucoup plus suicidaires, quitter votre bureau et se suicider tandis que les moyens de retenue dont ils disposaient en eux-mêmes sont submergés.

- Comme nous avons déterminé que les thérapies énergétiques peuvent potentiellement être inversées, leur utilisation sur un client suicidaire est très risquée en raison de la possibilité que la guérison puisse se défaire plus tard quand il ne se trouve pas dans un environnement protégé. Malheureusement, cela élimine la méthode la plus rapide et la moins douloureuse pour guérir le problème.

Quelle est la cause des pulsions suicidaires ? Dans notre exploration limitée de ce sujet, nous avons découvert qu'elle est liée aux interactions du bébé avec le placenta. Le placenta a une conscience de soi limitée qui est censée mourir après la naissance. Les sentiments du bébé à ce sujet et la finalité du placenta se mélangent. Ainsi, les sentiments suicidaires ont été retracés jusqu'aux dommages physiques causés par la coupure de l'ombilic, à l'enroulement du cordon autour du cou à la naissance et à l'expérience équivalente imprimée dans l'ovocyte du client dans l'ovaire de sa mère lors de la naissance de celle-ci (une expérience d'occasion, pour ainsi dire).

> **Exemple :** Une femme d'une quarantaine d'années avait des pulsions suicidaires depuis des mois. Elle était sous médicaments, mais sans effets, et elle avait essayé à plusieurs reprises de se suicider, mais sans succès. Elle a retrouvé un traumatisme à la naissance qui causait ses symptômes, à savoir que le cordon était enroulé autour de son cou à la naissance. Bien qu'elle ait continué à prendre ses médicaments, elle ne se sentait plus suicidaire, mais avait plus d'énergie et était capable de faire face aux situations pressantes de sa vie. Une semaine plus tard, pendant un bref moment où elle s'est sentie abandonnée, elle est rentrée dans le garage et s'est pendue.

Il y a un risque que vous ou vos clients, même ceux qui n'ont pas d'antécédents de pulsions suicidaires, deveniez suicidaires à la suite d'une régression. Cela peut se produire sans que vous ayez l'intention de travailler sur le type de traumatismes qui contiennent des sentiments suicidaires. Je vous recommande fortement de vous familiariser avec ce problème, car il peut survenir dans votre pratique.

> **Exemple :** Probablement à cause de mon propre travail d'exploration intérieure, je suis un jour soudainement devenu suicidaire, un sentiment que je n'avais jamais eu auparavant. En me touchant accidentellement le nombril trois jours plus tard, j'ai soudain réalisé que les sentiments rayonnaient de cet endroit. Il s'avère que c'était dû au traumatisme d'avoir eu mon cordon ombilical coupé trop tôt.

> **Exemple :** Une femme qui pratiquait le WHH par elle-même a rencontré des traumatismes qui lui ont donné envie de se couper le cou immédiatement et de se suicider. Elle l'a géré en s'interdisant absolument de quitter son canapé avant d'avoir surmonté tout le traumatisme. Elle avait éprouvé de légers sentiments suicidaires avant de faire une guérison utilisant la régression, mais rien d'aussi fort et immédiat que cela. Dans un traumatisme ultérieur impliquant la naissance de sa mère, elle a découvert qu'elle pouvait imaginer une grande lumière dans sa poitrine, et décider que cette lumière était son soi supérieur et qu'elle était responsable de sa guérison. Cela rendait les sentiments suicidaires beaucoup moins personnels. Comme elle l'a dit, « vous n'êtes pas vos émotions ».

Stanislav Grof parle de ce genre de traumatisme dans L'Esprit holotropique et je suggère fortement qu'une personne qui se sent suicidaire lise ce genre de littérature pour acquérir une compréhension intellectuelle et une forme d'espoir pour contrer ces sentiments puissants.

L'idéation suicidaire est aussi actuellement une catégorie dans la liste des expériences d'urgence spirituelle (voir l'annexe E). J'ai entendu parler de cas où des gens ont fini par se suicider en partie à cause du manque de compréhension et de soutien qu'ils ont éprouvé tandis qu'ils traversaient ce qu'eux-mêmes et leurs proches croyaient être des épisodes de folie. Une pratique de bénévole au sein du SEN (Spiritual Emergency Network, littéralement le « réseau pour l'urgence spirituelle ») empêche de telles tragédies de se produire. L'idéation suicidaire peut également se produire lorsque les urgences spirituelles activent le matériel traumatique précoce.

Soit dit en passant, le processus de Paix Intérieure a éliminé ses sentiments suicidaires pour au moins une de nos clientes, même si elle n'est pas restée complètement dans l'état par la suite. Nous explorons toujours cette conséquence surprenante du processus pour voir s'il s'agit d'un cas isolé ou si c'est un phénomène courant.

La dépression

D'après ma propre expérience clinique et celle d'autres praticiens, j'ai découvert que la maladie appelée dépression correspond en fait à deux problèmes semblables, mais très différents regroupés dans la même catégorie. Le premier type est celui où le client éprouve une profonde tristesse due à un traumatisme et ne peut pas ressentir grand-chose d'autre. Ce type de « dépression » est assez facile à guérir avec n'importe quelle thérapie guérissant le traumatisme originel.

Le deuxième type est très différent. Là, le client présente toute la gamme des émotions, mais c'est comme si elles étaient atténuées, et la meilleure expression familière est qu'il a « le blues ». La cause n'est pas directement liée à des traumatismes, ce qui est une des raisons pour laquelle il ne répond pas bien au WHH ou à l'EFT, ni à la plupart des autres thérapies.

Cela se produit lorsque nous avons une pensée logée dans notre esprit à propos de quelque chose que nous ne voulons tout simplement pas reconnaître. Par exemple, peu de temps après que l'on m'ait enseigné cela, j'ai fait une dépression profonde. J'ai passé trois jours non seulement à déprimer, mais aussi à me battre parce que je n'arrivais pas à trouver la pensée que je cachais. Tout en marchant au troisième jour, je me suis soudain rendu compte que la pensée était « Je déteste mon père ! » Avec cette prise de conscience, la dépression profonde s'est évanouie. Je n'ai jamais trouvé de moyen simple de trouver la phrase de la pensée dépressive, mais si vous en trouvez un, faites-le-moi savoir pour que je puisse le mettre sur notre site internet.

Les traumatismes cachés

Plus loin sur le chemin de la guérison, vous serez peut-être habitué à guérir les choses douloureuses ou difficiles qui surgissent. Prêtez cependant attention au problème suivant ! Vous pouvez trouver qu'il vous semble que ce que vous vivez autour d'un problème est normal, naturel et plein de bon sens. Cependant, à moins que le sentiment ne s'accompagne simultanément d'une sensation de paix, de calme et de légèreté, vous êtes en fait dans un traumatisme passé. Cela peut être parfois très délicat à remarquer, car il semble souvent que notre réponse soit justifiée par les circonstances ! Par exemple, une femme m'a appelé pour me dire qu'elle était très en colère après avoir regardée une émission de télévision sur la mort d'enfants « surnuméraires » en Chine. Elle était convaincue que ses sentiments étaient justifiés, mais elle ne ressentait pas le calme sous-jacent que je viens de mentionner. Après y avoir prêté attention, elle a découvert que cela provenait de son passé et son sentiment à propos de l'émission de télévision a disparu.

J'insiste sur ce point parce que quelques personnes avec lesquelles j'ai travaillé croyaient vraiment qu'il était important de s'accrocher éternellement à ce qu'elles ressentaient. Dans cet exemple, la femme ne voulait pas cesser d'être en colère parce qu'elle pensait que si elle la guérissait, elle ne se soucierait plus des choses terribles qu'il faut changer dans le monde. Aussi séduisant que cela puisse paraître, tout ce qui se passait vraiment est qu'elle était perdue dans le passé, incapable de réagir de façon appropriée à ce qui se passait dans sa vie et dans la vie des gens qui l'entouraient. De même, une autre personne avait l'idée qu'elle devait s'accrocher à sa peur sinon, une fois sa garde baissée, quelque chose de terrible lui arriverait. Là encore, ses réponses à ce qui se passait réellement étaient tracées comme une route. Parfois, ça marchait, mais la plupart du temps, il ne pouvait pas voir d'autres options dans sa vie - il répétait encore et encore le même scénario.

Je veux vraiment souligner combien nos croyances sont erronées concernant ce qui est normal et naturel dans nos expériences émotionnelles. Dans un autre exemple, un homme m'a contacté alors qu'il était en train de mourir d'un cancer. Il avait déjà vécu au-delà du temps que les médecins avaient pronostiqué et il était terrifié à l'idée de mourir. Comme il ne se sentait pas calme, paisible et léger en même temps qu'il était terrifié, nous savions que c'était quelque chose qu'il pouvait guérir, même si j'avais des doutes ! Après tout, cela semblait si raisonnable ! Il s'est avéré que sa peur venait en fait de plusieurs incidents dans le passé, l'un d'eux étant une quasi-noyade. Trois semaines plus tard, il m'a appelé et m'a dit vivre la chose la plus étrange - il savait intellectuellement qu'il devrait avoir peur, mais ce n'était pas le cas ! (Au cas où vous vous voudriez savoir, il a survécu à son cancer.)

La thérapie centrée sur le corps, telle qu'on la trouve dans le livre *At The Speed Of Life* de Hendricks, peut être utile pour vous aider à repérer les schémas qui sont le résultat d'un traumatisme, mais dont vous n'avez pas conscience. Son seul inconvénient est qu'il est difficile de repérer son propre matériel, car il est tellement habituel qu'il est difficile à percevoir. C'est donc une bonne idée de travailler une ou deux fois avec un de leurs thérapeutes certifiés. Ils ont l'habitude d'effectuer des guérisons extrêmement rapides, donc ce n'est en aucun cas un gaspillage d'argent.

Les gens ont souvent l'expérience de toujours s'être sentis d'une certaine manière, ou que leur vie familiale d'enfant avait une certaine atmosphère à laquelle ils ne pouvaient échapper. Lorsqu'ils travaillent avec moi, ils ont donc la conviction qu'il n'y a pas eu de traumatisme particulier qui les font se sentir ainsi. C'est une erreur ! Il est vrai qu'ils peuvent avoir beaucoup de traumatismes semblables et qu'ils peuvent s'être sentis malheureux d'une certaine façon d'aussi loin que remontent leurs souvenirs, mais cela provient toujours d'un moment précis et non d'un effet de macération à long terme. Gay Hendricks et Frank Gerbode en sont également arrivés à cette conclusion.

Je veux que vous prêtiez particulièrement attention à l'idée que votre mental, votre cœur ou votre corps sait ce qui est le mieux. Des phrases comme « utilisez votre tête », « faites confiance à vos émotions » ou « le corps ne ment pas » se révèlent tout simplement fausses. Malheureusement, le jour où nous décidons de guérir, chaque partie de nous baigne déjà dans l'illusion et est généralement assez mal en point. Alors, en quoi pouvez-vous avoir confiance ? Si vous ne ressentez pas cette paix, ce calme et cette légèreté dont je parle continuellement, vous pouvez être sûr que c'est en fait un traumatisme de votre passé qui est en train de s'exprimer. Donc, pour vraiment connaître la vérité, il faut travailler sur tout ce qui se présente jusqu'à ce que vous arriviez à la paix, et ensuite vous pouvez vérifier. Une autre façon de savoir que vous vous faites des illusions est de regarder votre vie en face. Elle est facile, amusante, sans problèmes ? Si vous avez un problème, même s'il semble raisonnable, soupçonnez que votre passé interfère à nouveau. Enfin, voici la grande affirmation qui est difficile pour la plupart des gens : tout ce qui nuit à votre corps physique, aussi raisonnable que cela puisse paraître, est une illusion.

Une autre catégorie étrange de traumatismes est celle où les traumatismes nous font nous sentir bien. J'ai mis cela dans cette section sur les traumatismes cachés parce que vous ne seriez probablement pas tenté d'enquêter sur eux. Pour illustrer ce que je veux dire, un homme s'est souvenu d'un sentiment de force et de fierté lors d'un incident au collège. Cela signifiait tout bonnement qu'il y avait une émotion non libérée, alors il a procédé au drainage du sentiment de la manière normale. À sa grande surprise, il a découvert en dessous un sentiment extrême de trahison, et le reste de ce qui s'était réellement passé lui est apparu.

Avez-vous déjà été coupable de vous parler silencieusement à vous-même, surtout lors d'une méditation ? Bonne nouvelle ! C'est dû à un traumatisme que l'on peut guérir. Il s'avère que lorsque vous vous parlez à vous-même, vous parlez à quelqu'un d'autre dans le passé. Le simple fait de savoir cela suffit généralement pour que vous trouviez de quoi il s'agit. Je soupçonne que l'origine de ce type de traumatisme est d'avoir essayé de crier sur notre mère pendant l'accouchement ou en étant dans son ventre, mais je n'ai pas assez de données pour en être sûr. En tout cas, guérir ça peut rendre la méditation bien plus agréable !

Entendez-vous constamment de la musique dans votre tête ? Cela est souvent dû à une association avec un traumatisme particulier dont le client se souvient généralement facilement lorsqu'il le recherche - la musique et le traumatisme ont la même « tonalité émotionnelle » pour la personne. (Parfois, le traumatisme est un événement développemental et la musique que l'on entend est semblable à la musique « spirituelle » qui s'est réellement produite durant cet événement.) Un autre mécanisme implique que le mental stocke la musique (ou les voix ou d'autres sons) exactement comme ils se sont produits au départ pour qu'il puisse la rejouer quand il le veut - parfois afin d'utiliser le contenu pour manipuler les autres cerveaux. Comme je l'ai mentionné ailleurs, cela commence parce que c'est une capacité naturelle du cerveau mental. C'est toutefois un problème pour l'organisme, provoquant une sorte de discordance interne quand on essaie de réfléchir. Ces « enregistrements » peuvent être éliminés en utilisant un état de conscience extraordinaire appelé « Lumière Intérieure » en les « percevant » dans le mental comme des anneaux toriques légèrement colorés, en se concentrant sur eux et en leur permettant de se dilater et de se dissoudre. Je ne connais pas encore de moyen d'y parvenir sans cet état particulier.

Avez-vous connu des moments difficiles avec quelqu'un dans votre vie, un collègue ou quelqu'un d'autre ? L'idée que si nous voulons que quelqu'un change alors nous devons nous changer nous-mêmes fonctionne vraiment. La mise en lumière de tout le matériel à guérir peut être facilitée en utilisant une astuce d'Alan Cohen, l'auteur de *The Dragon Doesn't Live Here Anymore*. Dans votre imagination, embrassez la personne difficile tout en ressentant de l'amour pour elle. Bien sûr, la plupart des gens n'y arrivent pas au début. Cependant, le fait d'essayer vous permet de débusquer tout le matériel de votre passé qui a besoin d'être guéri. Alan rapporte que l'une des deux choses suivantes se produira lorsque vous serez enfin en mesure de le faire. Soit la relation se transforme en une relation plus harmonieuse, soit l'autre personne disparaîtra de votre vie, à mesure que vous mettez fin à votre partie de l'accord inconscient que vous avez conclu avec elle. Je peux dire d'après ma propre expérience que cela a fonctionné exactement comme il l'avait dit ! D'ailleurs, ce même principe s'applique aux affirmations positives. Plutôt que d'essayer d'étouffer vos sentiments autour d'un problème en répétant des affirmations, je suggère d'utiliser votre résistance à leur égard pour débusquer ce qui doit être guéri.

Il y a d'autres types de matériel traumatique que je trouve trop complexes pour cette formation, mais je citerai quelques phénomènes bizarres que j'ai rencontrés. Par exemple, je faisais inconsciemment semblant d'être une image que j'avais stockée dans mon cerveau. Une fois, lors d'une méditation, je me suis senti devenir une figure de pierre grossièrement sculptée. C'était une identité de soi que j'avais récupérée dans mon enfance en lisant un livre sur l'archéologie. Le plus bizarre que j'ai rencontré jusqu'à présent est quand j'ai fait l'expérience d'un grand palais en verre dans ma tête. Ceci s'est avéré être une élaboration de mon biberon - je l'enviais parce qu'il avait bon goût et qu'il ne faisait pas mal ! J'ai aussi rencontré des traumatismes qui bloquaient ma mémoire et d'autres qui bloquaient ma capacité de ressentir mes émotions. Enfin, dans les traumatismes très graves, j'ai revécu des expériences qui m'ont donné l'impression que mon cerveau (corps ou cœur) était électrocuté. Alors, bonne chasse !

Commencer dans le passé – Partir à la pêche

Ce que j'appelle partir à la pêche, c'est aller dans le passé pour guérir un souvenir douloureux sans partir d'un problème dans le présent. C'est un peu comme aller à la pêche pour tout poisson qui pourrait se trouver en dessous. Cela fonctionne bien, mais il y a un problème caché majeur - vous devez prendre le temps de voir comment ce traumatisme vous affecte dans le présent, sinon vous découvrirez que ce truc gênant ne disparaîtra pas complètement. Nous n'avons pas ce problème avec la procédure normale parce que vous êtes partis de votre misère dans le présent et le lien est évident. Aussi, n'oubliez pas de guérir tout autre souvenir antérieur qui pourrait survenir. Un autre problème - si vous essayez de le guérir et que vous arrêtez avant d'avoir terminé, vous pourriez vous rendre compte que vous avez soudainement une nouvelle difficulté que vous n'aviez pas auparavant, car la douleur sur laquelle vous avez travaillé éclate dans le présent. Cela se produit vraiment quand on part à la pêche pour un traumatisme à la naissance ! J'ai parfois dû guérir d'autres traumatismes liés au traumatisme que j'ai péché, avant ou après le moment en question, avant de pouvoir me résoudre à guérir complètement celui par lequel j'avais commencé. Là encore, cela se produit vraiment pour les traumatismes à la naissance.

La radiesthésie

Vous avez peut-être entendu parler de gens qui font de la radiesthésie avec des baguettes ou des pendules. Il s'avère que les gens communiquent réellement avec leur conscience corporelle lorsqu'ils obtiennent une réponse à la question. La kinésiologie appliquée ou les tests musculaires sont une application du même principe, bien qu'ils soient spécifiquement conçus pour les blessures corporelles et généralement utilisés par les chiropraticiens. Cependant, vous pouvez utiliser les mêmes principes pour demander à votre propre corps des informations concernant vos problèmes émotionnels et physiques.

Le test musculaire, comme on l'appelle, fonctionne comme suit. Vous allez mesurer la force de vos muscles afin de savoir ce que votre corps veut dire. Il s'avère que votre corps a la capacité de renforcer ou d'affaiblir les muscles de façon sélective et vous pouvez utiliser cette capacité pour communiquer avec lui. D'une main, faites un cercle en touchant votre pouce et votre annulaire (ou votre petit doigt). De l'autre main, placez votre majeur et votre pouce ensemble de façon à ce qu'ils se touchent, formant une sorte de flèche ou d'aiguille. Placez les doigts en forme d'aiguille dans les doigts en forme de cercle. Ensuite, dites à voix haute « corps, montre-moi un oui » et écartez les doigts qui forment le cercle avec les doigts plus forts que vous teniez en forme d'aiguille. Ensuite, recommencez en essayant de maintenir vos doigts au même niveau de tension, mais dites « corps, montre-moi un non ». Vous constaterez généralement qu'un oui et un non nécessitent une force très différente pour séparer les doigts formant le cercle. Si vous n'obtenez pas le résultat escompté, changez de main. J'ai généralement trouvé que la main que vous utilisez le moins est la meilleure pour mesurer la force musculaire.

C'est une technique très puissante. En observant la force de vos doigts, vous pouvez l'utiliser pour savoir si la réponse à votre question est oui, non, peut-être, ou si vous avez posé la mauvaise question. Vous pouvez aussi demander des données numériques en testant les propositions une à la fois, c'est-à-dire « est-ce un jour, deux jours, etc. » C'est aussi très pratique si vous avez perdu un objet parce que vous pouvez le retrouver par une sorte de processus « chaud et froid ». Mais son utilité pour nous est de trouver les origines traumatiques de nos problèmes actuels. Vous devrez peut-être utiliser plus de « 20 questions », mais cela peut vraiment marcher, par exemple en demandant « quel âge j'avais », « est-ce que maman était là » et ainsi de suite. C'est particulièrement utile en cas de problèmes physiques, pour choisir entre différents traitements, pour les questions sur les allergies alimentaires, les suppléments et ainsi de suite.

Une variante est d'essayer de ressentir de la résistance lorsque vous rapprochez vos mains l'une de l'autre. Si vous y arrivez, la distance entre vos mains indique la réponse oui ou non. Une femme que je connaissais pouvait utiliser un mouvement de ses yeux vers la gauche ou vers la droite, et il y a bien sûr la méthode classique des pendules ou des baguettes de sourcier. Vous pouvez aussi le faire à l'aide d'un bras tendu et en demandant à quelqu'un d'autre de tester doucement le ressort du muscle de votre bras en appuyant sur votre bras brièvement vers le bas. D'ailleurs, avec toutes ces techniques, je recommande de parler à haute voix, ou tout au moins à voix basse. Je soupçonne qu'il est sans cela généralement difficile pour le corps de comprendre quelle question pose le mental.

Cependant, ce n'est pas de la magie, même si ça y ressemble parfois. Votre conscience corporelle, c'est toujours vous, et si votre corps a un engagement qui s'oppose à dire la vérité, vous obtiendrez des mensonges. Ou bien vous pourriez obtenir des réponses créées de toute pièce, une sorte de »je vais t'aider même si je dois tout inventer ». En fait, cette technique souffre des mêmes problèmes que les autres techniques psychiques, mais, d'un autre côté, cela peut parfois très bien fonctionner. La suspicion, la discrimination et la confrontation avec la réalité sont ici les clés. La radiesthésie peut aussi être utilisée pour aider les autres, mais c'est truffée d'embûches et pose beaucoup plus de problèmes que la radiesthésie pour soi-même.

Enfin, certaines questions recevront des réponses différentes selon votre état de conscience. Par exemple, si vous demandez « Est-ce que je guérirai plus vite si je m'aime moi-même, et combien plus vite ? », j'ai découvert qu'il faut être dans l'état de conscience à propos duquel on fait la demande pour obtenir des résultats valides.

Le viol

À ma grande surprise, les survivantes de viols que j'ai vues, surtout celles qui ont été violées à plusieurs reprises, ont vécu la même expérience traumatique originelle. Après la régression, elles ont toujours abouti au traumatisme de la naissance (en tout cas jusqu'à présent). Apparemment, le fœtus fait l'expérience de la mère de la même façon que l'adulte fait l'expérience de l'agresseur - un sentiment sexuel fort, physiquement fort et inébranlable. Le plus difficile ici est de réaliser que non seulement il s'agit d'une reconstitution du mur inébranlable de l'utérus, mais qu'il y a un changement de sexe entre les circonstances actuelles et l'expérience utérine (étant donné que la survivante est une femme et que l'auteur est un homme).

La fusion avec le client

Il est non seulement possible d'expérimenter directement ce que ressent un client, mais il est également possible de le guérir directement. Cependant, la guérison directe d'un client dépasse le cadre de cette formation. Nous ne vous recommandons PAS d'essayer ceci de votre propre chef, parce qu'il a un problème potentiel d'induire occasionnellement des symptômes de type schizophrénie chez le thérapeute, ainsi que le risque de perdre des états de conscience extraordinaires (pour le client ou le thérapeute). Une formation est nécessaire pour éviter ce problème.

Il y a toutefois quelques petits trucs que vous pouvez utiliser et qui ne présentent pas les mêmes inconvénients. Lorsque vous travaillez avec un client, surtout lorsqu'il vous ignore, qu'il est très contrarié et renfermé ou qu'il résiste, il y a un truc sympa qui fonctionne parfois. Ne le percevez pas comme un adulte avec vous dans la pièce à ce moment-là, mais laissez-vous plutôt le percevoir comme l'enfant qu'il est devenu tandis que les anciens traumatismes en prennent possession. Souvent, cela a pour conséquence qu'ils commencent soudainement à vous prêter attention et vous pouvez enchaîner à partir de là. L'effet peut être tout à fait remarquable. Cela fonctionne également dans les situations de tous les jours.

Une autre astuce amusante consiste à porter votre attention sur votre client pendant qu'il travaille sur son traumatisme. Ce faisant, concentrez-vous simultanément sur votre tête, votre cœur et votre ventre. Il se peut qu'il y ait une raideur ou une rigidité entre ces zones du corps (au niveau du diaphragme ou de la gorge) ou dans les zones elles-mêmes. Entrez dans cette rigidité et demandez-vous quelle est cette posture que ce cerveau a adoptée et qui l'empêche de fusionner avec les autres cerveaux ? C'est comme travailler avec un petit enfant contrarié qui veut ramasser ses billes et rentrer chez lui. Quand vous pouvez sentir la raison de la contrariété, cela permet au cerveau de relâcher sa posture et de fusionner avec le reste de l'être. Au moment où cela se produit, le client découvre soudainement que son traumatisme est en train de se dissiper. Même si vous aviez l'impression de travailler sur vous-même à ce moment-là !

L'EFT et la TAT peuvent toutes deux être utilisées pour guérir un client sans sa participation. Appelée guérison par procuration, le thérapeute se tapote lui-même ou tient la pose de la TAT pendant qu'il se concentre sur le client. Cela fonctionne souvent, mais je soupçonne qu'il faut faire preuve de prudence au cas où ce processus amènerait le thérapeute à récupérer le problème du client. De plus, le praticien doit résoudre les questions d'éthique liées à la guérison d'une personne sans sa permission.

Points clés:

- Le WHH peut être utilisé pour une variété de problèmes psychologiques et physiques inhabituels, une fois que le lien indirect avec le traumatisme est compris et guéri.

- Les tests musculaires, la kinésiologie appliquée ou la radiesthésie peuvent donner des informations valides, mais on ne peut pas leur faire confiance parce qu'ils peuvent également donner des informations fausses. Les tests par procuration ont une fiabilité encore pire.

LES URGENCES SPIRITUELLES

(Voir l'annexe F pour une description des différentes catégories d'urgences spirituelles.)

Les urgences spirituelles ne sont pas des crises de foi. Il s'agit plutôt d'épisodes très perturbateurs et troublants d'expériences qui ne font pas partie de nos systèmes de croyances culturels. Souvent, les gens ont ce genre d'expériences spirituelles sans bouleversements majeurs dans leur vie, mais pour certaines personnes, les expériences sont trop abruptes et extrêmes pour que la personne puisse y faire face. Quand ces expériences spirituelles deviennent une crise, c'est ce qu'on appelle une urgence spirituelle.

> **Exemple :** Un homme a eu un profond éveil spirituel lorsqu'il a soudain fait l'expérience de l'unité de toute l'humanité. C'était bien sauf que c'était tellement soudain et extrême qu'il a décidé de courir tout nu dans la rue principale de la ville en disant à tout le monde à quel point ils étaient merveilleux ! (Il a été transporté à l'hôpital psychiatrique local où un psychiatre a reconnu l'état et l'a gardé jusqu'à ce qu'il retrouve l'équilibre entre cette immense prise de conscience et la nécessité de fonctionner dans le monde. Cela aurait pu être une tragédie s'il avait reçu des médicaments antipsychotiques pour quelque chose qui n'avait rien à voir avec la psychose.)

> **Exemple :** Une femme a eu une soudaine « ouverture psychique », découvrant qu'elle pouvait « entendre » les pensées des autres. Elle ne pouvait pas l'arrêter et elle a trouvé toute l'expérience très dérangeante et au début très effrayante.

Une partie des clients que vous verrez probablement à l'avenir souffre d'une urgence spirituelle. C'est à cause d'une raison transpersonnelle très intéressante. Dès que vous vous sentez à l'aise sur un sujet (comme l'abus sexuel, l'urgence spirituelle, etc.), vous commencez soudainement à avoir ce type de client. (Lorsque le client reflète votre matériel non guéri, vous avez tendance à voir ces personnes de façon constante dès le début de votre travail.) L'annexe E liste les urgences spirituelles les plus fréquentes répertoriées par le Docteur Stanislav Grof, mais il existe malheureusement un certain nombre d'expériences qui ne sont pas couvertes dans ses catégories. Je vous recommande de prendre des cours et de lire un certain nombre de bons ouvrages sur le thème des urgences spirituelles. Dans la section ci-dessous, j'aborde certaines catégories d'urgences pour lesquelles nous apportons quelque chose de nouveau, mais cette présentation est loin d'être exhaustive. Consultez l'annexe E pour une présentation plus complète.

Les outils que vous apprendrez dans ce cours sont souvent très utiles pour vos clients dans ce type de crise. En particulier, puisque le WHH suscite souvent des expériences spirituelles d'une grande variété, il est précieux d'être capable de les reconnaître pour ne pas essayer de guérir un client qui n'a en vrai aucun problème !

Comme point de référence et source d'information à jour sur ce sujet, je recommande de consulter le site internet du Spiritual Emergence Network (SEN) qui est maintenu au California Institute for Integral Studies dans son programme de maîtrise en psychologie (en anglais).

Les expériences d'unité : la fusion, la beauté fondamentale et la complétude

Nous examinerons d'abord un groupe d'expériences qui entrent dans la catégorie de Grof d'urgence spirituelle de la conscience unitive. Bien que rares, ces états remarquables se produisent lorsque deux cerveaux ou plus fusionnent. Des états encore plus importants d'expérience unitive se produisent lorsque la personne fusionne également avec des consciences transpersonnelles, mais ceci sort du cadre de cette formation en WHH. En fait, la fusion totale des trois cerveaux en une seule conscience est notre état normal lorsque nous nous développons dans l'utérus. Cependant, les traumatismes que nous avons tous vécus jusqu'à la naissance ont créé la dissociation des cerveaux que nous considérons comme « normale » et nous passons le reste de notre vie à rechercher inconsciemment cette fusion interne dans notre vie externe. Même si ces états de fusion sont intrinsèquement positifs et ne créent pas en eux-mêmes une urgence spirituelle, des gens entrent parfois en contact avec le SEN lorsqu'ils perdent ces états de conscience extraordinaires, exprimant souvent la confusion, la douleur et le désespoir alors qu'ils cherchent un moyen de retrouver l'état qu'ils ont perdu.

Le plus courant de ces états est la fusion de la tête et du cœur. L'état le plus connu contenant cette fusion est probablement la « Beauté Fondamentale » de la tradition amérindienne, ou bien la vitalité extraordinaire d'Harville Hendrix dans *Keeping the Love You Find* ou encore la « conscience de l'immanence divine » dans la tradition chrétienne. Cet état a la propriété unique que les traumatismes émotionnels passés n'ont plus d'effet émotionnel sur les gens et ils se retrouvent totalement dans le présent. Il peut n'avoir duré que peu de temps ou presque toute une vie, mais pendant cette période, les gens se sentent extraordinairement vivants et tout ce qui les entoure semble également extraordinairement vivant. D'une certaine manière, tout est beau, même les ordures, et même les émotions douloureuses sont satisfaisantes. Cependant, les gens dans cet état savent qu'ils ne sont pas parfaits et ils ont encore des problèmes interpersonnels et dans leur vie. Quand ils perdent cet état, ils ont tendance à appeler le SEN parce qu'il leur manque maintenant une connaissance des vérités spirituelles qui semblait parfaitement évidente durant l'expérience, et ils supposent donc que cela doit avoir quelque chose à voir avec les états spirituels. Ils ont souvent essayé de retrouver ce qu'ils ont perdu auprès de groupes ou d'enseignants spirituels, mais leur expérience a rencontré une absence de reconnaissance et a été rejetée comme insignifiante. (Certaines personnes ont acquis cet état en arrêtant consciemment de juger les autres. Une autre méthode, qui a même fonctionné pour des personnes qui n'ont jamais fait l'expérience de la fusion du mental et du cœur auparavant, est de faire face consciemment à toutes les raisons subtiles que vous avez pour ne pas être pleinement dans le présent. Cela prend habituellement quelques jours et de l'aide extérieure.)

Une variété d'autres états de conscience extraordinaires peuvent survenir et engendrer une crise lorsqu'ils sont perdus. Par exemple, ceux qui donnent un sentiment de bonheur, de l'absence de frontière cutanée, d'être creux comme une boîte de conserve vide, de complétude et ainsi de suite. Pour une description complète de ces états et de leurs causes, reportez-vous aux volumes 1 et 2 de *Peak States of Consciousness*.

Il est très encourageant et utile de rassurer quelqu'un en lui disant que vous avez entendu parler de ce qu'il décrit. L'Institut a développé des méthodes pour obtenir des états de conscience extraordinaires, et d'autres organisations le font également. Voyez l'annexe H pour une liste des processus d'autres groupes. Pour les personnes qui ont perdu un état de fusion, il est possible d'utiliser diverses techniques de guérison des traumatismes pour éliminer le souvenir traumatique qui a été activé, pour peu qu'elles puissent repérer les circonstances qui les ont poussées à quitter la fusion. Pour de plus amples lectures sur le sujet de la fusion ainsi que sur d'autres états de conscience extraordinaires, je vous renvoie aux livres *The Quest* and *Awakening Spirits* de Tom Brown Jr.

À la fin de la formation en WHH, vous pourrez choisir de suivre un processus qui vous donnera peut-être un de ces états de fusion cérébrale de façon relativement permanente.

L'arrêt des cerveaux : l'arrêt, le samadhi et la perle de grand prix

Un ensemble d'états beaucoup plus étranges, encore parfois placés dans la catégorie de la conscience unitive, peut se produire parce que les cerveaux individuels ont la capacité rarement utilisée de s'arrêter. Dans ces états, la personne perd les capacités primaires des cerveaux correspondants. Cela se produit généralement suite à quelque chose que cette personne vit comme un traumatisme extrême, ou parfois à cause de pratiques spirituelles. Il est intéressant de noter que nous ne perdons pas notre capacité d'utiliser le langage dans ces états d'arrêt.

L'état qui se produit lorsque le mental (cortex) s'arrête n'a pas de nom particulier que je connaisse, mais il présente une situation très séduisante et pourtant remplie de problèmes. La personne éprouve un sentiment de paix, de calme, de simple joie de vivre et d'accomplir les tâches quotidiennes, ainsi qu'une connexion très profonde avec les écrits spirituels. Cela se produit parce que les conflits internes que la personne vit en raison des actions indépendantes du mental cessent. Cependant, les capacités qui sont la spécialité du mental, la mémoire à court terme, la capacité mathématique et la capacité de porter des jugements (comme choisir entre des articles similaires dans un magasin ou faire un choix de menu) sont également suspendues ou grandement altérées. Cette lobotomie interne présente un véritable dilemme, car l'individu veut que l'état continue, mais se trouve dans l'incapacité de travailler dans la plupart des emplois. J'ai vu des gens rester comme ça pendant un an.

L'état suivant est appelé samadhi dans la tradition bouddhiste zen. Ici, les consciences du cœur et du corps s'arrêtent toutes les deux. On ressent un sentiment de paix et d'intemporalité qui est au-delà de tout ce que l'on peut ressentir dans une conscience normale. La personne ne respire presque jamais, probablement parce que le besoin de métabolisme de l'oxygène nécessaire au soutien du processus chimique de la pensée des deux cerveaux arrêtés est éliminé. Contrairement à l'état précédent, l'individu peut continuer à travailler à la plupart des emplois, et la mémoire et le QI sont en fait grandement améliorés. (Un problème étrange avec cet état est la capacité de nous remémorer si clairement ce que nous entendons, telles de la musique ou une conversation, qu'il est impossible de le distinguer de la réalité. Nous pouvons passer dans un état de rediffusion continue, mais il peut être difficile d'arrêter cette rediffusion.) Malheureusement, la capacité de ressentir des émotions ou de communiquer avec d'autres personnes autrement que sur le plan intellectuel est éliminée. Une fois dans l'état, la personne peut y rester indéfiniment. Le désir de ressentir à nouveau des sentiments est un déclencheur pour remettre le cœur en route, et la conscience du corps suit rapidement.

Lorsque nous arrêtons à la fois le mental et le cœur, il nous reste un état que les soufis appellent une expérience de la « perle de grand prix ». Cet état étrange est semblable à la fusion de l'esprit et du corps dans le sens que nous faisons l'expérience de nous-mêmes comme si nous étions faits d'air, sans frontière au niveau de la peau. Contrairement à la fusion, dans cet état, notre abdomen semble rempli, un peu comme si nous avions mangé un gros repas ou si nous étions enceintes. Nous perdons également les capacités du cœur et du mental, comme la capacité de ressentir des émotions, d'être émotionnellement conscient des autres, de penser de façon analytique, etc. Une pratique spirituelle accompagnée de sentiments de mourir et de tentatives d'échapper à notre vie peut déclencher cet état.

Les trois cas précédents génèrent des appels au SEN à cause des tonalités « spirituelles » des expériences et du dilemme auquel les gens sont confrontés lorsqu'ils essaient de décider s'ils doivent retourner à la cacophonie des trois cerveaux indépendants. Quand nous aidons des gens dans ces situations, il est utile de souligner qu'il n'est probablement pas dans leur intérêt de se lobotomiser pour éviter la douleur, ainsi que d'expliquer comment la guérison d'un traumatisme et la vie avec plus d'amour de soi propre sont les étapes clé d'une autre façon d'être. Il est généralement suffisant de simplement désirer les aspects de soi-même qui ont été arrêtés pour mettre fin à ces états.

L'éveil de la kundalini

Je reçois un certain nombre d'appels en rapport avec cette catégorie d'urgence spirituelle. Bien qu'une variété d'expériences transpersonnelles soient associées à la kundalini, le modèle du cerveau triunique de base aborde directement la partie de l'expérience de la kundalini qui cause tant de douleur et de souffrance aux gens, l'activation des vieux souvenirs traumatiques. La pratique courante qui consiste d'abord à les rassurer sur la réalité du phénomène, à leur recommander des livres à lire sur le sujet et à discuter de ce qui peut se passer est très utile. Mais au-delà de ça, je recommande habituellement une variété de moyens pour guérir les traumatismes afin qu'ils puissent directement traiter les problèmes qui perturbent soudain leur vie.

Le symptôme clé de la kundalini est celui d'une petite zone de chaleur, de la taille d'une grosse pièce de monnaie, qui remonte le long de la colonne vertébrale, généralement sur une période de quelques semaines ou plus. En remontant, elle déclenche des traumatismes associés énergétiquement à ces zones du corps. Souvent, la kundalini s'accompagne de sensations de frénésie et de désorientation. Une solution temporaire simple consiste à demander à la personne de tendre son bras devant elle puis de le déplacer suivant la forme du symbole de l'infini (un huit sur le côté), tout en maintenant la tête dirigée vers l'avant, sans bouger. En suivant des yeux leur pouce dressé, de sorte que le pouce est vu d'abord par un œil puis par l'autre dans un mouvement continu, l'anxiété se dissipe en quelques secondes. C'est supposément ce qui fait que les hémisphères du cerveau recommencent à travailler de façon synchrone, mais j'ignore si c'est la véritable raison ou non.

J'aimerais mentionner autre chose à propos de ce phénomène qui, je l'espère, incitera d'autres personnes à mener l'enquête. Pendant ma propre expérience de kundalini, j'ai fait un travail psychologique profond et j'ai découvert que je faisais l'expérience de la kundalini parce que ma conscience du corps blâmait essentiellement les deux autres cerveaux pour tous ses problèmes. Mon corps prétendait qu'en se blessant lui-même par la perturbation causée par la kundalini, il arrangerait les choses, tout en ayant une certaine tonalité revancharde vis-à-vis des autres cerveaux. Cependant, une fois que j'ai fait face à la douleur tournant autour de cette illusion, mon expérience de kundalini s'est immédiatement terminée. Bien sûr, je ne sais pas si c'est une expérience courante pour d'autres, mais cela a certainement été une surprise pour moi et cela mérite d'être étudié plus à fond. J'ai observé que, en dépit de ce que dit la littérature spirituelle, beaucoup de gens ont des années d'expérience de kundalini avec peu ou pas d'avantages observables, et cette théorie peut expliquer pourquoi - le problème central n'est pas traité.

Le renouveau psychologique par l'activation de l'archétype central

Je n'ai jamais travaillé avec quelqu'un ayant cette expérience, mais j'ai rencontré quelque chose de semblable dans mon propre travail, que j'aimerais partager et qui pourrait être utile. Au cours d'une séance de respiration holotropique et pendant un certain temps après, j'ai vécu l'expérience de me trouver au milieu d'un conflit bouleversant entre deux êtres formidables ou deux forces archétypales. L'enquête a révélé que le cœur de l'expérience appartenait au traumatisme de la naissance, à un moment où ma conscience corporelle était en conflit avec celle de ma mère à propos de ce que je ressentais être ma survie dans les conditions infernales de l'accouchement. Cette expérience avait la sensation que deux divinités se disputaient parce que la conscience du corps est perçue comme un dieu par les deux autres cerveaux, ce à quoi on peut s'attendre étant donné que la conscience du corps est primaire au niveau biologique et que les autres cerveaux sont génétiquement conçus comme ses extensions.

J'ai eu l'occasion de tester cette théorie auprès de quelques clients qui traversaient cette situation d'urgence et celle-ci s'est avérée correspondre pour eux aussi.

La possession, la schizophrénie et le channeling

Il y a des années, en tant qu'assistant au SEN, on m'a appris que les vraies urgences spirituelles sont de courte durée et se traduisent par des individus plus fonctionnels après la crise, et qu'elles surviennent généralement chez des personnes mentalement saines, probablement comme une étape dans leur développement (voir annexe A). En revanche, la véritable maladie mentale a été catégorisée comme non spirituelle car elle était plus dévastatrice, permanente, du domaine des thérapeutes et des médicaments, et par conséquent sans espoir. Je n'ai pourtant pas pu m'empêcher de remarquer que, par exemple, la kundalini très perturbatrice et les expériences de channeling se produisaient chez les gens sur une période de plusieurs décennies, et qu'ils ne semblaient pas en tirer profit de façon évidente. J'en suis venu à rejeter ce modèle du SEN et, dans cette section, j'aborderai plus particulièrement le lien entre la maladie mentale appelée la schizophrénie, la catégorie controversée du SEN appelée possession et le phénomène à la mode du channeling. Je terminerai en décrivant brièvement les moyens de guérir ces problèmes.

Premièrement, ces trois phénomènes sont en fait des manifestations du même mécanisme sous-jacent. Il s'avère que notre corps a la capacité d'attirer et de s'accrocher aux morceaux d'âme des autres, ce qui s'appelle le « vol d'âme » en termes chamaniques et les « voix ribosomiques » dans nos formations. Ces morceaux sont communément appelés « entités » ou « anges » selon la tonalité émotionnelle qu'elles portent du moment de leur formation. Contrairement à nos propres traumatismes, que nous pouvons effacer ou modifier avec certaines approches psychologiques, nous ne pouvons apparemment pas faire de même avec ceux des autres ni les ignorer aussi facilement. Le vol d'âme est en fait pratiqué assez couramment de façon inconsciente par les gens « ordinaires », et c'est quelque chose qu'un praticien chamanique traite tout le temps.

La façon dont ces voix ribosomiques nous affectent dépend d'un certain nombre de facteurs tels que la difficulté avec laquelle nous résistons au processus de « lecture » de ces morceaux d'âme, le nombre de voix ribosomiques auxquelles nous faisons face, l'intensité et la nature de l'émotion primaire que contient chaque morceau, la fréquence à laquelle nous sommes activés en lecture, si nous bloquons le contenu verbal du processus de lecture, etc. Ainsi, l'état que nous appelons schizophrénie est en fait un cas extrême et perturbateur de lecture incontrôlable d'un ou plusieurs de ces morceaux d'âme volés. De même, d'après mon expérience limitée, la catégorie controversée de la possession en SEN est une version encore plus intense du même processus, où les traumatismes impliqués sont extrêmement négatifs et dramatiques. Enfin, la pratique populaire du channeling est également une manifestation du même mécanisme, bien qu'elle se fasse avec plus de contrôle et moins de perturbation mentale. Cette dernière affirmation peut être difficile à accepter pour les personnes qui font du channeling, d'autant plus que les gens aimeraient croire qu'ils ont un lien avec des sources de sagesse supérieure. J'ai toujours été sceptique à propos du channeling après avoir examiné l'utilité fonctionnelle de ce qui était dit, mais je suis devenu carrément suspicieux quand j'ai remarqué que le channeling causait des dommages mineurs au corps des gens pendant l'expérience, un indicateur pour moi qu'une sorte d'autotromperie psychologique était en cours. Cependant, je n'en étais pas absolument sûr tant que je n'avais pas déterminé le mécanisme et un moyen de le guérir, et que je n'avais pas eu l'occasion de le tester. Bien sûr, il est toujours possible qu'il existe plus d'un type de channeling, mais, jusqu'à présent, chaque personne avec qui j'ai travaillé a fait ce que j'ai décrit. (Pour des références complètes sur l'ensemble du phénomène de channeling, je vous renvoie aux excellents livres de John Klimo ou d'Arthur Hastings.)

Alors, pourquoi quelqu'un se ferait-il ça à lui-même, ce qui, à l'extrême, peut même faire faire du mal à autrui ou rendre fou ? De nombreux thérapeutes (et de films hollywoodiens) ont le point de vue que d'une certaine façon les gens sont les victimes d'entités méchantes ou confuses ou d'âmes perdues qui errent à la recherche de quelqu'un dont les défenses sont en panne afin d'emménager. Tant que l'on ne comprend pas pourquoi, il est difficile d'admettre que nous sommes en fait les auteurs et non les victimes, et que nous nous infligeons cela en attrapant et en nous accrochant à des voix ribosomiques (pour peu que l'on accepte l'existence de ces phénomènes). La raison est en fait cachée dans les traumatismes à la naissance et dans l'utérus, c'est pourquoi si peu de gens la découvrent. Pendant la naissance, et parfois dans l'utérus, notre conscience corporelle associe la survie à la sensation d'être entourée de l'émotion ou des émotions que notre mère ressent à ces moments-là. Cette sensation est semblable à celle que l'on ressent quand on attrape une voix ribosomique extérieure et donc, à un niveau profondément inconscient, nous sommes convaincus qu'il faut s'y accrocher à tout prix pour survivre. En fait, nous avons aussi tendance à rechercher les personnes qui ressentent ces émotions particulières, la plupart du temps pour la même raison. Ainsi, la guérison du vol d'âme a l'avantage de résoudre deux problèmes à la fois. Une description complète du processus se trouve dans notre livre *Silence the Voices*.

Nous pouvons guérir le vol d'âme de plusieurs autres façons. Par exemple, l'établissement de soins Hanbleceya dans le sud de la Californie utilise une approche centrée sur le corps qui guérit régulièrement la schizophrénie, quoique lentement. Dans cette approche, ils amènent la personne à prendre conscience qu'elle est en train de devenir schizophrène et, quelque temps plus tard, ils l'amènent à prendre la décision d'arrêter. Si possible, je préfère l'une ou l'autre des diverses techniques de guérison des traumatismes qui permettent d'accéder aux souvenirs de la naissance et de l'utérus. C'est habituellement très rapide, généralement moins de quelques heures. Une autre méthode consiste à demander à un chaman d'enlever la voix ribosomique qui cause le problème, mais, bien que j'aie vu cette approche fonctionner, je ne sais pas si elle élimine le problème sous-jacent de survie pour une guérison permanente. La façon la plus agréable de bloquer le phénomène, bien qu'elle ne nous fasse pas abandonner les voix ribosomiques, est probablement d'aller dans la fusion du mental et du cœur (état de Paix Intérieure). Dans cet état, nous ne rejouons plus les morceaux traumatiques, y compris ceux que nous attrapons en dehors de nous.

Incidemment, l'accès aux vies antérieures (ou futures) peut aboutir à une expérience qui ressemble à du channeling, mais je soupçonne que cela se fait très rarement. Référez-vous à la discussion sur les vies antérieures pour plus d'informations.

Du moins au moment où j'écris ces lignes, le problème du vol d'âme semble être le mécanisme dominant des problèmes de possession, de schizophrénie et de channeling. Cependant, d'autres mécanismes potentiels existent. J'ai par exemple vu des gens qui ont parfois une partie de leur corps (comme un bras) qui bouge apparemment de son propre gré. D'autres peuvent se retrouver à répéter un certain mot de façon incontrôlable, peut-être un juron. À l'extrême, j'ai rencontré des gens qui se sentent parfois complètement « possédés » par la sensation d'un être ou d'une énergie écrasante. Ces personnes ressentent cela comme étant complètement hors de leur contrôle et très effrayant ou dérangeant. Ils s'aperçoivent qu'ils ne peuvent pas le bloquer ou y résister malgré tous leurs efforts. Je soupçonne qu'il est possible pour la conscience du corps de prendre brièvement le contrôle partiel de l'organisme pour mettre en scène du matériel délirant qu'il détient en raison d'un traumatisme. Puisque les autres cerveaux triuniques vivent généralement la conscience corporelle comme un être divin, il est possible d'avoir une mauvaise identification de la cause réelle du problème lorsqu'on perçoit accidentellement la conscience corporelle de leur point de vue. Bien sûr, ce mécanisme peut se manifester positivement,   Surtout en l'absence de tout matériel traumatique délirant, par exemple quand quelqu'un déploie soudainement une force extrême pour sauver une vie, ou se guérit soudainement d'une maladie, ou se vit comme un être sexuel presque archétypal pendant une relation sexuelle. D'autres mécanismes pour ces symptômes impliquent des forces archétypales purement transpersonnelles et peuvent être traités en guérissant la peur et la résistance à ce type d'expérience interne.

Les hantises, les fantômes et les attaques psychiques

Bien qu'il ne s'agisse pas strictement d'une urgence spirituelle, certains appels au SEN sont des demandes d'aide et de compréhension concernant des expériences impliquant des hantises, des fantômes ou des attaques psychiques. Il s'avère que nombre de ces expériences sont une autre expression du phénomène de la voix ribosomique et peuvent être traitées de plusieurs façons.

J'étais assez sceptique à propos des « fantômes » jusqu'à ce que je rencontre moi-même ce phénomène. Environ un an après la mort de ma mère et à la suite d'un travail intérieur que je faisais, j'ai soudainement eu l'impression d'être écrasé. J'ai pris conscience que ma mère était « présente » et essayait de communiquer. Après un certain travail, j'ai découvert qu'elle voulait que je fasse une promesse, ce sur quoi elle a disparu. Le problème concernait la santé de mon frère et de mon père, à propos duquel elle avait ressenti beaucoup de désespoir lorsqu'elle était en vie. Ce type de communication ne survient normalement pas dans le cadre du processus du WHH. Pour les personnes de conscience « ordinaire » qui veulent communiquer avec des parents et amis décédés, je recommande le livre *Rencontres* du Dr Raymond Moody. Il a un moyen très simple de faire communiquer les gens avec les morts comme s'ils étaient réellement physiquement encore présents.

Un certain nombre de clients ont décrit un sentiment très inconfortable de sentir la présence de quelqu'un à proximité, les observant ou les menaçant. Les clients ne sont pas des malades mentaux et sont dans un état de conscience ordinaire. Ce mécanisme implique une autre personne qui construit inconsciemment une voix ribosomique avec une empreinte d'elle-même et de son désir, l'éjectant hors du champ de son corps et l'utilisant pour essayer de se défendre, d'attaquer ou d'essayer d'atteindre son but. Le morceau contient la sensation de la personnalité du créateur et peut être perçue comme une personne ou comme un nuage noir dans divers états de conscience extraordinaires. La clé ici est de se rendre compte que notre conscience corporelle attire réellement le morceau vers nous à un niveau énergétique, même s'il nous fait peur. L'utilisation de l'EFT sur l'idée que nous nous l'attirons à nous-mêmes résout souvent rapidement le problème. L'utilisation du WHH dans la « Silent Mind Technique » (littéralement la « technique du mental silencieux ») est une solution permanente, bien que plus lente.

Ainsi, il n'est même pas nécessaire d'être mort pour créer un « fantôme » de nous-mêmes ! Et en fait, c'est un phénomène très courant. Ça ne m'étonnerait pas si ce processus de création vocale ribosomique se trouvait à la base de certaines pratiques dites de magie noire, ainsi qu'à l'origine de certains des soi-disant « anges » qui font l'objet de channeling.

> **Exemple :** Une femme de 35 ans a créé un morceau d'âme à la suite d'un traumatisme impliquant de l'abandon. Elle l'utilisait inconsciemment pour se défendre contre les hommes qui, selon elle, allaient la quitter, ce qui leur donnait la sensation très étrange d'une présence menaçante. Le fait de confronter gentiment la femme sur ce sujet l'a amenée à rappeler le morceau en elle-même et à faire face à son traumatisme à propos de l'abandon.

> **Exemple :** Dans mon propre cas, j'ai découvert que j'avais créé un morceau d'âme en raison d'un traumatisme lorsque j'avais essayé de me protéger d'une fessée de mon père et qui interférait avec un test musculaire qu'un de mes professeurs voulait faire sur moi. Et plus grave encore, j'avais créé une voix ribosomique à la suite de ma naissance pour « attaquer » les femmes qui me rappelaient ma mère menaçante. La guérison du traumatisme générateur, qui s'était produit quand j'avais moins d'un an, a fait que les morceaux ont été ramenés avec une sensation de « pop » et dissous.

Outre les voix ribosomiques, il existe d'autres mécanismes qui peuvent être classés dans la catégorie des « attaques psychiques ». Ce matériel dépasse le cadre de cette formation, mais est traité dans le travail avancé. Ce genre de chose arrive tout le temps parce que les gens utilisent les capacités humaines naturelles de façon inconsciente. Les gens ne sont normalement pas affectés par ces attaques, mais certaines personnes sont vulnérables en raison de traumatismes dans certains événements de développement prénatal, ce qui leur fait perdre leur immunité naturelle. Je veux néanmoins que vous sachiez que ce problème existe pour certaines personnes et qu'il y a plusieurs mécanismes différents regroupés dans cette catégorie qui peuvent créer des symptômes physiques réels chez les clients. Si vous constatez qu'un client a un problème physique qui ne semble pas être lié à un traumatisme, vous pouvez envisager de le référer à quelqu'un qui a reçu une formation dans ce domaine, ou suivre vous-même une formation.

La crise chamanique

Il existe maintenant plusieurs livres excellents et faciles à trouver sur l'expérience du voyage chamanique et d'autres éléments de la crise chamanique, tels que le classique de Harner, *La Voie du chamane*. Je tiens cependant à mentionner un aspect de l'expérience chamanique que je pense qu'il est important que les assistants de SEN connaissent et qui ne se trouve généralement pas dans la littérature. Je me suis familiarisé avec ce phénomène par accident lors d'une séance de respiration holotropique tandis que j'explorais la douleur des identités de soi. Lorsque j'ai dissous la plus ancienne qu'avait mon corps (une illusion d'être mon père acquise lors du traumatisme de la naissance), j'ai ressenti une sensation de sacralité et soudain ma conscience corporelle est devenue radicalement différente. En répétant ce processus à tour de rôle avec les deux autres cerveaux, je me suis trouvé changé à tel point que je me suis vécu comme quelque chose de totalement inconnu, sans aucune similitude avec l'identité humaine que j'appelle moi-même.

J'ai depuis été capable de le faire à partir d'une conscience ordinaire et, à ma grande surprise, il semble que chacun de mes cerveaux a une contrepartie ou une extension dans une autre sorte de « royaume ». C'est difficile à décrire, mais j'ai une impression « visuelle » de noir fluorescent, intemporel, et une sensation d'être un peu comme si je ressemblais à quelque chose qui pourrait être représenté par un totem. Incidemment, j'étais confortablement conscient de cette dualité dans le ventre de ma mère. La seule référence à cet état de conscience que je connaisse se trouve dans *The Vision* et *Awakening Spirits* de Tom Brown Jr, un occidental formé par des chamans. Il l'appelle le « royaume du chaman ». Dans mon expérience limitée, cet état d'être est une des clés de la guérison régénérative, et c'est certainement un aspect fascinant de la psyché humaine.

La mort et le décès

Le deuil dû à la mort d'une personne peut être une expérience dévastatrice. Mais en particulier dans les cas de décès dû à ses propres actions, réelles ou imaginaires, le fardeau peut être inimaginable. En tant qu'assistant du SEN, je peux suggérer une technique qui permet apparemment à la plupart des gens de communiquer directement face à face avec la personne décédée, généralement un membre de la famille, afin d'en arriver à une résolution de leurs problèmes. Redécouverte à partir d'un procédé utilisé par les Grecs de l'antiquité par le Dr Raymond Moody, elle a été décrite dans son livre Rencontres et gagne en popularité, quoique lentement. Elle semble très utile d'un point de vue thérapeutique. Étonnamment, pour environ 80 % des clients, les « esprits » des morts viennent voir le client et communiquent avec lui. Occasionnellement, mes clients accèdent à une connexion avec le Créateur où ils peuvent communiquer « verbalement » avec les morts. Je le mentionne ici parce que vous pourriez avoir un client qui en fait l'expérience en utilisant le WHH.

> **Exemple :** Une femme était endeuillée par le décès d'une femme âgée très aimée, une chamane. Nous avons utilisé une technique de guérison des traumatismes sur son deuil et sommes remontés au stade de la naissance avant la présentation au sommet. On avait dit à sa mère de garder les jambes serrées pour arrêter l'accouchement jusqu'à ce que le médecin puisse arriver. Après avoir guéri ce traumatisme, son chagrin au sujet du décès a complètement disparu et n'est pas revenu. Fait intéressant, elle a déclaré que son amie décédée pouvait maintenant communiquer directement avec elle (même si elle était maintenant morte). Apparemment, le deuil bloquait sa communication avec son élève. Vérité ou illusion ? Je ne sais pas, mais je sais que c'est possible, même si cette cliente précise ne se faisait que des illusions.

Les vies antérieures

La question des vies antérieures peut se poser de plusieurs façons pour les personnes qui appellent le SEN. La mémoire peut avoir refait surface en raison d'une régression à une vie antérieure, au cours d'un travail de guérison d'un traumatisme ou spontanément. En général, la personne qui appelle a besoin d'être rassurée sur le fait que d'autres ont déjà rencontré ce phénomène et on peut faire référence à l'un des nombreux excellents livres sur le sujet. Cependant, d'après mon expérience, un des problèmes qui peut survenir pour les aides du SEN est de supposer que le simple fait de se rappeler la vie antérieure suffit à la guérir. Il est facile de sauter à cette conclusion puisque l'individu a habituellement un énorme sentiment de soulagement lorsqu'il se remémore ce souvenir et qu'il voit pourquoi cela a causé des problèmes dans sa vie présente. Malheureusement, le traumatisme doit être guéri comme tout autre traumatisme dans leur vie actuelle.

Au risque de perdre de la crédibilité, il peut y avoir des niveaux plus profonds d'expérience de vie antérieure, en particulier chez les personnes qui suivent des pratiques spirituelles, et je pense que les assistants du SEN devraient au moins en avoir entendu parler même s'ils n'y croient pas. Normalement, nous considérons le passé comme figé et l'avenir comme non encore formé. Imaginez cependant un instant que notre « esprit » existe toujours et qu'il peut avoir un point de vue hors du temps à partir duquel il voit que tous les événements passés et futurs se sont déjà produits. Le changement est néanmoins possible parce que les individus peuvent modifier leur conscience, ou « esprit », à travers le temps et agir sur ce qui s'est déjà produit ou ce qui se produira. Il est ainsi possible d'avoir l'expérience d'interagir avec sa vie antérieure ou future pour changer les événements. En fait, il est possible de se donner des conseils et une orientation d'une vie à l'autre, l'exemple ultime de la légende des cheveux du Baron de Münchhausen ! Un excellent exemple de ce phénomène se trouve dans *Celui qui marchait avec les esprits* de Hank Wesselman.

Comme la plupart d'entre nous peuvent difficilement gérer notre propre vie actuelle, et encore moins celle des autres, je n'encourage généralement pas cette pratique.

À ce stade, il semble que les incidents traumatiques sont transportés du passé au présent parce que notre état naturel, non traumatisé, est d'être relié simultanément à toutes nos vies antérieures et futures. Lorsque nous revenons pour guérir ces traumatismes, nous pouvons voir ces vies en déplaçant notre point de vue « spirituel » dans le passé réel et nous avons la sensation étrange de nous reconnaître et de reconnaître les autres même si nous avons une personnalité et un corps différents dans cette vie-là.

Points clés

- Il existe une variété d'expériences spirituelles. Il est important de les connaître pour que le résultat de la séance de thérapie soit positif pour le client.

- Les thérapies énergétiques, et en particulier le WHH, peuvent susciter des expériences spirituelles. Assurez-vous de reconnaître la réalité de ce que vivent les clients, car ils ont souvent besoin de la validation de ces expériences étrangères.

EXERCICE - PRATIQUE DU WHH SUR DES CAS PARTICULIERS AVEC UN PARTENAIRE

N'hésitez pas à travailler sur un des cas particuliers que nous venons de passer en revue. Ou toute autre question qui vous semble importante. La clé ici est la pratique, la pratique, la pratique, de sorte que vous vous sentirez à l'aise dans l'utilisation réelle de ce processus lorsque vous quitterez la formation.

Notes sur l'exercice pratique :

<u>Notes sur l'exercice pratique (suite) :</u>

QUIZ NUMÉRO 3

1. Que dites-vous à un client qui rencontre un « fil de fer » ou une « bouteille » dans son corps pendant la guérison d'un traumatisme ?

2. Faut-il d'abord guérir le bon traumatisme avant de pouvoir récupérer un morceau d'âme ?

3. Quelles alternatives avez-vous si le client ne veut pas chanter une chanson ?

4. Si le client décrit un nuage qui sort de son corps au cours d'une guérison, qu'est-ce que cela signifie et que faites-vous ?

5. Si, pendant une guérison, le client décrit qu'il a vu son propre corps s'éloigner de lui alors qu'il était encore dans son corps lors d'un traumatisme dans le passé, qu'est-ce que cela signifie et que faites-vous ?

6. Quand est-il approprié d'utiliser un mélange d'EFT et de WHH avec un client ? Ou juste l'EFT ?

7. Quand n'est-il pas approprié d'utiliser l'EFT ou une thérapie énergétique avec un client ?

8. Quel est le symptôme présenté que nous soupçonnons de souvent cacher la capacité d'ouvrir et d'utiliser le chakra du cœur ?

9. Que faites-vous pour un traumatisme générationnel ?

10. Pour certains clients, d'où vient le traumatisme générationnel (direction dans l'espace) ?

11. Quand est-il particulièrement utile d'utiliser le « visionnage » du TIR d'une séquence traumatique (deux exemples) ?

12. Le phénomène de « choc » physique ou émotionnel pose-t-il un problème avec le WHH ?

13. Est-ce que le WHH est une thérapie énergétique, méridienne ou autre ?

14. La dépression est-elle un symptôme de traumatisme ?

15. Les tests musculaires sont-ils fiables dans le travail sur les traumatismes ?

16. La TAT peut-elle être permanente ou est-elle réversible ?

17. Les trous dans les gens sont-ils communs ou peu communs ?

18. Quelles sont deux manières par lesquelles les gens peuvent se blesser l'un l'autre ou s'empêcher mutuellement de guérir, mais à distance ?

19. Les thérapies méridiennes guérissent-elles les trous ?

20. Lorsque vous utilisez l'EFT ou une autre thérapie méridienne sur les maux de tête d'un client et qu'ils reviennent après un certain temps, qu'est-ce que cela signifie et comment pouvez-vous y remédier ?

21. Pourquoi croyons-nous que la guérison par des thérapies méridiennes est potentiellement réversible ?

22. Lors du DPR, est-il acceptable de dire » en fait, c'est le problème du client qui fait qu'il mérite d'être aimé, et en fait, s'il ne l'avait pas, il mériterait moins d'être aimé » ?

Quatrième jour

LES CLIENTS AVEC LESQUELS **NE PAS** TRAVAILLER

Ceci est une mise en garde à l'intention de tous ceux d'entre vous qui envisagent de travailler avec certains types de clients : les survivants d'abus rituels, les survivants d'abus sexuels (surtout d'inceste parental), les clients suicidaires, les clients victimes de violence intrafamiliale et les clients ayant des problèmes de confiance généralisés. NE LE FAITES PAS ! Bon nombre d'entre vous n'ont pas reçu de formation de thérapeute, et même si vous l'êtes, vous avez besoin d'une expérience spécialisée pour traiter ce type de clients. Il y a probablement d'autres catégories auxquelles je ne pense pas en ce moment, mais celles-ci sont les plus importantes. S'IL VOUS PLAÎT, apprenez ces techniques sur des clients « faciles », je n'ai pas envie d'attraper des ulcères !

Si vous travaillez avec des personnes qui ne sont pas membres de votre famille, veuillez vous familiariser avec les ressources qui peuvent vous assister et auxquelles vous pouvez envoyer vos clients si vous découvrez ce genre de problèmes. Ou alors suivez une formation spécialisée, et j'ai des recommandations pour d'excellentes formations si vous voulez suivre cette voie. Quoi qu'il en soit, vous devez EN PARTICULIER savoir où envoyer vos clients s'ils deviennent suicidaires. Cela a des conséquences juridiques importantes et vous devez respecter vos limites et la sécurité de votre client.

1. **Les clients qui ont des problèmes cardiaques ou d'autres pathologies physiques potentiellement mortelles :** Le WHH peut évoquer des problèmes physiques et des douleurs émotionnelles intenses, et il est donc possible que ce travail puisse déclencher une crise cardiaque chez une personne dont le cœur est fragile. C'est bien évidemment vrai pour un certain nombre d'autres thérapies, mais attention ! Vérifiez si vos clients ont ce genre de problème, car ils pourraient ne pas penser à vous le dire.

2. **Les survivants d'abus rituels ou de cultes « sataniques » :** Tout d'abord, ces groupes existent vraiment et vous pourriez avoir des clients qui ont été victimes de ce genre d'abus, habituellement des enfants de membres. Envoyez-les à des spécialistes dans ce domaine ! Ces clients ont énormément de problèmes graves et vous n'avez ni le temps ni l'expérience pour les traiter. J'ai entendu certains de mes collègues douter de l'existence de ce genre de chose, mais cela existe. Si ces groupes laissent quelqu'un survivre à ce genre de situation et que le survivant consulte un thérapeute, les groupes ont tendance à s'inquiéter et souvent menacer voire tuer le thérapeute. CELA POURRAIT ÊTRE VOUS ! CELA DÉPASSE VOTRE NIVEAU D'EXPERTISE alors laissez faire les spécialistes qui travaillent dans ce domaine aux côtés de la police. Si vous avez quelqu'un dans cette catégorie, je peux les référer à des spécialistes dans ce domaine.

3. **Les survivants d'abus sexuels :** Ici encore, ces clients nécessitent vraiment une formation spécialisée. Je sais que nous avons tous vu Gary Craig guérir une victime d'inceste sur scène, mais ses clients sont assez fonctionnels pour venir participer à la formation, ont tendance à être eux-mêmes thérapeutes, etc. Dans votre cabinet, vous pouvez obtenir de tout. Alors, pourquoi posent-ils un problème ? Tout d'abord, vous devez avoir l'expérience de voir des personnes ayant été abusées qui revivent toute l'horreur de la situation afin que cela ne vous affecte pas. Sinon, vous allez inconsciemment limiter ce que le client s'autorise à ressentir. Cette expérience n'est pas quelque chose que l'on apprend naturellement, c'est tout à fait horrible et choquant de voir un certain nombre de personnes revivre cette expérience. (Soit dit en passant, cela s'applique également aux victimes de torture, comme cela peut se produire dans les prisons gouvernementales de certains pays). Deuxièmement, s'ils ne règlent pas l'expérience particulière sur laquelle vous travaillez et s'il s'agit d'un souvenir qu'ils viennent de retrouver, ils peuvent repartir et essayer de tuer l'auteur du crime. Ou alors ils peuvent terriblement souffrir entre les séances. Troisièmement, ces choses peuvent provoquer des sentiments suicidaires, et si vous ne les guérissez pas et ne savez pas quoi faire, les clients peuvent se suicider (voir ci-dessous). Quatrièmement, en utilisant des techniques de guérison simples et basiques telles que les thérapies énergétiques, vous avez besoin d'expérience et de pratique pour aider le client à évoquer ces horribles souvenirs s'ils sont réprimés, sinon votre client peut sortir de votre cabinet en se sentant mal à l'aise pendant un certain temps sans savoir pourquoi - et en vous reprochant de lui avoir « fait » quelque

chose.

Une autre raison de ne pas travailler avec ces gens est que, quel que soit votre sexe, vous pouvez déclencher toutes sortes de choses rien qu'en étant de ce sexe et le client éprouvera de la difficulté à travailler avec vous. Même s'ils sont d'accord avec vous pendant un certain temps, ils peuvent avoir besoin de travailler à d'autres moments avec un thérapeute du sexe opposé. Par exemple, disons qu'un homme a été violé par son père alors qu'il était bébé (c'est un exemple réel, il n'avait que 11 mois quand ça a commencé). Il avait principalement des problématiques par rapport à son père, mais il y avait des problématiques par rapport à sa mère parce qu'elle ne le défendait pas. Dans ces cas-là, une équipe composée de deux personnes est la plus efficace.

4. **Les clients suicidaires :** Ceux-ci ont besoin de spécialistes, même si les spécialistes utilisent des techniques traditionnelles qui ne servent à rien. Premièrement, les implications juridiques sont énormes. S'ils se suicident alors qu'ils sont sous vos soins, vous pouvez être poursuivi en justice ou emprisonné si vous n'êtes pas titulaire d'une autorisation de pratiquer. D'ailleurs, même s'ils ne meurent pas, vous pouvez être poursuivi par eux ou par des membres de leur famille parce que vous n'avez pas d'autorisation. Deuxièmement, si vous commencez à travailler avec eux, ils peuvent nécessiter une prise en charge 24 heures sur 24, 7 jours sur 7, et cela peut durer des mois voire des années. Vous n'avez pas ce genre de disponibilité. Laissez cela à d'autres qui veulent s'en charger. Deuxièmement, si vous travaillez avec eux, ils pourraient penser qu'ils n'ont pas besoin de travailler avec quelqu'un d'autre, et ce n'est pas le cas. Ils ont souvent besoin d'être sous surveillance 24 heures sur 24 afin de ne pas se suicider pendant qu'ils effectuent le travail de guérison. Troisièmement, vous ne connaissez pas les médicaments qui ne peuvent être prescrits que par des spécialistes, et même si je les déteste, ils aident parfois à garder votre client en vie jusqu'à ce que vous puissiez le soigner. Ce domaine est réservé aux personnes qui y sont formées, merci de les laisser faire.

Laissez-moi vous donner un exemple personnel atroce. Je n'ai été amoureux qu'une fois dans ma vie. Des années plus tard, cette femme a refait surface à l'occasion d'une période de séparation d'avec son mari, et elle se sentait suicidaire. Elle avait eu une liaison et son mari lui avait dit que c'était « lui ou moi ». Elle était accro au sexe avec l'autre homme, alors son mari a entamé une procédure de divorce. Cela l'a amenée à se sentir intensément suicidaire. Elle s'était tailladé les poignets et avait à peine survécu (le sang coagule habituellement, mais il y a des moyens de contourner cela). Elle avait fait une overdose de pilules et s'en était à peine sorti. Elle était suivie par un psychiatre qui lui prescrivait des médicaments, mais les pulsions suicidaires continuaient évidemment. Elle est venue me voir et nous avons traité un traumatisme à la naissance. Elle est partie en se sentant revigorée pour la première fois depuis des mois. Cependant, quelques jours plus tard, un traumatisme antérieur est apparu (remarquez mon insistance sur le fait que vous devez aller jusqu'au fond du problème) tandis qu'elle se trouvait chez elle et elle s'est pendue.

Il y a deux leçons à tirer de cet exemple. Tout d'abord, les pulsions suicidaires trouvent leur origine dans l'utérus. Ainsi, pour réussir, vous devez avoir guéri assez de matériel intra-utérin pour faciliter les choses pour vos clients. Le matériel suicidaire est particulièrement difficile d'accès pour les personnes non suicidaires et il faut l'aborder exprès avec quelqu'un qui en a déjà l'expérience. Dans le travail que j'ai fait avec cette femme, nous n'étions pas arrivés au traumatisme originel (elle en avait assez pour la journée), mais elle n'est pas revenue à temps pour terminer. Si j'avais travaillé avec elle dans un établissement spécialisé, cela ne serait pas arrivé. Souvent, le suicide reproduit la sensation que le client a eue *in utero* et qui motive le suicide et, dans son cas, elle avait été traumatisée par le cordon enroulé autour de son cou lors de sa naissance. Deuxièmement, les personnes suicidaires se suicident rarement pendant qu'elles sont au fond du trou, elles se sentent trop mal et léthargiques pour ça. Au lieu de cela, elles ont tendance à se tuer après qu'un travail ou une bonne expérience leur ait donné assez d'énergie pour qu'elles puissent effectivement concrétiser leurs intentions originelles. Votre travail peut donc les mettre en condition pour qu'ils se donnent la mort. J'en ai dit assez.

5. **Les clients victimes de violence intrafamiliale :** Cette situation est également réservée aux spécialistes et à la police. La personne victime de violence se rend compte qu'elle ne peut pas partir, même si la violence s'intensifie au point qu'elle est hospitalisée et qu'elle finit par être tuée. Il existe un profil

de l'agresseur qui indique la probabilité qu'il tue son conjoint, mais il s'agit d'un profil de nature statistique et, au vu de l'incertitude dans ce cas de figure, vous devriez donc penser que c'est possible avec n'importe qui. Si vous vous impliquez, vous ne faites que leur donner l'illusion d'être en sécurité (après tout, ils rentrent chez eux après que vous les ayez vus) et vous leur rendez par conséquent un mauvais service qui pourrait mener à leur mort. Deuxièmement, le conjoint violent s'en prendra probablement à vous parce qu'il est tout aussi accro à la violence envers la victime que la victime est accro à la violence. Et, à un niveau profond, ni l'un ni l'autre ne veut vraiment que cela prenne fin. Je pourrais en dire plus, mais j'espère que vous avez compris le message. Oui, vous pourriez être capable de briser le cycle en une seule séance de guérison, mais vous pourriez aussi ne pas l'être et cela s'avérer désastreux. Alors, laissez faire les experts ou suivez vous-même la formation appropriée.

6. **Les clients ayant des problèmes de confiance généralisés :** Évitez ces clients pour une raison différente. Ce sont les clients qui viennent vous voir pour vous raconter que leur ancien thérapeute n'était pas digne de confiance et ne les a pas aidés, vous posent des questions sur vos qualifications et, en général, vous donnent l'impression qu'ils sont excessivement méfiants ou peu dignes de confiance. Il y a plusieurs raisons de les éviter. Tout d'abord, peu importe la qualité du travail que vous effectuez pour éliminer leur problème, ils ne seront pas satisfaits. Ils sortiront et diront à tout le monde que vous n'êtes pas digne de confiance, que vous êtes incompétent, etc., tout comme ils vous ont parlé de leur dernier thérapeute. Ainsi, peu importe si vous êtes un thérapeute compétent, vous n'obtiendrez pas une recommandation de leur part et, en vérité, ce sera tout le contraire. Ils ont également tendance à facilement poursuivre en justice, de sorte que vous obtenez ces procès désagréables qui peuvent vous anéantir.

Si, pour une raison quelconque, vous êtes contraint de travailler avec ce type de personnes, commencez D'ABORD par travailler avec eux uniquement sur le problème de confiance généralisé. Mais je vous recommande de les éviter, car leurs défenses sont stimulées quand on étudie la question et la situation peut devenir explosive.

Pour résumer, bien que vous soyez déjà d'excellents thérapeutes par rapport aux personnes de terrain ayant une formation conventionnelle, vous êtes toujours contraints par les limites de ce que vos clients feront lorsqu'ils suivent vos instructions. Et par les limites de votre expérience et de votre formation. SOYEZ PRUDENTS !

Merci de nous laisser mieux dormir la nuit.

Points clés:

- Les clients suicidaires sortent de votre cadre de compétences si vous n'avez pas de formation spéciale et de lieu spécialisé à disposition.

- Les personnes atteintes de maladies cardiaques courent le risque d'avoir une crise cardiaque pendant ce travail, tout comme elles peuvent en avoir une à cause de n'importe quel type de stress physique.

LA GUÉRISON RÉGÉNÉRATIVE

La guérison de certains traumatismes avec le WHH ou d'autres techniques élimine parfois les problèmes physiques parce que vous relâchez les efforts inconscients qui vous éloignent continuellement de la bonne santé. Cependant, une variété d'affections telles que le cancer en phase terminale, les lésions de la moelle épinière, les dents endommagées, les cicatrices, etc. ne répondent pas à ces types de méthodes. Il est possible de guérir ces maladies et d'autres maladies graves, mais cela exige une approche très différente. Nous appelons cette approche la « guérison régénérative » (nous l'appelions auparavant la « guérison physique radicale », mais nous avons changé le nom pour mieux refléter la nature du phénomène). L'une des caractéristiques les plus étonnantes de cette approche est sa vitesse, car la pathologie disparaît sous vos yeux en quelques minutes. Comme beaucoup, j'étais sceptique face aux histoires de guérison spontanée ou de guérison par la foi jusqu'à ce que je rencontre un thérapeute qui pouvait guérir régulièrement des maladies terminales et des blessures incurables comme le SIDA, le cancer ou les maux de dos, généralement en quelques minutes et sans intervention physique.

Le secret réside dans notre passé. Dans l'utérus, nous dirigeons activement le processus de croissance, nous ne nous contentons pas de dérouler un programme d'ADN. Sans entrer dans les détails fascinants, les systèmes de réparation de notre corps passent à notre naissance à une sorte de pilotage automatique que nous considérons tous comme normal. Il est possible de contourner cette expérience à la naissance et de nous guérir « spontanément ».

Comme je l'ai mentionné brièvement au premier jour, lorsque vous guérissez un traumatisme à la naissance ou un traumatisme prénatal, vous êtes en train d'effectuer une guérison régénérative de votre (ou de vos) blessure(s). En « restant avec » la blessure au moment où elle se produit lors de ces traumatismes, vous parviendrez finalement à une résolution du traumatisme (pas d'émotion, pas de douleur, avec le sentiment d'être grand et brillant à l'intérieur), *même si l'événement responsable de la blessure se produit toujours*. Comme je l'ai dit, avec le WHH, nous sommes en train de changer le passé - et votre soi prénatal guérit complètement son corps à la volée en même temps que ce qui vous faisait du mal. Un exemple d'adulte faisant cela était Jack Schwarz, qui pouvait faire passer une aiguille à tricoter dans son bras sans l'endommager - il faisait de la guérison régénérative à la volée, tout comme votre soi prénatal est capable de faire. Évidemment, il est assez rare d'avoir la capacité de pratiquer la guérison régénérative après la naissance.

Aussi incroyable que cela puisse paraître, quelques personnes ont en fait la capacité d'induire cette sorte de guérison dans le corps des autres. Cependant, il est assez inhabituel de trouver un véritable guérisseur, alors agissez en consommateur averti. J'estime que la seule personne que j'ai rencontrée qui pouvait le faire régulièrement, la révérende Dolorès Lucas, réussissait à guérir environ 50 à 70% des gens qu'elle voyait. Son taux de réussite n'était pas fonction du problème de santé, mais plutôt de sa réticence à aider. (Elle ne pratique plus le travail de guérisseur.) Une autre personne qui y arrive assez régulièrement est Harold McCoy du Ozark Research Institute. Un autre groupe qui le fait régulièrement est l'école de Qi Gong Chi-Lel en Chine. Il s'avère que vous pouvez améliorer vos chances lorsque vous êtes avec ce type de thérapeute en essayant de vous rappeler comment vous vous sentiez quand vous étiez un fœtus, en voyant spécifiquement votre corps comme très grand et lumineux à l'intérieur, et en essayant de ressentir un sentiment de complétude intérieure. La clé de leur méthode est qu'apparemment ils vous aident à vous sentir suffisamment en sécurité pour que vous vous guérissiez vous-même.

L'Institute for the Study of Peak States effectue actuellement des recherches sur la question. C'est un travail fascinant !

D'AUTRES TECHNIQUES DE GUÉRISON

La dyslexie

Un processus spécifique mis au point pour la dyslexie consiste à déplacer le point de vue du corps à un endroit particulier à l'intérieur ou à l'extérieur de la partie supérieure du crâne, une technique qui a des résultats spectaculaires pour la dyslexie, comme le décrit Ronald Davis dans *Le don de dyslexie*.

Les vies antérieures et les autres techniques de régression

Plusieurs auteurs compétents travaillent dans ce domaine. Le Dr Weiss est un homme que j'ai rencontré et que j'ai apprécié, et c'est la raison pour laquelle je le recommande. Lisez son livre *De nombreuses vies, de nombreux maîtres*. Il anime également des ateliers sur la maîtrise des techniques de régression. Pour plus d'informations sur ce travail fascinant, consultez *Regression Therapy: A Handbook for Professionals*, volumes 1 et 2 de Winafred Blake Lucas.

J'ai toutefois rencontré un problème avec les techniques de régression en général. En particulier avec le matériel des vies antérieures, il suffit généralement au client de se souvenir du traumatisme pour qu'il ressente un énorme sentiment de soulagement rien que de savoir qu'il existe une raison au problème dans sa vie courante. Cependant, j'ai constaté que le thérapeute s'arrête souvent à ce stade et n'aide pas à guérir l'incident en question pour éliminer le comportement dans le présent. C'est une étape essentielle, mais il faut appliquer à ce stade une des techniques mentionnées précédemment pour guérir le traumatisme.

Ces techniques exigent généralement un thérapeute qualifié, mais bon nombre d'entre elles sont rapides et peu coûteuses, de sorte que l'exploration dans ce domaine ne représente pas un fardeau exagéré. En ce qui me concerne, cependant, j'ai trouvé que les techniques employées sur moi étaient trop douces pour être efficaces pour moi. Ainsi, l'expertise du thérapeute et les outils qu'il utilise sont probablement des éléments essentiels à la réussite de son travail. Ma technique du WHH évoque ce genre de matériel, mais ce n'est pas ma principale préoccupation - la plupart des problèmes quotidiens d'une personne n'ont rien à voir avec les vies antérieures. J'ai découvert depuis que l'accès à une vie antérieure est dû à l'évitement de traumatismes dans cette vie-ci ayant un sentiment semblable à celui de la vie antérieure. Ainsi, le problème central ne sera pas éliminé tant que la situation dans cette vie ne sera pas également guérie.

Le chamanisme et le recouvrement d'âme pour les traumatismes et la schizophrénie

À travers son organisation The Foundation for Shamanic Studies et avec son livre *La Voie du chamane*, Michael Harner a été la force dominante dans la préservation et la promotion des anciennes techniques de guérison chamanique au cours des 20 dernières années. Son assistante Sandra Ingerman a fait un merveilleux travail d'extension et d'illustration d'une des principales techniques chamaniques dans son livre *Recouvrer son âme* et à travers des formations dans le monde entier.

La technique consiste à guérir un aspect du traumatisme qui n'est pas acceptable ou compréhensible dans la vision occidentale actuelle du monde. C'est pourtant très rapide, généralement une trentaine de minutes, et souvent d'une efficacité étonnante, et cela ne nécessite aucun effort de la part du client. Deux types de travail prédominent : la perte d'âme, qui survient lors d'un traumatisme très grave et cause de graves problèmes au client, et le vol d'âme, qui entraîne des pathologies telles que la schizophrénie.

J'ai personnellement vu des guérisons spectaculaires de maladies mentales graves en quelques minutes à l'aide de ces techniques rapides et peu coûteuses. Je recommanderais à quiconque d'essayer la guérison chamanique par principe, même si vous croyez que vous n'avez pas de problèmes. Cependant, cela dépend des capacités du praticien, et donc la difficulté de savoir si vous avez trouvé un praticien compétent est un problème. Ce genre de travail n'est pas vraiment facile à faire soi-même, mais la formation aux techniques est facilement accessible par l'intermédiaire de l'organisation de Harner. Je dirais qu'environ 70% des personnes qui assistent à ses formations ont une certaine aptitude pour ses techniques.

Les questions de la perte d'âme et du vol d'âme sont abordées dans le WHH. Si l'on veut, le vol d'âme peut être guéri en traitant certains types d'expériences dans l'utérus et à la naissance, mais la perte d'âme n'est traitée qu'au cas par cas, et pas toutes à la fois comme dans le travail chamanique, du moins jusqu'à présent. De plus, quelqu'un qui ne peut pas ou ne veut pas utiliser le WHH ne peut pas être aidé, comme dans les cas de maladie mentale grave, alors que ce n'est pas un problème pour le praticien chamanique.

Le système de la communauté thérapeutique Hanbleceya pour la schizophrénie et d'autres maladies mentales graves

Ce centre de traitement en Californie pratiquement inconnu a la particularité inhabituelle de guérir régulièrement la schizophrénie. Cela prend habituellement pas mal de temps, parfois des années, et il faut vivre sur place, ce qui est assez coûteux, mais c'est une véritable aubaine si vous avez ce problème. Ils travaillent également avec des patients bipolaires et psychotiques. Ils utilisent principalement les thérapies corporelles de l'intégration biocellulaire, qui implique la respiration et le mouvement, l'analyse bioénergétique, le Tragerwork (système de Trager), le massage, l'acupressure et la danse. Soit dit en passant, leur travail n'est pas publié dans des revues parce qu'ils ne peuvent jamais passer l'étape de l'examen par les pairs - les examinateurs ne peuvent pas croire que la schizophrénie peut être guérie et rejettent donc les articles soumis. J'ai rencontré le même genre de problème avec mes travaux.

Leur traitement contre la schizophrénie se déroule en deux étapes. Tout d'abord, le patient est amené à se rendre compte que c'est quelque chose qu'il est en train de s'infliger à lui-même. Quelque temps plus tard, le patient décide de ne pas être schizophrène. Cette approche me semble parfaitement sensée, car ils utilisent le toucher pour rassurer la conscience du corps qu'il survivra même s'il ne continue pas à attirer des voix ribosomiques étrangères (voir nos travaux sur la guérison de la schizophrénie dans Silence the Voices). C'est une excellente façon de travailler avec quelqu'un qui ne peut pas ou ne veut pas utiliser les techniques plus directes de guérison des traumatismes pour briser le lien entre la survie et les émotions extérieures dû aux traumatismes intra-utérins et à la naissance. Et leur technique a l'avantage de n'impliquer aucun concept en dehors des préjugés occidentaux traditionnels.

Cependant, avant de suivre ce programme, je commencerais par me faire soigner par un praticien chamanique compétent. Cela pourrait éliminer le problème en une journée, ce qui serait certainement rentable. Vous pouvez également faire appel à l'un de nos thérapeutes cliniques spécialisés dans la guérison de la schizophrénie.

Pratique - Exercice du WHH avec un partenaire

Ceci est la dernière occasion de guérir des problèmes au cours de cette formation. À ce stade, nous vous avons parlé de tout ce qui est disponible concernant le WHH, et seule la pratique peut améliorer les choses. Je vous conseille fortement de vous entraîner sur vous-même, car c'est ce qui a le plus d'impact au niveau apprentissage. Pendant que vous travaillez, vous pourriez aussi vous demander si une formation supplémentaire dans l'une des autres thérapies mentionnées au cours de cette formation vous serait utile.

Les animateurs de la formation seront à votre disposition gratuitement au cours des prochaines semaines pour vous aider si vous êtes resté bloqué sur une question particulière au cours de la formation. Malheureusement, dans le cadre de la formation, il n'est pas toujours possible de résoudre un problème donné en raison des contraintes de temps. Essayez de guérir par vous-même (après tout, vous avez besoin de pratique), et si vous en ressentez le besoin, fixez un rendez-vous pour faire une séance avec l'un d'entre nous.

Notes sur l'exercice pratique :

Notes sur l'exercice pratique (suite) :

LES QUESTIONS D'ÉTHIQUE

Nous aimerions maintenant avoir une brève discussion sur les questions d'éthique entourant le travail que nous faisons. Voici quelques points à considérer :

- Est-il acceptable de pratiquer le DPR ou une thérapie énergétique par procuration sur quelqu'un sans sa permission ? Qu'en est-il des conjoints ou des membres de la famille ? Qu'en est-il des alcooliques ou d'autres personnes qui ne veulent pas vous donner la permission de travailler sur eux ?

- Quelle est votre responsabilité envers les personnes sur lesquelles vous utilisez ces techniques de psychotraumatologie si elles exposent quelque chose comme des abus oubliés ou des traumatismes à la naissance qu'elles sont alors incapables de guérir ?

- Quel niveau de maîtrise du WHH ou d'une autre thérapie devez-vous avoir avant de l'utiliser pour travailler avec des amis ou des clients ?

- Si vous avez un client qui ne guérit pas rapidement (ou pas du tout) et que vous êtes payé au temps passé, devriez-vous le rembourser ? Les envoyer chez un autre thérapeute ? Offrez-vous la garantie que votre travail sera durable ?

- Avez-vous envisagé de travailler avec votre client pour lui proposer un tarif fixe pour la guérison de son problème spécifique et de ne pas le facturer si vous n'atteignez pas votre objectif ? Avec une garantie ?

- Quelle est votre responsabilité quant à l'utilisation de l'EFT (ou d'une autre thérapie énergétique) s'il y a un risque qu'elle ne soit pas nécessairement permanente ?

- Avez-vous besoin d'une formation dans d'autres thérapies énergétiques ? Ou de participer à des conférences pour vous tenir au courant des derniers développements en la matière ou en WHH ?

- Dans ce travail, nous rencontrons des phénomènes étranges non acceptés par notre culture (chakras, urgences spirituelles, etc.). Faut-il les ignorer, en faire abstraction, essayer de se former davantage à leur propos, ou quoi d'autre ? Que disons-nous à nos clients ?

DERNIÈRE DISCUSSION ET RESSOURCES COMPLÉMENTAIRES

Le formulaire d'évaluation de la formation

Quelles sont les choses les plus importantes que vous avez tirées de cette formation ? N'oubliez pas de remplir les formulaires d'évaluation de la formation afin que nous sachions ce qu'il faut conserver, ce qu'il faut changer et ce qu'il faut jeter complètement. Rappelez-vous, vous avez consacré quatre jours, beaucoup de douleur et de l'argent pour cette formation - est-ce que ça valait le coup ?

La liste de référence des praticiens sur notre site internet

N'oubliez pas d'inscrire votre nom et un paragraphe de présentation sur la liste des praticiens de notre site internet une fois que vous serez certifié par l'Institut ! De plus, si vous souhaitez offrir un témoignage pour le site internet, s'il vous plaît faites-le - c'est quelque chose qui nous est vraiment utile. C'est un service gratuit pour les clients et les thérapeutes. Gary Craig, le créateur de l'EFT, a fait une remarque concernant ces petites descriptions sur le site internet : les clients (et probablement vous aussi) veulent consulter un expert pour leur problème spécifique. Alors, quel est votre domaine d'expertise particulier ?

Les informations concernant les améliorations des techniques, les autres thérapies et projets de l'Institut

Nous essayons de vous tenir au courant des nouvelles informations en les publiant dans la section appropriée de notre site internet www.peakstates.com. N'oubliez pas d'obtenir la liste des adresses électroniques des autres participants à la formation - vous ne savez jamais ce que l'avenir vous réserve ! Nous publions des bulletins d'information à des intervalles peu fréquents et vous pouvez vous inscrire en allant sur le site internet www.peakstates.com. Nous gérons également un groupe de messagerie électronique pour les personnes qui utilisent la technique du WHH et vous pouvez l'intégrer en vous inscrivant sur la page principale de notre site.

La responsabilité légale et la licence ministérielle

Une brève mention de la responsabilité légale lorsqu'on travaille avec des clients en utilisant le WHH (ou, en fait, toute thérapie non conventionnelle) s'impose. Au moins aux États-Unis, il faut généralement une licence pour pratiquer de la psychothérapie, bien que les détails varient d'un état à l'autre. Toutefois, si vous avez recours à des thérapies non conventionnelles, telles que pratiquement toutes les thérapies énergétiques, vous pouvez faire l'objet de poursuites. Bien que cette situation s'améliore, la responsabilité est une préoccupation. Et en fait, être poursuivi en justice est probablement un risque quoi que vous fassiez. Une façon d'éviter cette situation (N.d.T. aux États-Unis) est de devenir ministre au sein d'une église et de pratiquer sous ses auspices. Bien que n'importe quelle dénomination puisse fonctionner, je me permets de suggérer d'utiliser l'Association for the Integration of the Whole Person (AIWP, littéralement « l'Association pour l'intégration de la personne entière »). Ils font un travail exceptionnel et il n'est pas trop difficile d'être ordonné. Ils sont basés à Ronert Park en Californie.

Une autre organisation religieuse qui accorde une licence ministérielle est la Universal Life Church. C'est une organisation mondiale et elle peut être en mesure d'aider avec l'assurance cléricale.

Une autre organisation est la Spiritual Humanism, qui ne requiert pas que l'on étudie ou que l'on accepte sa doctrine, ni que l'on paye de l'argent pour être ordonné ministre.

Ce que ce cours ne couvrait pas

Dans cette formation en WHH, nous avons essayé de limiter le matériel à ce qu'une personne ordinaire dans un état de conscience ordinaire pourrait maîtriser. C'est suffisant pour la plupart des thérapeutes. Notre formation sur la thérapie Peak StatesTM se concentre sur l'apprentissage des causes des états de conscience extraordinaires et sur la façon de les acquérir. À l'heure actuelle, vous devez être un thérapeute en traumatologie certifié par l'ISPS pour suivre cette formation.

Après la formation

Si vous avez apporté du matériel à guérir lors de la formation et qu'il n'est pas guéri, veuillez travailler dessus vous-même ou contacter un des instructeurs pour obtenir de l'aide. Comme le temps que nous avons consacré à la formation était si limité, nous ne nous attendons pas à ce que vous ayez réglé tous vos problèmes. Veuillez noter dans votre manuel nos numéros de téléphone et nos adresses mail - nous les surveillerons régulièrement au cours des prochains jours, au cas où.

LES ÉTATS DE CONSCIENCE EXTRAORDINAIRES : L'AIDE AUX VICTIMES DE TRAUMATISMES PAR LE BIAIS DU PROCESSUS DE PAIX INTÉRIEURE

L'annexe G contient un document décrivant le Processus de Paix Intérieure (PPI). Bien que nous en conservions le droit d'auteur, nous l'avons inclus dans ce manuel afin que vous puissiez le photocopier et le distribuer aux clients et aux étudiants qui veulent essayer le processus. Il n'y a qu'une seule restriction : nous voulons que vous le distribuiez dans son intégralité, car il donne aux clients une idée claire des avantages et des inconvénients du processus.

Passez maintenant à l'annexe et lisez la première section sur les états de conscience extraordinaires. Si vous voulez plus d'informations sur les états de conscience extraordinaires, nous vous renvoyons à nos *Peak States of Consciousness*, volumes 1 et 2.

Le PPI a été élaboré parce que nous avions besoin d'un moyen simple de mettre les gens dans des états de conscience extraordinaires. Nous avions constaté que nous pouvions y arriver en régressant à certains événements développementaux avant la naissance, mais ce n'était pas pratique pour la plupart des thérapeutes et des clients. Au lieu de cela, nous utilisons la thérapie énergétique EFT, une phrase et de la musique pour obtenir le même résultat. Comme je l'ai dit à maintes reprises, l'inconvénient des thérapies méridiennes est qu'elles peuvent potentiellement être inversées par accident. Cependant, dans ce cas, nous n'avons pas considéré qu'il s'agissait d'un inconvénient, car elles ont rendu le processus facile et rapide. Si cela venait à s'inverser, un client pourrait le refaire.

Le PPI met environ la moitié de la population cliente dans un état de conscience extraordinaire, l'état de Paix Intérieure. Dans cet état, le client éprouve un sentiment de paix plus intense que tout ce qu'il peut ressentir par ailleurs. Cela se produit parce que l'état les place dans le moment présent dans le temps. Bien que cela en vaille la peine en soi, il présente pour les thérapeutes une caractéristique beaucoup plus précieuse : il permet à tous les traumatismes émotionnels passés de *cesser d'être ressentis comme étant traumatiques*. Comme vous pouvez l'imaginer, c'est incroyablement important pour nos clients. Le WHH commence par demander au client s'il se sent calme, en paix et léger face à un problème. Dans l'état de Paix Intérieure, non seulement ils ressentent un calme sous-jacent, mais le matériel émotionnel passé ne passe pas dans le présent. Cela a un impact énorme sur le comportement des gens, bien qu'il soit intéressant de noter que la plupart des gens ne remarquent pas l'état après quelques jours - ils s'habituent au fait que leurs « déclencheurs » ont disparu et que les vieux problèmes émotionnels ne surviennent plus.

Nous sommes particulièrement intéressés par ce que cet état peut apporter d'autre aux gens. J'espère que vous nous tiendrez au courant de tout changement inhabituel chez vous ou chez vos clients.

> **Exemple :** Une femme qui est entrée dans l'état de la Paix Intérieure en utilisant le PPI avait des dépendances à l'alcool et aux drogues. Après le processus, les tests ont montré que ses traumatismes émotionnels passés avaient un score de zéro sur l'échelle USD. Des mois plus tard, elle a déclaré qu'elle était toujours aux prises avec des addictions et qu'elle avait en majeure partie perdu l'état. Cependant, ses sentiments suicidaires avaient complètement disparu et n'étaient jamais revenus, même si elle n'avait pas l'état de Paix Intérieure complet.

Retournez maintenant à l'annexe G et lisez la section « Le Processus de Paix Intérieure » et « Les étapes du Processus de Paix Intérieure ».

Nous pensons que nous allons améliorer le processus au cours des prochaines années. Par exemple, vous pourriez essayer d'y incorporer la TAT pour voir s'il fonctionne mieux pour vos clients.

Nous disposons aussi d'une vidéo de deux heures d'un atelier où nous avons effectué le processus de Paix Intérieure. La première demi-heure est consacrée à la présentation du PPI et le reste est consacré au déroulement du processus. Les personnes qui regardent la vidéo peuvent le faire comme s'il s'agissait d'une vidéo d'apprentissage. Elle est accessible sur notre site internet à l'adresse www.peakstates.com.

Questions et réponses

1. Si vous ou votre client êtes déjà dans un état de conscience extraordinaire, ce processus est-il utile ?

   Réponse : Oui. Il est possible de collectionner les états, et si quelqu'un n'a pas déjà un état caractérisé par la paix et l'absence d'événements passés émotionnellement traumatiques, alors il faudrait certainement ajouter celui-ci ! Deuxièmement, même si quelqu'un a cet état, le processus peut stabiliser cet état. Par stabilisation, j'entends que l'individu sera moins enclin à sortir de l'état. Troisièmement, les états du cerveau triunique se construisent les uns sur les autres. Nous avons eu des participants à nos formations qui se sentaient déjà très bien avec de merveilleux états de conscience extraordinaires et qui ont vu apparaître de nouveaux états spectaculaires parce qu'il leur manquait justement celui-ci et que les meilleurs états sont soudainement apparus une fois celui-ci mis en place.

EXERCICE - LE PROCESSUS DE PAIX INTÉRIEURE

Familiarisez-vous avec le processus décrit dans la section précédente. Assurez-vous de poser toutes les questions qui vous viennent à l'esprit, car vos clients poseront certainement les mêmes questions. Notez les questions de vos camarades de formation. Nous travaillerons de nouveau en binôme, une personne étant le thérapeute et l'autre le client. Commencez par remplir l'annexe K pour évaluer votre état de conscience. Nous allons aussi vous demander de remplir ce formulaire à l'issue du processus pour l'exploiter dans nos recherches au sein de l'Institut. Nous avons inclus deux exemplaires du formulaire afin que vous puissiez en garder une copie si vous le désirez.

Essayez d'expérimenter - est-ce que ça marche mieux si, en tant que client, vous répétez également la phrase, si vous restez silencieux ou si vous alternez les deux ? Est-ce que c'est mieux si vous vous tapotez vous-même ou si c'est le thérapeute qui tapote ? Remarquez que la simple répétition de la phrase sans le tapotage ne change rien. Que faites-vous si rien ne semble se passer ? Avez-vous pensé à noter les problèmes traumatiques à utiliser pour tester l'état ?

Comme nous l'avons découvert, le changement continue de se produire longtemps après que les niveaux d'USD soient tombés à zéro. Continuez à tapoter sur votre client. Accordez-vous au moins 30 minutes, et de préférence 60 minutes, pour travailler avec la phrase. Notez s'il se passe quelque chose d'inattendu.

Notes sur l'exercice :

Notes sur l'exercice (suite) :

Annexes

ANNEXE A - EXEMPLE DE LETTRE D'INFORMATION AU CLIENT ET DE FICHE DE RENSEIGNEMENT CLIENT

[votre nom]

[votre nom professionnel (cabinet, entreprise, organisation)]

[votre numéro de téléphone]

Bienvenue

Voici un rappel de comment vous devez vous préparer, ce que vous devez faire et ce à quoi vous pouvez vous attendre pendant une séance avec nous lorsque nous utilisons la nouvelle génération de techniques thérapeutiques appelées « thérapies de psychotraumatologie ».

Comment vous préparer à une séance

S'il vous plaît, venez avec une idée du problème que vous souhaitez guérir. Cela nous fera gagner du temps (et de l'argent).

Veuillez ne pas prévoir d'activité immédiatement après votre séance, car il se peut que nous dépassions le temps prévu. Contrairement aux thérapeutes habituels, nous continuons à pratiquer les techniques de guérison jusqu'à ce que nous arrivions à un point d'arrêt satisfaisant. Étant donné que le client qui vous précède se trouve dans la même situation, il se peut que nous ayons parfois un peu de retard pour votre propre séance. Merci de votre compréhension.

Il peut arriver que vous soyez très fatigué à l'issue d'une séance. C'est normal, alors prenez soin de vous et ne planifiez pas d'activité importante après notre travail.

Ce que nous allons faire pendant la séance

Nous utiliserons peut-être une technique qui consiste à tapoter doucement sur des points d'acupression ; vous resterez entièrement habillé. Avec un peu de pratique, vous connaîtrez la technique et saurez l'employer par vous-même. Le traitement est généralement très rapide et vous ne passerez pas beaucoup de temps à exposer votre problème ou à exprimer vos émotions à son sujet.

Au cours de la séance, vous pourrez ressentir une douleur émotionnelle ou physique en conséquence d'événements passés, parfois des événements que vous avez oubliés et qui vous causent des difficultés dans le présent. Ils se dissolvent généralement rapidement au fur et à mesure que nous travaillons.

Je vous donnerai à la fin de la séance un récapitulatif du problème sur lequel nous avons travaillé, ce que vous avez ressenti et, le cas échéant, des souvenirs qui en sont ressortis. Le plus souvent, avec ces nouveaux types de thérapie, vous allez oublier que le problème vous a fait souffrir, voire même que vous avez eu le problème ! Puisque nous voulons que vous continuiez à guérir, une trace écrite vous permettra de vous souvenir que ce que nous avons fait a eu un impact.

Que faire après une séance ?

Immédiatement après une séance, je vous recommande fortement d'écrire ce que vous avez vécu ainsi que toutes les prises de conscience que vous ayez pu avoir. Cela peut être utile pour votre guérison. Si vous attendez ne serait-ce qu'une journée, vous constaterez qu'il est très difficile de vous souvenir du problème.

Contactez-moi deux ou trois jours après pour me faire part de ce que vous ressentez et de ce qui s'est présenté. Il est important pour moi d'assurer le maintien de votre guérison, même après que vous ayez quitté mon cabinet.

Si une difficulté émotionnelle ou physique devait survenir dans les prochaines 24 heures, veuillez m'appeler immédiatement. Cela n'arrive presque jamais, mais n'hésitez pas à appeler jour et nuit si cela devait arriver. Vous pouvez me joindre au [numéro de téléphone].

Oublier que vous avez eu un problème

Quelques jours après une séance réussie, vous découvrirez probablement qu'il est difficile de croire que vous avez eu le problème en question. C'est un résultat commun de la guérison parce qu'il n'y a plus aucun sentiment résiduel. De même, il est difficile de croire que le travail que vous avez fait dans mon cabinet est responsable de la disparition du problème. Malheureusement, ces réactions courantes à la guérison peuvent vous empêcher d'obtenir de l'aide sur d'autres questions. Pour éviter cela, nous vous recommandons fortement d'écrire ce que vous ressentez à propos de votre problème avant de venir en thérapie, afin que vous puissiez lire ce que vous avez écrit et vous rappeler que ce que nous avons fait aujourd'hui a eu un impact dans votre vie.

Vous former vous-même

Pour vous former vous-même, nous vous recommandons :

- L'EFT (Emotional Freedom Technique) - Le site officiel est www.emofree.com (en anglais) et il y a par ailleurs beaucoup d'informations disponibles sur internet, y compris un manuel gratuit.

- La TAT (Tapas Acupressure Technique) - Le site officiel est www.tatlife.com (en anglais) et il y a par ailleurs beaucoup d'informations disponibles sur internet.

- Le WHH (Whole-Hearted Healing) - Le site officiel est www.peakstates.com (en anglais) et vous pouvez y trouver un guide gratuit.

Nous sommes heureux de pouvoir vous aider.

Sincèrement,

[Votre nom]

Fiche de renseignements client

Nom _____   **Date** _____

Adresse

_____

Téléphone   **Téléphone**
(professionnel)   **(domicile)**

_____   _____

Adresse électronique

_____

Comment avez-vous entendu parler de nous ?

Qui pouvons-nous contacter en cas d'urgence (membre de la famille, ami...) :

Nom et numéro de téléphone de votre médecin traitant :

Toute pathologie mettant potentiellement votre vie en danger, telles des troubles cardiaques ou des problèmes respiratoires :

Problème que vous souhaitez résoudre. Sévérité (sur une échelle de 0 à 10) :

Tout aspect générationnel du problème (parents, ancêtres, frères et sœurs) :

Allergies ou autres sensibilités physiques pouvant affecter le traitement :

Problèmes physiques actuels :

Médicaments psychoactifs actuels :

Pour le thérapeute, après une séance :

1. Problème :

2. Cote USD :

3. Résultat :

4. Ce qui a marché :

5. Ce qui n'a pas marché :

Institute
for the Study
of Peak States

ANNEXE B - LES ÉTAPES DU WHOLE-HEARTED HEALING™

Les étapes du Whole-Hearted Healing™

Révision 4.1 © Grant McFetridge 2000

Étape 1. Choisissez quelque chose qui vous dérange dans le présent. Notez-le et indiquez à quel point cela vous fait sentir mal (cote USD).

Étape 2. Concentrez-vous brièvement sur le sentiment que cette situation suscite dans votre corps.

Étape 3. Rappelez-vous les incidents où vous vous êtes senti exactement comme cela (les situations sont souvent très différentes). Choisissez le plus ancien qui a une image claire. Notez les souvenirs que vous avez sautés. Si besoin, utilisez la technique de s'aimer soi-même pour vous aider à accéder à vos souvenirs.

Étape 4. Placez votre main sur votre poitrine pour vous rappeler de rester dans votre corps dans le passé.

Étape 5. Entrez dans votre corps dans l'image et fusionnez votre moi passé et votre moi présent. Si c'est difficile, essayez a) de vous aimer vous-même, b) la lumière blanche, c) de détendre le diaphragme, la gorge et la mâchoire, d) d'hyperventiler avant ou pendant, e) faire un maintien crânien (masser les tempes en maintenant le lobe occipital), f) de masser le diaphragme, g) d'adopter la position au moment du traumatisme, h) de faire des mouvements rythmiques d'ondulation. Référez-vous au texte pour plus de détails.

Étape 6. Itérer sur les étapes suivantes, séparément ou ensemble. Continuez jusqu'à ce qu'il n'y ait plus que de la paix ou jusqu'à ce qu'un souvenir plus ancien surgisse :

1. Rappelez-vous la phrase (croyance, décision) qui vous pensez correspond à la sensation corporelle à ce moment-là (2 à 6 mots).

2. Ressentez les sensations corporelles, y compris toute douleur physique.

3. Ressentez l'émotion tout en restant dans votre poitrine dans le passé. Restez là jusqu'à la fin de l'émotion. Si une autre émotion surgit, restez avec elle jusqu'à ce que vous soyez certain qu'elle a également disparu et qu'elle ne revienne plus.

4. Restez dans le traumatisme au moins 3 minutes après le dernier changement.

Étape 7. Si l'image d'une mémoire précédente est apparue, passez-y et répétez l'étape 6. Continuez vers des souvenirs de plus en plus anciens jusqu'à ce qu'il n'y en ait plus. Utilisez la technique de s'aimer soi-même pour accéder aux souvenirs antérieurs. Le souvenir le plus ancien implique toujours des dommages au corps, et il peut y avoir plusieurs mémoires de dommages dans une série.

Étape 8. Vérifiez votre travail. L'image hors du corps devrait avoir disparu et il ne doit plus rester qu'une image dans le corps. Si vous retournez brièvement dans la mémoire, il ne devrait pas y avoir de douleur. Les souvenirs que vous avez sautés ne devraient plus contenir aucun sentiment. Dans l'utérus, le corps devrait être grand et lumineux.

Étape 9. Revenez au présent. Vous ne devriez plus rien ressentir du tout vis-à-vis de la situation actuelle à part le calme, la paix et la légèreté. Si un nouveau sentiment est apparu à propos de la situation, répétez tout le processus encore et encore jusqu'à ce qu'il ne reste plus rien.

Les cas spéciaux

Le vide

Recherchez dans votre corps la zone d'où provient la sensation de vide et de manque. Déplacez votre conscience dans le vide et/ou appuyez sur cette zone à la recherche d'une image du moment où vous avez été blessé physiquement à cet endroit.

Les trous

Si vous voyez un trou noir sans fond dans votre corps qui comporte la sensation d'un vide déficient, déplacez votre attention dans le trou et attendez jusqu'à ce qu'apparaisse une image du moment où vous avez été blessé physiquement dans cette zone. C'est une version plus dramatique du « vide » ci-dessus.

Une « nouvelle » douleur physique

Il peut arriver rarement qu'une douleur physique surgisse apparemment de nulle part pendant la guérison. Un souvenir antérieur est apparu juste suffisamment pour que la douleur soit ressentie. Utilisez le toucher à l'endroit de la douleur et la technique « s'aimer soi-même » pour accéder plus clairement à la mémoire, puis guérissez-la.

Les souvenirs intra-utérins

Chaque mémoire utérine est associée à une blessure physique. Restez avec elle jusqu'à ce que la douleur soit partie. Le fœtus retrouve sa pleine luminosité une fois que les lésions graves sont guéries.

Les souvenirs de la naissance

Concentrez-vous sur la douleur physique et les blessures qui sont apparues. Si vous résistez à la panique, utilisez brièvement la technique « no breath » (voir texte).

Les copies

Si vous avez l'impression que le sentiment dans votre corps a la tonalité de quelqu'un d'autre (par exemple votre mère, votre père, etc.), rappelez-vous ce que vous avez ressenti en vous-même à ce moment-là pour libérer la copie. Après, retournez dans le passé et éliminez le désir de vous déplacer dans la région du cœur d'une autre personne pour copier son matériel émotionnel. C'est souvent un problème chez les guérisseurs, les thérapeutes, etc.

Les images de soi et les identités

Recherchez le sentiment qui leur est associé et remontez jusqu'à la source du traumatisme. L'exagération de toute posture ou mouvement physique caractéristique aide à se concentrer et à s'en souvenir.

Les souvenirs émotionnels positifs

Les émotions positives associées à un souvenir doivent aussi être guéries, elles dissimulent généralement un contenu émotionnel douloureux.

La dépression

Cherchez une phrase à laquelle vous essayez de ne pas penser. Une fois la phrase trouvée et la dépression disparue, recherchez tout autre traumatisme qui participe à la dépression.

Les vies antérieures

Guérissez de la même manière que dans cette vie. Ne portez pas de jugement ni essayez de changer le passé (du moins jusqu'à ce que vous n'en ayez plus besoin). Si vous êtes mort dans une vie antérieure, restez avec votre corps jusqu'à ce que toute vie soit partie et que vous soyez en paix. Après avoir guéri la vie antérieure, guérissez le traumatisme similaire dans cette vie qui vous a fait accéder au traumatisme de la vie antérieure.

Le vol « d'âme »

Si ce qui semble être un nuage de fumée ou des images de personnes quittent votre corps pendant la guérison d'un traumatisme, notez le sentiment déclencheur. Plus tard, retournez au traumatisme de la naissance ou intra-utérin et guérissez la conviction que votre survie dépend de l'émotion déclencheuse qui vous entoure. Voir le texte sur la maladie mentale, la possession, le channeling et le chamanisme.

La perte « d'âme »

Il peut rarement demeurer une sensation de perte et de manque centrée dans la poitrine après la guérison d'un traumatisme. Le morceau « d'âme » manquant finira par revenir sans intervention, mais il est possible de le ramener en quelques minutes en chantant à haute voix le morceau de musique qui vient en premier à l'esprit. Il y aura une sensation de « pop » au retour et le manque disparaîtra.

Les images archétypales internes

Si vous ressentez une puissante image d'archétypale ou semi-divine avec un impact écrasant à l'intérieur de vous (par exemple le monstre au sous-sol, la déesse Diane ou un dieu aztèque qui arrache les cœurs), recherchez le traumatisme, généralement à la naissance, qui correspond au sentiment de cette projection et guérissez-le.

Les structures dans le corps

De temps en temps, pendant la guérison, vous verrez ou sentirez soudainement des structures dans votre corps, telles que des tiges reliant des emplacements ou des récipients enfermant des zones. Restez dans ce moment du passé jusqu'à ce qu'ils se dissolvent également.

Les chakras

L'énergie des chakras qui rebondit à la limite de la peau peut causer une douleur considérable. Cherchez le déclencheur qui met le chakra en route, quelque chose que votre mère a fait pendant que vous étiez *in utero*. (L'énergie résistée du chakra de la couronne ressemble à une pression vers le bas, chaque point de pression étant associé à un traumatisme.)

La Vitalité Extraordinaire, la Complétude, le Sacré, la Neutralisation du Soi

Il est possible d'entrer dans ces états après la guérison de certains traumatismes. Recherchez le déclencheur ou le signal qui vous ramènera à ces états.

Les médicaments

Quelques médicaments psychologiquement actifs bloquent ce processus (par exemple le desipramine, le zanex et le klonopin).

ANNEXE C - LES ÉTAPES DU DISTANT PERSONALITY RELEASE (DPR)

Étape 1 : Détendez-vous et concentrez-vous sur la personne que vous voulez guérir. Faites-vous une idée de sa présence. Elle n'a pas besoin d'être physiquement présente pour que ça fonctionne. Si vous voulez guérir un problème de personnalité particulier que vous ressentez à propos de la personne, concentrez-vous dessus. En général, dans le travail en couple, concentrez-vous sur ce qui vous dérange à propos de l'autre personne. Vous en aurez la sensation, exactement comme que vous avez eu des sensations avec d'autres personnes toute votre vie. Ici rien de nouveau ni de compliqué. Par exemple, la tristesse du client, ses sentiments suicidaires, sa haine envers vous, son incertitude, son secret, etc. Soit dit en passant, si vous pouvez ressentir quelque chose à propos du client, que ce soit positif ou négatif, c'est qu'il s'agit d'un problème pour lui. Cela peut être difficile à croire, surtout dans le cas d'une personnalité « gentille », mais c'est parce que le niveau de personnalité que vous ressentez est une coquille ou une défense que la personne a construite autour d'elle-même en raison d'un traumatisme.

Étape 2 : Aimez le client *parce* qu'il a ce problème. Plutôt que de l'aimer malgré le problème, ce que nous faisons habituellement, ressentez que c'est le problème qui fait qu'il mérite d'être aimé. Par exemple, si la personne est un fumeur, pensez que c'est son tabagisme qui fait qu'elle mérite d'être aimée. Pour insister sur ce point, je vous demande de considérer le client comme méritant d'être aimé parce qu'il a le problème, et en fait il mériterait moins d'être aimé s'il ne l'avait pas ! Utilisez l'EFT ou la WHH ou mettez temporairement de côté vos sentiments négatifs au sujet de la caractéristique ou du sentiment que vous essayez de guérir en lui. Il s'agit d'une étape critique pour deux raisons. Si vous ne le faites pas, vous ne pouvez pas aider la personne à se libérer du problème, et vous entrez en fait dans une lutte de pouvoir avec eux alors que vous essayez de les forcer à se libérer de quelque chose. Deuxièmement, cela vous aide à éliminer votre propre tendance à attirer à vous les gens qui ont ce problème. C'est l'étape avec laquelle les gens ont le plus de difficulté. Si le processus ne fonctionne pas, c'est l'étape qui, d'après mon expérience, a jusqu'à présent échoué à chaque fois. (Si vous utilisez l'EFT ou une autre thérapie énergétique pour guérir votre réaction vis-à-vis de leur problème, vous pouvez toujours ressentir leur problème, même si vous vous sentez maintenant parfaitement calme, paisible et léger. Cela démontre que ce que vous ressentez chez une autre personne n'est pas juste une projection de votre propre matériel personnel.)

Une autre façon d'obtenir le sentiment correct d'aimer quelqu'un pour son problème est de vous remémorer quelqu'un que vous aimiez quoiqu'il arrive, par exemple un petit enfant que vous aimiez même s'il piquait une crise de colère. Ensuite, activez le sentiment d'amour puis amenez l'image de l'enfant (par exemple) dans la personne sur laquelle vous travaillez. Le fait de ressentir l'amour éprouvé envers l'enfant et de le superposer à la personne actuelle semble faire l'affaire pour certaines personnes.

Étape 3 : Cette partie-ci est en fait celle qui élimine la connexion énergétique. **Admirez maintenant cet être incroyable pour leur étonnante capacité à s'accrocher au problème quoiqu'il arrive.** Réalisez à quel point ils sont géniaux d'être capables de faire cela, peu importe ce qui se passe dans leur vie. Concentrez votre admiration et votre amour sur eux et sur combien ils sont merveilleux d'avoir pu si bien s'accrocher au problème. Une étape qui peut aider en cela est d'imaginer que leur problème les entoure comme un nuage (vous pouvez parfois trouver que ça ressemble plutôt à une coquille d'œuf), et que c'est relié à eux par des cordes, des bandes d'énergie, des arcs-en-ciel, des tentacules de pieuvre, etc. Il est intéressant de noter que c'est ce que les gens rapportent réellement sans qu'on leur demande « d'observer » le problème de la personne. Cette perception est utile pour vous donner une sensation de l'être qui est réellement sous le nuage, mais il n'est pas nécessaire d'être capable de percevoir ce niveau de phénomènes. Le processus fonctionne de toute façon, quelle que soit votre capacité de perception « psychique ». Incidemment, lorsque vous travaillez sur vous-même, vous pouvez diriger l'amour vers les connexions, causant leur rupture.

Étape 4 : Continuez votre admiration pendant une minute ou deux, ou jusqu'à ce que vous sentiez un changement en eux. En général, je dis aux élèves d'arrêter au bout d'une minute si rien n'a changé. Maintenant, revenez dans la pièce, regardez autour de vous, concentrez-vous sur ce qui vous entoure. Puis concentrez-vous à nouveau sur le client. Étonnamment, vous percevrez le client différemment. Si ce n'est pas le cas, assurez-vous que l'étape 2 a été effectuée correctement. Apparemment, notre admiration à ce niveau est suffisante pour amener la personne à se détendre et à laisser partir le problème. Cela peut apparaître de façon assez spectaculaire selon le sujet sur lequel vous travaillez. Par exemple, un client ressentait de la haine, puis la couche suivante était de la confusion. Cette expérience montre bien que vous travaillez réellement sur le psychisme de quelqu'un d'autre. Vous les percevez soudainement non seulement différemment, mais souvent d'une manière que vous n'auriez jamais imaginée. Nous croyons que lorsque nous pensons à une personne et que nous ressentons sa présence, il s'agit d'une projection de nos sentiments à son égard, mais cela s'avère faux en général. En réalité, nous en faisons l'expérience en temps réel. Cela deviendra évident pour vous tandis que vous observez le client changer.

Étape 5 : Vous devriez maintenant les percevoir différemment. Si vous ne les percevez pas en paix ou s'ils ne disparaissent pas de votre vue mentale, la couche suivante dans l'oignon a fait surface et doit également être guérie. Répétez le processus (étapes 2 à 4) pour cette nouvelle sensation. Continuez jusqu'à ce que la seule chose que vous puissiez ressentir comme couche suivante est un sentiment de paix, ou jusqu'à ce qu'ils aient complètement disparu de votre perception. J'ai constaté dans mon propre cas que le problème initial réapparaissait avec le temps si nous ne poursuivions pas le processus jusqu'au point final de paix, tandis que d'autres clients sont restés changés alors que nous n'avions pas éliminé toutes les couches. La raison pour laquelle ils peuvent soudainement disparaître de votre perception est qu'ils ont soudainement (et temporairement) relâché toute leur structure de défense de la personnalité.

Le DPR étendu au niveau de l'étape 2

Nous avons trouvé qu'il était parfois intimidant de sauter directement à l'étape 2 (aimer la personne parce qu'elle a le problème, la caractéristique, etc.). Ce processus progressif vous permet d'arriver à un endroit à partir duquel vous pouvez suivre les étapes standard du DPR.

Étape 2A : Énoncez ce que vous avez trouvé à l'étape 1 d'une manière qui correspond à ce que vous ressentez.

Maintenant, restez avec cette déclaration jusqu'à ce que vous puissiez l'accepter comme vraie. Cela peut être très facile ou difficile. Écoutez votre dialogue interne à propos de cette déclaration à mesure que vous travaillez pour l'accepter. Lorsque le dialogue interne s'est tu et que chaque partie de vous est d'accord avec la déclaration, passez à l'étape suivante.

Étape 2B : Prenez votre énoncé de « ce qui est » et répétez-le avec « c'est OK que... » devant. Souvent, il y aura un problème interne et le dialogue interne se poursuivra jusqu'à ce que tous les « participants » à ce dialogue soient d'accord : « C'est OK que [ce qui est]. » Lorsque tout le monde est d'accord à cette étape, passez à l'étape suivante.

Étape 2C : Maintenant, prenez la déclaration et répétez-la, cette fois en mettant « j'accepte que... » devant. Remarquez à nouveau le dialogue et continuez jusqu'à ce que tout le monde soit d'accord. Passez ensuite à l'étape 3 du DPR standard.

ANNEXE D - LA RECETTE DE BASE DE L'EFT

<u>L'INSTALLATION :</u> Répétez 3 fois cette affirmation :

« **Même si j'ai ce...** (ou Même si j'ai encore un peu de ce...), **je m'aime et je m'accepte profondément et complètement.** » (La phrase de rappel n'est qu'un ou deux mots de votre affirmation)

Tout en tapotant continuellement le Point Sensible, ou en tapotant le Point Karaté.

<u>LA SÉQUENCE :</u> Tapotez environ 7 fois sur chacun des points énergétiques suivants tout en répétant la phrase de rappel à chaque point.

DS = Début du sourcil

CO = Coin de l'œil

SO = Sous l'œil

SN = Sous le nez

ME = Menton

CL = Sous les clavicules

SB = Sous le bras

PO = Pouce

IN = Index

MA = Majeur

AU = Auriculaire

PK = Point karaté

PREMIER   **TROISIÈME**   **CINQUIÈME**   **SEPTIÈME**

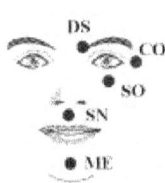      

DEUXIÈME   **QUATRIÈME**   **SIXIÈME**   **HUITIÈME**

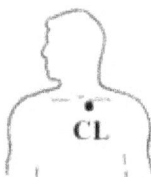         

<u>LA PROCÉDURE DU 9 DE GAMME :</u> Tapotez continuellement le point de gamme tout en exécutant chacune de ces 9 actions (Le Point de Gamme est sur le dos de la main, entre le tendon de l'auriculaire et celui de l'annulaire.) :

1. Fermer les yeux   **2.** Ouvrir les yeux   **3.** Regarder en bas à droite

4. Regarder en bas à gauche   **5.** Rouler les yeux dans un sens   **6.** Rouler les yeux en sens inverse

7. Fredonner 2 sec une chanson   **8.** Compter jusqu'à 5   **9.** Fredonner 2 sec une chanson

<u>LA SEQUENCE (encore)</u> : Tapez sur environ <u>7 fois</u> sur chaque point méridien suivant- en répétant la phrase de rappel à chaque point.

DS, CO, SO, SN, ME, CL, SB, PO, IN, MA, AU, PK

<u>REMARQUE :</u> Lors de chaque tour suivant, l'**affirmation d'installation** et la **phrase de rappel** sont ajustées pour indiquer que vous traitez le problème **restant**. De Gary Craig (<u>www.emodree.com</u>)

ANNEXE E - LA PROCÉDURE D'INVERSION DE L'EFT

Le 20 février 2000

Introduction

Ci-dessous se trouve une méthode qui, selon nos expériences, pourrait souvent inverser (annuler) la guérison apportée par l'EFT. Je pense qu'il est important de la connaître parceque cela nous permet 1) de dire à nos clients ce qu'il ne faut pas faire ou 2) d'indiquer que si un problème revient, il suffit de tapoter pour l'éliminer à nouveau ou 3) choisir une thérapie autre que méridienne pour le problème du client si ce problème serait difficile à guérir à nouveau par l'EFT. Nous présentons également ci-dessous une méthode qui minimise ce problème.

Les étapes préliminaires pour annuler l'EFT

Voici les étapes que nous avons identifiées jusqu'à présent. Ces étapes ne sont pas toujours toutes nécessaires pour restaurer un traumatisme, un problème ou une pathologie.

1. Concentrez-vous sur la sensation du problème, comme si vous faisiez de l'EFT normale.

2. Tendez le diaphragme et la gorge. Une façon d'y parvenir est de respirer d'une manière qui est à l'opposé de la respiration normale, c'est-à-dire aspirer le diaphragme sur une inspiration tout en tendant la gorge.

3. Initier une sorte de sensation de frisson, comme si l'on avait froid, avec la sensation kinesthésique de s'enfoncer en soi-même, comme si l'on tendait une couverture serrée sur son corps. Dans de nombreux cas, cette dernière étape n'est pas nécessaire.

> **Exemple :** Une cliente a par inadvertance inversé la guérison que nous avions effectuée avec l'EFT. Elle avait un problème avec le sentiment de mourir. Après un traitement réussi à propos d'un traumatisme utérin, son expérience de la vie quotidienne s'est radicalement améliorée. Huit jours plus tard, suite à un voyage en kayak, son état amélioré s'est inversé. Voici ce qui s'est passé : elle faisait du kayak avec un groupe et ils avaient l'impression qu'ils allaient tous mourir à cause du mauvais temps sur l'océan. Elle avait le sentiment qu'elle risquait de mourir (étape 1). Elle pagayait frénétiquement, s'efforçait et respirait fort pendant qu'elle luttait contre les vagues (étape 2). Et elle avait froid après des heures passées dans l'eau (étape 3). La cliente a par la suite constaté l'inversion dramatique.

L'expérience initiale

Dans ce test, nous avons délibérément demandé à des volontaires qui connaissaient l'EFT d'essayer d'inverser les effets curatifs de l'EFT. Comme nous ne savions pas quels pouvaient être les éléments clés de l'inversion, nous avons demandé aux participants de se concentrer sur deux types de traumatismes de leur passé et d'expérimenter sur eux-mêmes. Le premier type de traumatisme était purement émotionnel tandis que le second associait une blessure physique au contenu émotionnel. Nous avons demandé aux participants d'éliminer par tapotement le premier traumatisme puis d'essayer de l'inverser par tous les moyens possibles. Nous avons répété le processus pour le deuxième traumatisme physique et avons de nouveau demandé aux participants d'essayer de l'inverser. Nous avons répété l'expérience après qu'une personne ait découvert que le fait de déplacer son diaphragme à l'opposé de la respiration normale inversait efficacement le tapotement. Le tableau ci-dessous indique le nombre de personnes qui ont pu inverser le traumatisme et le nombre de personnes qui n'ont pas réussi. En essence, ils n'utilisaient que l'étape 2 seule.

	Inversé	Inchangé	Autre
Traumatisme émotionnel	2	7	0
Traumatisme physique	4	4	1

(Le cas « autre » était fascinant et donne une vérification différente de ce test. La personne pouvait défaire la guérison du traumatisme en utilisant la respiration inversée, mais elle retrouvait la paix dès qu'elle arrêtait la respiration inversée.)

Nous avons tiré de cette expérience les éléments qui semblaient être les éléments clés pour inverser l'EFT, notés ci-dessus sous la forme de trois étapes.

Commentaires

Apparemment, les thérapies méridiennes agissent pour en quelque sorte apaiser ou détendre le corps, l'amenant à cesser d'activer le matériel émotionnel et physique stocké dans des traumatismes passés. Cependant, après un traitement par l'EFT, le traumatisme stocké est toujours stocké, mais il n'est pas disponible. Ainsi, l'EFT fonctionne comme un ruban correcteur qui cache une entrée de catalogue (le déclencheur de traumatisme) dans une bibliothèque, tout en laissant le livre (le contenu émotionnel et physique traumatique) sur les étagères.

Dans l'étape 2 ci-dessus, la tension de la gorge et du diaphragme renforce la séparation entre le corps (cerveau reptilien), le cœur (cerveau mammalien) et le mental (cerveau primate). La tension du diaphragme est un élément clé dans le stockage du matériel traumatique. Pour plus d'informations, reportez-vous à notre *Peak States of Consciousness, Volume 1*.

L'étape 3 ci-dessus, impliquant un frisson avec une sensation de s'enfoncer en soi-même, est particulièrement intéressante. Cette action resserre une couche qui enveloppe le corps et qui contient des réactions allergiques, des informations et d'autres problèmes « héréditaires ». Ainsi, la sensation de frisson et de resserrement semble rendre le contenu informationnel de la couche plus dominant et induit les phénomènes observés de « toxines énergétiques ». Dans notre Institut, nous appelons cette couche superficielle la coquille, ou ego/personnalité, et c'est ce qui nous donne la sensation d'avoir une limite au niveau de notre peau. Pour plus d'informations à ce sujet, consultez www.peakstates.com.

Recommandations

- Continuez à utiliser l'EFT et ses cousins comme nous l'avons toujours fait parce que, dans la plupart des cas, ce sont toujours des thérapies rapides, simples et efficaces. Leur utilisation est une aubaine incroyable pour les clients qui souffrent, et elle change radicalement les attentes des clients, des thérapeutes et des coaches en performance du monde entier.

- Prenez de bonnes notes au cours d'une séance pour que, dans les cas difficiles, le client puisse revenir rapidement à la question centrale du problème présenté si l'EFT est inversée.

- Pour les traumatismes graves que les clients auraient du mal à gérer ou auxquels ils auraient du mal à accéder par eux-mêmes, telle une blessure à la naissance ou dans l'utérus, je recommande l'utilisation d'une thérapie énergétique non méridienne telle que le WHH (Whole-Hearted Healing) ou le TIR (Traumatic Incident Reduction).

- Scott McGee a trouvé une méthode pour aider ses clients qui inversaient l'EFT à arrêter de l'inverser : « Plus tôt cette année, j'ai vu un client arriver dans un état très agité. En utilisant la technique de tapotement MET, il a pu devenir calme (0 sur une échelle de 0 à 10). Pourtant, quand je lui ai demandé s'il pouvait se reconnecter avec son état émotionnel antérieur, il est vite redevenu très agité. Je lui ai fait répéter le tapotement et il a pu redevenir calme (0 sur une échelle de 0 à 10). Puis je l'ai fait tapoter pendant qu'il essayait de redevenir à nouveau agité. Nous avons continué à travers tous les points de méridiens. Le résultat a été qu'il n'a pas pu se reconnecter à son état très agité. »

ANNEXE F - LES CATÉGORIES D'URGENCE SPIRITUELLE

Les catégories ci-dessous sont tirées du livre de Stanislav et Christina Grof intitulé *Spiritual Emergencies : When Personal Transformation Becomes a Crisis* (1989). C'est un livre révolutionnaire et nous le recommandons fortement, car il a défini et organisé l'ensemble de ce domaine.

La définition de l'urgence spirituelle

L'urgence spirituelle est une série d'épisodes d'expériences inhabituelles qui impliquent des changements dans la conscience et dans le fonctionnement perceptif, émotionnel, cognitif et psychosomatique, et pour lesquels le processus comporte un accent transpersonnel significatif. Elle inclut la capacité de voir la pathologie comme un processus psychologique intérieur et de l'aborder d'une manière internalisée. Il y a la capacité d'établir une relation de travail adéquate dans un esprit de coopération avec les personnes qui tentent d'aider.

Toute la personnalité est généralement affectée. Souvent, la personne partage une « peur de devenir folle ». Les critères ci-dessus excluent les personnes atteintes d'états paranoïaques graves, de délires de persécution, d'hallucinations et celles qui utilisent constamment le mécanisme de projection, d'extériorisation et de passage à l'acte.

Les typologies communes d'urgence

1. **L'éveil de la kundalini :** Expériences psychologiques et physiques puissantes impliquant surtout des sensations physiques telles que des variations de température corporelle, des expériences de flux d'énergie le long de la colonne vertébrale, des soubresauts, des tremblements, des spasmes, des mouvements complexes de torsion, des visions de lumières, des vocalisations involontaires, des pleurs, des phénomènes acoustiques, ainsi que des bouleversements émotionnels et psychologiques.

2. **La crise chamanique :** Épisode dramatique d'un état de conscience non ordinaire souvent accompagné d'une maladie ou d'un traumatisme mettant la vie en danger. L'accent est mis sur la souffrance physique et la rencontre avec la mort, suivie d'une renaissance et d'éléments d'ascension. Habituellement, contact avec des animaux totémiques ou de pouvoir, confrontations avec des démons, descente dans le monde souterrain où l'on reçoit des conseils, suivi d'une ascension vers le monde supérieur.

3. **Le renouveau psychologique par l'activation de l'archétype central :** Épisode de bouleversement psychologique généralement accompagné de forts processus psychotiques. Une expérience intérieure de se percevoir soi-même comme se trouvant au centre d'un processus planétaire (c'est-à-dire se battre pour la survie de la race humaine). L'accent est mis sur les thèmes de la mort, de l'au-delà, du retour aux origines de la création, des affrontements cataclysmiques d'opposés ou de polarités telles que le bien/le mal, l'homme/la femme, le Christ/le Diable.

4. **L'ouverture psychique :** Les expériences peuvent inclure la télépathie, la clairvoyance, la précognition, la psychokinésie, les voyages hors du corps, les visions, les synchronicités. Dans les épisodes aigus, l'individu est inondé d'informations psychiques qui submergent l'ego.

5. **Les souvenirs de schémas karmiques ou de vies antérieures :** Des expériences dramatiques qui ressemblent à des vies antérieures ou à des événements de naissance. Il peut s'agir d'expériences émotionnelles intenses de naissance, de torture, de mort, de souvenirs de membres de la famille ou de cultures anciennes. Ces épisodes mettent souvent en exergue les difficultés de la vie actuelle : des peurs irrationnelles, des habitudes ou encore des dynamiques interpersonnelles problématiques.

6. **La possession :** Type d'urgence spirituelle le moins bien compris et le plus controversé. Épisode où l'individu assume les caractéristiques faciales, les gestes et les attitudes d'une autre personne, typiquement de nature diabolique. Les individus peuvent se sentir victimisés, envahis ou contrôlés, avec la peur et l'inquiétude afférentes.

7. **Le channeling et la communication avec les guides spirituels :** Inclus les cas de communication avec des êtres invisibles et non hostiles et implique la participation à un état de transe qui permet à d'autres entités, êtres ou intelligences de parler. Ces entités se caractérisent par des voix et des expressions faciales radicalement différentes de celles que l'individu a normalement. Comprends la communication avec les guides spirituels.

8. **La conscience unitive :** Expériences d'unité ou d'harmonie intérieure et extérieure, émotions positives fortes, transcendance du temps et de l'espace, sens du caractère sacré, nature paradoxale, objectivité et réalité des idées, ineffabilité et effets secondaires positifs. Peut être prolongé et involontairement préoccupant pour d'autres personnes, ce qui peut parfois mener à des traitements inappropriés comme les électrochocs.

9. **Les expériences de mort imminente :** Implique jusqu'à 8% de la population américaine. Implique communément des sentiments de paix suivis d'un bourdonnement passager où l'on peut se retrouver en train de regarder son corps du dessus, puis de sentir une présence bénigne. La présence incite souvent l'individu à passer sa vie en revue et il y a une décision de retourner à la vie terrestre, mettant fin à l'épisode. Il y a fréquemment d'autres éléments.

10. **Les rencontres avec des OVNIS :** Typiquement, une personne subit une certaine forme de communication, de contact rapproché ou d'enlèvement par des êtres étrangers perçus comme provenant d'une autre planète. Il peut s'agir de rencontres agréables, inspirantes et même bienvenues, ou de rencontres radicalement invasives et involontaires qui laissent leurs victimes terrorisées.

Les déclencheurs

- Spontanée (rarement, avec habituellement des signes tels que des rêves)

- Menaces à la vie d'une personne (par exemple une maladie grave, un accident, une opération)

- Effort physique extrême ou manque de sommeil prolongé

- Événements périnatals (accouchement, fausse couche, avortement)

- Expériences sexuelles puissantes

- Expériences émotionnelles puissantes (par exemple la perte d'une relation intime)

- Série d'échecs dans la vie

- Engagement profond dans diverses formes de méditation ou d'autres pratiques spirituelles (le cas le plus fréquent)

Les lignes directrices de traitement

- Fournir un cadre psychospirituel

- Peu ou pas de médicaments

- Préférer un sanctuaire à un hôpital

- Diminuer ou arrêter la pratique spirituelle

- Changements alimentaires

- Exercice / thérapie corporelle

- Contact avec la nature

Le fonctionnement après l'épisode

Les symptômes durent de quelques minutes jusqu'à plusieurs mois ; la phase aigüe dure trois mois ou moins (Lukoff).

Une fois la phase la plus aigüe terminée, fonctionnement amélioré par rapport au niveau de fonctionnement précédent (Lukoff et Grof). Typiquement plus créatif, plus orienté vers le service, de nouvelles parties de soi s'activent (Turner).

ANNEXE G - LE PROCESSUS DE PAIX INTÉRIEURE (PPI)

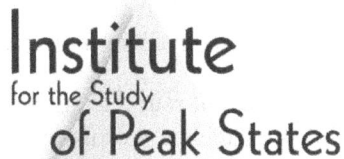

Institute
for the Study
of Peak States

Le Processus de Paix Intérieure

Révision 1.1, mars 2004
Copyright 2004 par Grant McFetridge

Bienvenue à nos travaux au sein de l'Institute for the Study of Peak States !

Nous aborderons brièvement dans ce manuel la théorie et l'application du processus. Nous avons conçu ce processus pour qu'il soit aussi simple que possible. Cependant, pour ce faire, nous avons dû accepter qu'il ne fonctionnerait pas pour tout le monde. À l'heure actuelle, la procédure que vous tenez entre les mains a une efficacité se situant à peu près entre 1/2 et 2/3. Nous voulons dire par là que sur 100 personnes, vous pouvez vous attendre à ce que de 50 à 66 personnes acquièrent l'état complet de « Paix Intérieure ». Les personnes qui ne l'acquièrent pas peuvent avoir besoin de plus de temps pour compléter le processus, d'une attention individuelle ou, dans certains cas, nous ne pouvons pas les aider pour le moment avec cette procédure simple.

Il existe une vidéo sur le processus de Paix Intérieure. Elle couvre les informations présentées dans ce document. Les 30 premières minutes couvrent la théorie du processus et les 90 dernières minutes montrent un auditoire utilisant le processus dans un contexte de groupe. Elle est conçue pour être utilisée à la maison comme une vidéo d'exercice - vous n'avez qu'à suivre son déroulement, ce qui est plus pratique pour de nombreuses personnes. Vous pouvez l'acheter sur notre site internet à l'adresse www.peakstates.com.

Les risques potentiels

Après trois ans de tests avec des grands groupes, nous n'avons trouvé aucun problème inhabituel avec le processus. Cela dit, il existe toujours un risque à utiliser une nouvelle procédure, et **si vous n'êtes pas disposé à accepter toutes les conséquences de l'utilisation de ce processus, alors vous devez arrêter et ne pas utiliser ce processus. En utilisant ce processus, vous acceptez ce risque et nous ne sommes pas légalement responsables de votre choix de l'utiliser ni des conséquences qui pourraient en découler.**

Nous avons identifié trois expériences difficiles dont vous devez être conscient :

1. De par sa nature, ce processus provoque des sentiments et des sensations corporelles désagréables au cours de son déroulement. Il faut s'y attendre, et ils devraient disparaître avec l'utilisation de la technique de l'Emotional Freedom Technique (EFT) au fur et à mesure de votre progression. Si vous éprouvez de la difficulté à faire disparaître vos sentiments, nous vous suggérons soit d'étudier le processus de l'EFT, soit de trouver un thérapeute qui connaît le processus de l'EFT. Quoi qu'il en soit, ces sentiments qui sont apparus au cours du processus et qui n'ont pas pu être éliminés par l'EFT finiront

par s'estomper sans traitement, bien que vous n'en tirerez aucun bénéfice et n'entrerez pas dans l'état de Paix Intérieure.

2. Rarement, en utilisant ce processus, vous pouvez acquérir des états de conscience encore meilleurs et plus spectaculaires. Ces états sont ceux d'une santé et d'un bien-être accrus, mais ils peuvent vous donner des expériences et des capacités que vous n'avez jamais eues auparavant. Typiquement, il vous faudra quelques jours pour vous sentir à l'aise avec ces nouveaux états d'être.

3. Un certain pourcentage de la population ayant réussi à entrer dans l'état de Paix Intérieure peut perdre l'état ultérieurement. Le retour à une conscience « ordinaire » peut être ressenti comme quelque peu difficile et désagréable jusqu'à ce qu'on s'y habitue à nouveau. Ces personnes peuvent se sentir déprimées ou bouleversées de retrouver le genre de conscience qu'elles avaient toujours connue auparavant. Le fait de recommencer la procédure ou d'utiliser les autres suggestions de ce manuel permet généralement de rétablir l'état. Au fur et à mesure que nous apporterons des améliorations, nous les rendrons accessibles sur notre site internet à l'adresse www.peakstates.com.

Pour plus d'informations

Pour de plus amples informations, veuillez consulter notre site internet www.peakstates.com. Nous vous tiendrons informés via notre site internet lorsque nous publierons ou créerons de nouvelles procédures.

Merci de participer à notre travail !

Nos meilleurs vœux à vous,

Grant McFetridge et le personnel de l'Institute for the Study of Peak States

Novembre 2002

Hornby Island, Colombie-Britannique, Canada

www.peakstates.com

LES ÉTATS DE CONSCIENCE EXTRAORDINAIRES

Comprendre les états de conscience extraordinaires

Avez-vous déjà remarqué que certaines personnes semblent plus heureuses, en meilleure santé, plus prospères, capables de surmonter les hauts et les bas de la vie plus facilement ? Dans le paradigme psychologique actuel, on croit que ces personnes ont eu une meilleure enfance, moins de traumatismes, de meilleurs antécédents génétiques, de meilleurs amis et ainsi de suite. Dans ce modèle, cela se résume à deux facteurs : de meilleurs gènes ou un meilleur environnement. Et, récemment, un troisième élément a été ajouté : l'amélioration des soins prénatals. Bien que ces éléments soient importants, la principale raison pour laquelle certaines personnes vivent une vie étonnante indépendamment des circonstances extérieures se situe en dehors du paradigme actuel de la psychologie.

Dans les années 1960, le Dr Abraham Maslow a identifié des moments où les gens se sentent remarquablement mieux. Il a appelé ces moments-là des « expériences paroxystiques » et nous les appelons plus simplement des « expériences extraordinaires ». Il s'avère que l'on peut avoir ces expériences extraordinaires en permanence. Nous appelons ces expériences merveilleuses de longue durée des « états de conscience extraordinaires ». Les gens qui vivent dans ces merveilleux états la majeure partie du temps ou tout le temps sont des gens exceptionnels. Ce n'est pas leur personnalité qui fait la différence, c'est l'état dans lequel ils se trouvent ! Jusqu'à présent, nous avons identifié 15 états majeurs, avec une variété de sous-états et de combinaisons d'états. Chacun d'entre eux est remarquablement meilleur que la conscience ordinaire. Sans eux, les gens n'ont pas vraiment l'impression au plus profond d'eux-mêmes que la vie vaut la peine d'être vécue, et ils passent leur existence d'une façon culturellement acceptable qui ne leur donne pas ce qu'ils veulent vraiment, puisque notre culture ne reconnaît même pas l'existence de ces états. Chacun des états a des caractéristiques différentes fondamentales qui sont les mêmes pour tous les individus.

Les états de conscience extraordinaires et la guérison psychologique

Au cours des dernières années, un certain nombre de modalités de guérison très puissantes et rapides ont été inventées et elles sont regroupées sous l'appellation de « thérapies de psychotraumatologie ». Ces processus sont en train de transformer la façon dont la guérison psychologique se fait dans le monde entier. L'utilisation de ces thérapies ou de certaines autres thérapies permet d'éliminer des problèmes précis et bien identifiés (les vôtres ou ceux de vos clients). Le processus du Whole-Hearted Healing (WHH) est l'une de ces thérapies très puissantes. Cependant, le WHH a été développé dans un but très différent. Nous travaillions sur le problème de la manière d'atteindre des états de conscience extraordinaires permanents. Au lieu d'essayer de guérir les gens pour qu'ils puissent fonctionner normalement, ce que nous voulons vraiment faire en tant que guérisseurs et thérapeutes est d'amener les gens dans des états de conscience où non seulement ils sont libres de la plupart des problèmes dont souffrent les gens, mais où ils vivent une vie exceptionnelle. Pour utiliser une analogie, c'est comme si la plupart des gens étaient en enfer avec un tas de fourches plantées en eux. Ils sont là depuis si longtemps que ça semble normal. Les thérapies de psychotraumatologie peuvent enlever les fourches, ce qui est bien, mais laissent quand même les gens en enfer. Ce que nous voulons faire, c'est trouver des moyens faciles de les faire sortir de l'enfer et de les amener au paradis sur terre.

Si vous décidez d'en apprendre davantage sur les travaux de notre Institut, et peut-être de contribuer à l'amélioration et à la découverte de nouveaux procédés, nous vous recommandons d'apprendre une variété de ces « thérapies de psychotraumatologie », en particulier le processus du WHH, afin que vous puissiez comprendre le psychisme et disposer d'un outil de recherche fondamentale que nous utilisons pour travailler sur le projet des états de conscience extraordinaires. La majeure partie de notre travail dans le domaine des états de conscience extraordinaires s'appuie là-dessus. Un matériel plus avancé qui n'est pas encore disponible sur notre site internet se trouve dans nos livres *Peak States of Consciousness*, Volumes 1 à 3.

Les types d'états de conscience extraordinaires

Il existe deux groupes distincts d'états de conscience extraordinaires. Le groupe qui est le plus pertinent ici concerne la fusion entre les multiples cerveaux du système cérébral triunique. Pour simplifier, le cerveau est divisé en trois parties biologiques distinctes, à savoir, en termes usuels, le mental, le cœur et le corps. Ce que l'on ne sait pas, c'est que pour la plupart des gens, les cerveaux sont séparés et qu'ils sont conscients d'eux-mêmes. Pour illustrer cela à partir d'une expérience quotidienne, vous vous rappelez peut-être avoir été attiré par quelqu'un (la réaction du cerveau du corps), que vous n'aimiez pas (la réaction du cerveau du cœur) et vous sentir très confus face à la situation (la réaction du cerveau du mental).

Pour une certaine classe d'états de conscience extraordinaires, ces consciences peuvent « s'unir » ou « fusionner », ce qui signifie que les cerveaux impliqués perdent leur individualité et deviennent une conscience unique. La nature des cerveaux qui sont impliqués dans la fusion et la mesure avec laquelle ils fusionnent déterminent un certain nombre d'états différents. Un « diagramme de Perry » peut être utilisé pour expliquer les différents types d'états du cerveau. Il est dessiné avec une rangée verticale de cercles dont le chevauchement et la distance des uns par rapport aux autres indiquent le degré de fusion des consciences des cerveaux. Voici une très brève description de plusieurs de ces états de fusion cérébrale. Le Processus de Paix Intérieure est conçu pour vous donner le premier état sur cette liste, mais, en de rares occasions, un ou plusieurs autres états peuvent se produire en effectuant cette procédure. Nous avons donc inclus une description de ceux qui pourraient se produire lorsque vous utilisez notre processus :

- **La Paix Intérieure (fusion mental-cœur)** - Vous avez un sentiment sous-jacent de calme et de paix, peu importe ce que vous ressentez, d'où son nom de « Paix Intérieure ». Cet état fait en sorte que les traumatismes passés ne sont plus traumatiques sur le plan émotionnel. Vos réactions émotionnelles sont dictées par les circonstances actuelles et non par un traumatisme passé. Il est intéressant de noter que lorsque vous guérissez et que vous ressentez ensuite une sensation temporaire de calme, de paix et de légèreté (CPL), il s'agit en fait une expérience momentanée de cet état ou d'un état encore meilleur.

- **La Beauté Fondamentale (ou Vitalité Extraordinaire)** - Cet état est une combinaison qui inclut l'état de Paix Intérieure, et il donne en outre un sentiment de « vitalité » et une absence de jugement négatif sur les personnes, ainsi qu'une connaissance automatique des vérités spirituelles. Tout comporte une sorte de beauté, d'où le nom de l'état. Le « bruit » du « bavardage mental » dans la tête disparaît.

- **Le Bonheur / Amour Sous-Jacent (fusion corps-cœur)** - Cet état donne un sentiment permanent de bonheur qui ne disparaît pas, quoi qu'on ressente d'autre. Chez les hommes, c'est surtout le bonheur, chez les femmes, c'est surtout l'amour.

- **Les Cerveaux Communicants** - Vous pouvez communiquer avec votre mental, votre cœur et votre corps comme s'il y avait trois enfants qui communiquent à l'intérieur de vous.

- **Vacuité (fusion mental-cœur-corps)** - L'intérieur de votre corps a soudainement l'impression d'être composé d'air tout en étant entouré de peau. Les activités deviennent très faciles. Dans certains cas, la limite de la peau semble également disparaître (ce qui est un autre état, mais qui n'est pas lié à la fusion des cerveaux).

- **La Luminosité Intérieure** - Vous ressentez l'intérieur de votre corps et de votre tête comme remplis d'une lumière vive, blanche ou dorée.

Les états de conscience extraordinaires qui n'ont rien à voir avec la fusion cérébrale sont couverts dans le volume 2 de la série *Peak States of Consciousness*. Si vous êtes curieux, vous trouverez également une brève description de ces autres états sur le site www.peakstates.com.

LE PROCESSUS DE PAIX INTÉRIEURE (PPI)

Les avantages de l'état de « Paix Intérieure »

Dans l'état de Paix Intérieure, vous vous retrouvez émotionnellement dans le moment présent. Cela signifie que tous vos traumatismes passés cessent soudainement d'être traumatiques, peu importe à quel point vous essayez d'évoquer des sentiments du passé. Vous avez maintenant un sentiment sous-jacent de paix et de calme, et vos émotions sont proportionnelles à ce qui vous arrive - vous avez perdu vos « boutons » émotionnels. Étant donné que la grande majorité des problèmes quotidiens des gens sont causés par les traumatismes émotionnels passés qui surgissent dans le présent, vous pouvez imaginer à quel point les gens se sentiraient mieux s'ils étaient dans cet état. Même si c'est vrai pour tout le monde, c'est particulièrement vrai pour les personnes qui souffrent d'un certain nombre de problèmes émotionnels. Plutôt que d'essayer de régler les problèmes émotionnels individuels les uns après les autres, ce processus les règle tous à la fois. Vous pouvez imaginer les applications dans une pratique thérapeutique. Nous soupçonnons que certains problèmes physiques liés aux traumatismes disparaîtraient également lorsque le client se trouve dans cet état. C'est un domaine que nous sommes en train d'explorer. Veuillez nous faire part de vos résultats et nous publierons cette information sur le site internet www.peakstates.com.

Les clients ne trouvent pas le changement dérangeant ou inhabituel lorsqu'ils entrent dans l'état de Paix Intérieure car celui-ci se caractérise davantage par l'absence de problèmes que par l'ajout de nouvelles expériences et capacités comme cela peut arriver pour d'autres états. Nous avons aussi assez d'expérience avec cet état pour le considérer comme relativement exempt d'effets secondaires.

Comment le processus fait-il effet ?

Qu'est-ce qui déclenche l'état de conscience extraordinaire de Paix Intérieure ? Dans l'état de Paix Intérieure, le mental et le cœur sont fusionnés en une seule conscience. Il s'avère que l'état de Paix Intérieure sera généralement présent sans interruption depuis la naissance chez les personnes qui ont eu une conception sans traumatisme. Malheureusement, il est relativement difficile de régresser quelqu'un à ce traumatisme développemental afin de lui donner l'état et la guérison peut également prendre beaucoup de temps, ce qui rend la tâche trop difficile à accomplir dans un délai raisonnable pour un thérapeute ordinaire dans son cabinet. À la place, nous avons trouvé un raccourci qui donne encore à un grand nombre de personnes l'état de Paix Intérieure. Il s'agit ici d'un compromis entre la vitesse et la facilité d'utilisation d'un côté et le nombre de personnes qui atteindront l'état de l'autre. Puisqu'on utilise dans ce processus les thérapies énergétiques pour libérer le traumatisme de la conception, un autre inconvénient à ce processus rapide et simple est qu'il existe une possibilité que le processus puisse se défaire à un moment donné dans le futur.

Le raccourci fonctionne en prenant un moment critique dans un événement développemental et en décrivant l'activité biologique à ce moment par une phrase en anglais. (Cela fonctionne dans d'autres langues, mais la formulation est critique, et l'utilisation d'une quelconque traduction peut très bien ne pas fonctionner.) Dans le cas présent, l'expression en anglais est « Join forces in glory » (N.d.T. : Nous ne connaissons actuellement pas l'expression précise en français ; nous employons celle en anglais lors du processus et cela fonctionne très bien). Je sais qu'elle semble étrange et peut-être religieuse, mais c'est celle qui correspond le mieux au processus biologique sous-jacent. Nous incluons également une visualisation et de la musique dans le processus pour le faire fonctionner plus rapidement et plus complètement. La musique est semblable à quelque chose que l'on peut « entendre » au niveau spirituel pendant la conception. De même, la visualisation est similaire à un processus qui se produit pendant la conception. Certaines personnes entendent en fait la « vraie » musique et voient l'expérience « réelle » que la visualisation tente de dépeindre pendant le processus. La compréhension de ce qui cause les états de conscience extraordinaires et de comment nous avons dérivé l'événement développemental, la phrase, la musique et la visualisation dépasse la portée de ce manuel, mais fait partie de la formation en thérapie Peak States™ dispensée par l'Institute for the Study of Peak States. Nous demandons au client de répéter la phrase ou de l'écouter pendant qu'il visualise et écoute de la musique. Cela ramène le client au traumatisme au bon moment, généralement sans qu'il en ait conscience, et les symptômes émotionnels et physiques qui se sont produits pendant la conception commencent à se manifester dans son corps. À ce moment-là, nous leur faisons utiliser des thérapies méridiennes telles que l'EFT (Emotional Freedom Technique) pour éliminer les symptômes du traumatisme.

Les étapes du processus de paix intérieure

Responsabilité

Si vous lisez ce manuel et utilisez ce processus sur vous-même, vous acceptez implicitement les conditions de responsabilité ci-dessous. Si vous travaillez avec des clients, nous vous suggérons de commencer le processus en obtenant un accord de responsabilité écrit. Vous devez expliquer clairement à votre client qu'il s'agit d'un nouveau processus expérimental et qu'il n'y a aucune étude permettant de déterminer les effets ou les conséquences à long terme. Le client doit être prêt à assumer l'entière responsabilité des effets qui pourraient survenir, même si nous n'avons aucune idée de ce qu'ils pourraient être ou de la façon de les réparer. J'insiste, ils doivent comprendre que vous et, par extension, l'Institut ne pouvez être tenus responsables des conséquences de l'utilisation de ce processus. Bien que nous ayons testé le processus et que nous n'ayons rencontré aucun problème inhabituel, cela ne veut pas dire que vous ou votre client ne rencontrerez pas d'imprévu.

Étape 1 : Choisissez des traumatismes émotionnels passés « indicateurs »

Choisissez trois ou quatre traumatismes émotionnels passés majeurs que vous pouvez facilement ressentir. ÉCRIVEZ-LES, sinon il est probable que vous oublierez de quoi il s'agissait. Évaluez la douleur que vous ressentez dans le présent sur une échelle de 0 (aucune douleur) à 10 (la douleur maximale possible) pour chacun de ces traumatismes lorsque vous y pensez. Ce sont vos indicateurs du degré auquel vous entrez dans l'état. Ce qui se produit en général, c'est que les gens entrent graduellement dans l'état, ce qui se reflète dans les évaluations de l'intensité des traumatismes qui diminuent au fur et à mesure du travail. Notez que nous ne voulons pas que vous utilisiez l'EFT ou le TAT sur les souvenirs traumatiques eux-mêmes, nous voulons simplement que vous choisissiez des traumatismes pour les utiliser comme outils de mesure pour voir si vous êtes entrés dans l'état. La douleur de ces traumatismes que vous avez choisis et de tous les autres que vous n'avez pas choisis disparaîtra à peu près en même temps.

Étape 2 : Écoutez la musique requise

La musique est la Cinquième Symphonie de Beethoven, premier mouvement (bien que nous travaillions sur un meilleur choix de musique). Ce morceau de musique est important, ne le remplacez pas. À moins d'être incroyablement chanceux, le choix d'une autre musique n'aidera pas et interférera probablement avec le processus. La musique est jouée en continu tout au long du processus et contribue grandement à évoquer les sentiments et à accélérer les choses. Un client peut parfois dire que la musique le dérange, mais cela signifie généralement que le matériel traumatique de l'expérience de conception remonte à la conscience, et il faut s'y attendre chez certaines personnes. Parfois, en raison d'expériences culturelles négatives comme l'assimilation forcée de groupes minoritaires à la culture occidentale, les clients peuvent rejeter la musique. Vous pouvez les aider en expliquant comment la musique a été choisie, et que d'autres choix provenant de cultures différentes pourraient être utilisés si quelqu'un savait comment faire.

Étape 3 : Effectuez une visualisation

Au fur et à mesure que le processus se déroule, vous devriez essayer de visualiser une chaîne avec de gros maillons d'environ 30 centimètres de diamètre, s'étendant verticalement à travers le corps. Demandez au client d'imaginer que la chaîne se fait et se défait dans son corps. La chaîne ressemble un peu aux gros anneaux qu'un magicien fait et défait lors d'un tour de magie. Il s'avère que cette visualisation est ce qui se passe réellement à un certain niveau de conscience, et un bon pourcentage de clients seront en mesure de percevoir ce qui se passe. Une fois le processus terminé, la chaîne sera assemblée et le client qui a pu voir les anneaux se rendra compte qu'il ne peut plus l'imaginer se défaire. Cette partie de la procédure n'est pas critique ; si vous oubliez de faire la visualisation, le processus devrait fonctionner raisonnablement correctement.

Étape 4 : Dites la phrase requise

Pendant que vous faites la procédure, répéterez encore et encore la simple phrase « Join forces in glory ». N'en changez pas l'énoncé, il est essentiel que vous la répétiez tel qu'il est écrit. Nous réalisons qu'au bout d'un certain temps, cela peut devenir vraiment ennuyeux, mais la phrase et la musique sont des éléments clés du processus.

Étape 5 : Utilisez l'EFT

Utilisez l'EFT sur vous-même pour guérir les sentiments et les sensations qui se manifestent au cours du processus (bien que toute thérapie méridienne fonctionnerait probablement de façon adéquate). Vous n'avez qu'à répéter la phrase encore et encore pendant que vous tapotez sur les points méridiens, tout en écoutant la musique et, si vous le pouvez, en faisant la visualisation. Le processus de tapotage est montré sur la vidéo ou peut être appris en téléchargeant le manuel de l'EFT. En groupe, demandez à tout le monde de tapoter et de répéter la phrase à l'unisson. Nous avons trouvé quelques personnes qui ont besoin de commencer chaque tour de musique (et dans certains cas chaque tournée de tapotements) par la phrase d'inversion psychologique « Même si j'ai l'impression que je vais mourir si je fais cela, je m'aime et je m'accepte profondément et complètement » tout en frottant le « point douloureux » afin de faire fonctionner l'EFT. Si vous n'éprouvez aucun changement dans vos sensations ou vos sentiments pendant le processus, vous devrez peut-être inclure toutes les étapes de l'EFT. Si vous ne les connaissez pas, lisez le manuel ou consultez un praticien EFT. Nous avons découvert que le fait d'avoir quelqu'un qui tapote sur vous pendant que vous faites le processus peut augmenter vos chances de voir le processus de l'EFT fonctionner - le fait de vous rappeler où tapoter peut vous distraire de ressentir les sensations et les émotions qui devraient survenir. Pour ceux d'entre vous qui travaillent seuls, pratiquez l'EFT sur vous-même avant de vous attaquer à d'autres problèmes, jusqu'à ce que le processus lui-même ne vous distraie pas de ce que vous essayez de guérir.

Étape 6 : Déroulez le processus

L'intervention vous causera presque certainement de l'inconfort, tant émotionnellement que physiquement. Plutôt que d'être un problème, c'est un signe que le processus fonctionne ! Vous devez vous concentrer délibérément sur les malaises, les douleurs et les émotions et les ressentir plutôt que d'essayer de les éviter. L'EFT est utilisée pour éliminer les sentiments, de nouveaux sentiments apparaissent et sont éliminés et ainsi de suite jusqu'à ce qu'il n'y en ait plus. Le processus ne fonctionnera pas si vous réussissez à ignorer les symptômes qui surviennent. Notez qu'un certain nombre de personnes essaient d'expliquer les sensations qui surviennent comme étant causées par ce qui se passe dans la formation. Par exemple, vous pourriez penser que le choix de la musique est mauvais, ou trop fort, ou que vous devez partir pour vous occuper de certaines affaires et ainsi de suite. Cela peut vous berner et empêcher le processus de fonctionner parce que vous ne vous concentrez pas sur vos sentiments pendant que vous faites le processus.

Étape 7 : Vérifiez votre progression

À la fin de chaque tour de musique, vérifiez si votre évaluation de vos traumatismes indicateurs a été ramenée à zéro. (N'oubliez pas d'éviter de penser à vos traumatismes indicateurs lorsque vous faites le processus, ou vous pourriez constater que vous avez guéri ces quelques traumatismes par accident. Si vous n'êtes pas dans l'état de Paix Intérieure, tous les autres traumatismes de votre vie seront encore douloureux.)

Étape 8 : Continuez jusqu'à ce qu'il n'y ait pas d'autres changements

En général, le processus prend un minimum de 30 minutes et peut prendre jusqu'à 4 heures. Il faut pour-suivre le processus même après que vos traumatismes indicateurs soient tous à zéro. Pour la plupart des gens, le changement se poursuivra. Continuez l'EFT pendant au moins deux séries de tapotements, en plus de tout changement supplémentaire dans vos sensations corporelles, et de préférence faites une séquence de musique entière sans changements supplémentaires. La plus grosse erreur que les gens commentent est de ne pas continuer assez longtemps. Puisque vous avez eu le sentiment traumatique de la conception pendant toute votre vie, vous considérez que les sensations traumatiques dans votre corps sont normales. Ainsi, vous ne vous rendez généralement pas compte que vous avez des symptômes sur lesquels vous avez besoin de continuer à tapoter jusqu'à ce qu'ils disparaissent. Plusieurs heures de tapotement réparties sur deux ou trois séances donnent de bons résultats et peuvent en fait s'avérer nécessaires pour obtenir un changement complet. En continuant de cette façon, vous risquez également moins de ressortir de l'état.

Si le processus ne fonctionne pas

Que se passe-t-il lorsque vous (ou votre client) avez réfléchi à ce processus, que vous avez été enthou-siasmé par les possibilités, que vous avez accepté de l'essayer et que cela n'a pas marché ? En général, vous (ou eux) pouvez avoir l'impression d'être intrinsèquement défectueux, ou condamnés à ne jamais obtenir ce qu'ont tant d'autres personnes. CE N'EST PAS LE CAS ! Ces états et d'autres sont en fait le droit de naissance de tout le monde, et la raison pour laquelle un individu en particulier a ou n'a pas l'état n'a rien à voir avec sa capacité ou son mérite intrinsèque de l'avoir. Vous (ils) avez juste été malchanceux en accumulant des expériences de vie qui bloquent l'état, et il faudra plus de travail de détective pour dé-couvrir ce qu'il faut encore guérir. Ou bien vous devrez attendre jusqu'à ce que nous trouvions de meil-leurs processus. Il existe toutefois d'autres raisons pour lesquelles certaines personnes n'ont pas d'états de conscience extraordinaires et l'Institut étudie actuellement ce problème.

Vérifiez de temps à autre notre site internet www.peakstates.com pour obtenir d'éventuelles améliorations et mises à jour de ce processus. Nous vous suggérons également de vous inscrire à notre bulletin d'infor-mation occasionnel pour être informé de l'existence de nouveau matériel. De plus, si cela vous intéresse, il existe un groupe mail pour les gens qui utilisent le processus de Whole-Hearted Healing (WHH), qui est particulièrement utile pour guérir les traumatismes prénatals comme la conception, et vous pouvez vous inscrire en allant sur le site internet. Voici quelques astuces spécifiques à essayer :

- Essayez de mettre une combinaison d'huiles essentielles de menthe verte et de baies de genièvre sur votre point karaté pendant que vous faites le processus. Ce point se trouve au bord de la paume de votre main et c'est l'un des points de base de l'EFT. Assurez-vous de ne pas en mettre dans vos yeux, ça pique !

- Il se peut que vous ayez besoin de quelqu'un d'autre pour tapoter sur vous, ou que vous ayez besoin d'utiliser tout le processus EFT. Il vous faudra peut-être consulter un praticien EFT pour obtenir de l'aide.

- Essayez une autre thérapie énergétique en plus de l'EFT telle que la Tapas Acupressure Technique (TAT), le Be Set Free Fast (BSFF), l'Eye Movement Desensitization and Reprocessing (EMDR), etc.

- Vous avez peut-être ignoré des sensations dans votre corps en tapotant. L'EFT ne fonctionnera pas si vous ne portez pas consciemment votre attention sur votre corps et les émotions qui surviennent.

- Vous avez peut-être oublié de tapoter en faisant le processus. Le simple fait de dire la phrase, d'écou-ter la musique et de faire la visualisation ne fait qu'accéder au traumatisme de la conception. C'est le tapotement de l'EFT qui l'élimine.

- Si votre langue maternelle n'est pas l'anglais, vous devrez peut-être traduire la phrase dans votre langue maternelle. Cela pourrait ne pas fonctionner, car la traduction pourrait ne pas être suffisamment précise.

- Vous avez peut-être un traumatisme « dominant ». Dans ce cas, il y a un problème majeur dans votre vie qui vous empêche d'entrer dans l'état. Il est alors nécessaire d'utiliser une technique de guérison de psychotraumatologie afin d'éliminer le problème. Heureusement, le processus de Paix Intérieure que vous avez effectué n'aura pas été gaspillé, car maintenant cet état se produira lorsque le traumatisme dominant sera éliminé. En d'autres termes, lorsque ces traumatismes majeurs seront guéris, vous vous retrouverez dans l'état de Paix Intérieure au lieu de la conscience « ordinaire » à laquelle vous étiez habitué.

- Certaines personnes ne vont pas répondre à ce processus. Elles pourraient avoir besoin de travailler avec un professionnel qui peut les aider à accéder au traumatisme de la conception et à le guérir directement. Cela fonctionne parfois et donne en prime le meilleur état de Beauté Fondamentale - bien que ce soit généralement quelque chose d'autre dans leur vie qui bloque l'état. Au fur et à mesure que nous améliorerons le processus, nous publierons des mises à jour sur le site internet www.peakstates.com.

- Diverses organisations ont des processus qui peuvent induire des états de conscience extraordinaires, quoique généralement temporairement. Si le processus de Paix Intérieure n'a pas réussi, ou si vous souhaitez ajouter d'autres états de conscience extraordinaires, vous pouvez essayer ces autres processus. Notre site internet www.peakstates.com comporte des liens vers des processus dont nous savons qu'ils fonctionnent au moins pour certaines personnes. Probablement le plus simple et le plus facile est enseigné par Jacquelyn Aldana dans son livre *La méthode du Miracle en 15 Minutes révélée*. À l'avenir, nous publierons d'autres processus d'états de conscience extraordinaires et vous pouvez vous renseigner à ce sujet en vous connectant à notre site internet ou en vous inscrivant à notre bulletin d'information occasionnel.

Comment récupérer l'état de Paix Intérieure si vous le perdez

La plupart des personnes qui ont acquis l'état de Paix Intérieure pendant le processus trouveront que cet état est relativement stable. D'autres peuvent le quitter pour de brèves périodes au cours d'une situation stressante, mais ils retrouvent l'état dès que la situation se termine ou qu'ils se détendent un peu. Cependant, certaines personnes sortent de l'état et ne le retrouvent pas. Elles perdent leur calme, leur passé traumatique revient et elles retournent là où elles en étaient auparavant. Ce dernier cas peut poser problème, car elles ont eu la chance de faire l'expérience d'une vie meilleure et ne se satisfont plus de leur vie précédente. Pour ces personnes-là, nous avons quelques conseils qui permettront à la plupart d'entre elles de retrouver leur état :

- Pratiquez l'EFT ou le WHH ou une combinaison hybride sur toute problématique vous ayant sorti de l'état. Vous retrouverez généralement l'état une fois que ce problème sera résolu.

- Répétez le processus de Paix Intérieure. Si le processus fonctionne à nouveau, vous avez probablement quitté l'état parce que les effets curatifs de l'EFT ont été inversés ou parce que vous n'avez pas effectué le processus assez longtemps. C'est peut-être parce que vous avez pratiqué une respiration qui a inversé l'effet de l'EFT. Vous pouvez vous renseigner sur la bonne façon de respirer en lisant Gay Hendricks *At The Speed of Life*. Une autre façon d'inverser les effets de l'EFT est de rencontrer une substance à laquelle votre corps réagit, appelée « toxine énergétique ». Passez en revue la documentation de l'EFT ou consultez un praticien EFT pour obtenir de l'aide sur ce sujet.

- Concentrez-vous sur les jugements négatifs que vous avez portés envers vous-même ou les autres lorsque vous avez perdu l'état. Si vous vous concentrez sur le fait de les laisser partir ou si vous utilisez une thérapie en psychotraumatologie pour ce faire, vous retrouverez généralement l'état de Paix Intérieure assez rapidement. *C'est la méthode la plus efficace pour revenir à l'état de Paix Intérieure.*

Lectures suggérées

Grant McFetridge (2003). *Peak States of Consciousness* (volumes 1 & 2).

Gary Craig (1999). *Emotional Freedom Techniques: The Doorway to the New Healing Highrise: The Manual*.

Remerciements

Les percées ayant permis l'élaboration de ce processus sont le fruit du travail acharné des personnes suivantes : Grant McFetridge, Wes Gietz, Deola Perry, Marie Green et Mary Pellicer. Merci également aux nombreux bénévoles qui ont travaillé avec nous pour tester ces idées au fil des ans.

ANNEXE H - BIBLIOGRAPHIE

Les introductions aux thérapies de psychotraumatologie, énergétiques et méridiennes

- Jim Durlacher (1997). *Freedom From Fear Forever: The Acupower Way to Overcoming Your Fear, Phobias and Inner Problems.*

- Fred Gallo (1998). *Energy Psychology: Explorations at the Interface of Energy, Cognition, Behavior and Health.* Un des premiers livres généralistes dans ce domaine.

- Les thérapies énergétiques et méridiennes spécifiques EFT (Emotional Freedom Technique). www.emofree.com.
  Une thérapie énergétique simple et extrêmement efficace.

- BSFF (Be Set Free Fast). www.besetfreefast.com.
  Une thérapie énergétique simple, efficace et encore plus rapide que l'EFT.TFT (Thought Field Therapy). www.tfttapping.com.
  La thérapie énergétique originelle.TAT (Tapas Acupressure Technique). www.tatlife.com.
  Une thérapie énergétique spécialement conçue pour les allergies et les traumatismes.

- Les autres thérapies énergétiquesTIR (Traumatic Incident Reduction). www.tir.org
  Gerald French & Chrys Harris (1999). *Traumatic Incident Reduction (TIR).*EMDR (Eye Movement Desensitization and Reprocessing). www.emdr.org.
  Francis Shapiro & Margot Forrest (1998). *EMDR : The Breakthrough Therapy.*VKD (Visual Kinesthetic Dissociation).
  Leslie Cameron-Bandler (1985). *Solutions : Practical and Effective Antidotes for Sexual and Relationship Problems.*

Les autres thérapies

- Thérapie Primale :
  Primal Psychology Page (The International Primal Association et d'autres), www.primals.org.
  Association Française de Thérapie Primale. association-therapie-primale.fr.

- Hendricks Body Centered Therapy :
  The Hendricks Institute, www.hendricks.com.
  Gay Hendricks (1982). *Learning to Love Yourself : A Guide to Becoming Centered.*
  Gay & Kathlyn Hendricks (1993). *At the Speed of Life: A New Approach to Personal Change Through Body-Centered Therapy.*Focusing :
  The Focusing Institute, www.focusing.org.
  Eugene Gendlin (2006). *Focusing - Au centre de soi.*

- Somatic Experiencing :
  Foundation for Human Enrichment, www.traumahealing.com.

- Ronald Davis (1995). *Le don de dyslexie: Et si ceux qui n'arrivent pas à lire étaient en fait très intelligents.*

La guérison physique et émotionnelle à distance (sans garantie de succès)

- Harold McCoy et les stagiaires de l'Ozark Research Institute, www.ozarkresearch.org.

- Vianna Stibal à www.thetahealing.com et son livre *Go Up And Seek God* (1998).

- Chi-Lel Qigong, créé par le Dr. Pang Wing, à la clinique Huaxia Zhineng Qigong Clinic and Training Center, Chine.

Les traumatismes prénatals et périnatals

- Séminaires de formation Emerson, William Emerson, www.emersonbirthrx.com.

- Association for Pre- and Perinatal Psychology and Health. www.birthpsychology.com.

Les techniques de régression

- Winafred Blake Lucas, (1993). *Regression Therapy, A Handbook for Professionals, Volume 1 : Past Life Therapy* et *Volume 2 : Special Instances of Altered State Work.*

La schizophrénie

- The American Mental Health Association, Dr McKenzie MD, www.drmckenzie.com.
  Ce site décrit la découverte que la cause de la schizophrénie est un traumatisme, à l'aide d'une méthodologie d'investigation conventionnelle. Une vérification indépendante de notre propre découverte.

Le cerveau triunique

- Dr Paul MacLean (1990). *The Triune Brain in Evolution: Role in Paleocerebral Functions.*

- Grant McFetridge (2003). *Peak States of Consciousness : Theory and Applications, Volume 1 : Breakthrough Techniques for Exceptional Quality of Life.*

- Joseph Chilton Pierce (1992). *Evolution's End : Claiming the Potential of Our Intelligence.*

- Tom Brown Jr. (1988). *The Vision.*

- Harville Hendrix (1992). *Keeping the Love You Find.*

- Arthur Janov (1992). *Le Nouveau Cri Primal : Revivre et vaincre sa souffrance.*

- Elaine de Beauport (1996). *The Three Faces of Mind: Developing your Mental, Emotional, and Behavioral Intelligence.*

Le chamanisme

- Foundation for Shamanic Studies, www.shamanism.org.
  Michael Harner (2012). *La Voie du chamane - Un manuel de pouvoir & de guérison.*

- Sandra Ingerman (2007). *Recouvrer son âme et guérir son moi fragmenté.*

- Hank Wesselman (1999). *Celui qui marchait avec les esprits.*

- The Tracker School (Tom Brown Jr.). www.trackerschool.com.
  Tom Brown Jr. (1994). *Awakening Spirits.*

Le phénomène des trous

- Dr Cory Sea (1996). *Seawork : Radical Tissue Transformation.*

- H. Almaas (1987). *Diamond Heart, Book 1 : The Elements of the Real in Man.*

Les urgences spirituelles

- The Spiritual Emergence Network. www.spiritualemergence.org.

- Canadian Spiritual Emergence Service. www.spiritualemergence.net.

- Emma Bragdon (1990). *The Call of Spiritual Emergency: From Personal Crisis to Personal Transformation*.
  Généralement meilleur que son autre livre, il s'adresse à un public plus large et comporte une excellente section sur la façon d'aider les autres dans les situations d'urgence spirituelle.

- Emma Bragdon (1988). *A Sourcebook for Helping People With Spiritual Problems*.
  Ce livre présente une partie de sa thèse de doctorat et comporte de bonnes annexes sur les options de soutien.

- Stanislav & Christina Grof ed. (1989). *Spiritual Emergency : When Personal Transformation Becomes a Crisis*.
  Ce livre est une excellente collection d'essais de Grof, Assagioli, Laing, Perry, Kalweit, Sannella, Anne Armstrong, Kornfield, Ram Dass et d'autres. Je l'ai trouvé particulièrement utile parce qu'il décrit des urgences spirituelles qui se situent en dehors de la typologie utilisée par les Grof. Il s'inscrit également dans la structure du SEN en tant qu'organisation. C'est le premier livre sur le sujet et en tant que tel, c'est le modèle pour tous les autres. Lecture recommandée.

- Christina & Stanislav Grof (1993). *À la recherche de soi*.
  Il décrit en détail la diversité des expériences possibles dans l'urgence spirituelle. Sa section sur les stratégies d'entraide est excellente. La bibliographie est divisée en types d'expériences, ce qui la rend très utile.

- Bonnie Greenwell (1990). *Energies of Transformation : A Guide to the Kundalini Process*.
  Faisant partie d'une thèse de doctorat, il se concentre sur l'éveil de la kundalini, mais a tendance à intégrer des choses qui ne font pas partie de la kundalini. Contiens une liste précise de symptômes physiques et émotionnels, et de bons extraits d'expériences vécues par diverses personnes, en particulier des enseignants spirituels bien connus.

- Yvonne Kason (1994). *Farther Shores : How Near-Death and Other Extraordinary Experiences Can Change Ordinary Lives*.
  Le meilleur des livres parmi les plus récents (en 2004), donne d'excellentes descriptions d'expériences vécues.

- Lee Sannella (1976). *The Kundalini Experience: Psychosis or Transcendence*.
  Un travail plus ancien, moins pertinent. Il contient un certain nombre d'études de cas et une approche scientifique physiologique occidentale de la kundalini que j'ai beaucoup appréciée. Il mentionne le problème de l'inflation de l'ego qui, selon mon expérience, est très commun avec l'éveil de la kundalini, mais que je n'ai pas vu exposé ailleurs. Cette question est particulièrement pertinente en raison des problèmes qu'elle cause à la fois pour la personne qui s'éveille à la kundalini et pour le thérapeute.

Les états spirituels inhabituels

- Stanislav Grof (1998). *Le jeu cosmique*.
  Stanislav Grof (1980). *LSD Psychotherapy*.
  Stanislav Grof (1989). *Les nouvelles dimensions de la conscience*.

- D. E. Harding (2016). *Vivre sans tête*.
  Décris la perte de la coquille de l'ego.

- Grant McFetridge (2006). *Peak States of Consciousness : Theory and Applications, Volume 2 : Acquiring Extraordinary Spiritual and Shamanic States.*

- Raymond Moody (1988), *La Lumière de l'au-delà* (sur l'expérience de la mort imminente).
  Raymond Moody (1992), *Coming Back : A Psychiatrist Explores Past Life Journeys.*
  Raymond Moody (1994), *Rencontres* (sur la communication avec les défunts).

ANNEXE I - SOLUTIONS AUX QUIZ

Quiz numéro 1

1. **Est-ce que la technique s'aimer soi-même guérit par elle-même ? (C'est-à-dire est-ce que la douleur de votre client a disparu lorsque vous lui avez fait utiliser cette technique, son problème est-il guéri ?)**

Non. Si le problème a disparu, c'est que le client n'y a plus accès, mais il reviendra. Il faut employer d'autres techniques pour guérir définitivement le problème du client.

2. **Quels indicateurs utilisez-vous pour savoir quand un traumatisme est guéri ?**

Plusieurs. L'indicateur de base est le CPL - le client se sent calme, en paix et léger (comme s'il avait posé un sac à dos) à la fin de la guérison.

Un autre test pour voir si le client est guéri est de revenir au présent, puis de revenir brièvement au moment du traumatisme. S'il voit une image hors du corps, même si celle-ci rentre ensuite dans le corps, cela signifie que le traumatisme a encore un contenu traumatique.

Si le traumatisme était un traumatisme de base, les traumatismes ultérieurs que vous avez sautés seront désormais CPL. Vérifiez le CPL dans la situation originelle actuelle pour voir si vous avez tout réglé (USD 0-10). Le fait que la situation physique n'a pas changé est sans importance.

3. **Avez-vous toujours besoin d'une phrase avec le WHH ?**

Non. Souvent, pour les traumatismes légers, elle entre et ressort de la conscience si naturellement pendant la guérison du problème que le client ne s'en rendra même pas compte. Ou alors le client est déjà suffisamment dans un état de conscience extraordinaire pour que le cerveau du mental n'ait pas besoin de cette aide pour se libérer de sa part du traumatisme.

4. **Avez-vous toujours besoin d'une image avec le WHH ?**

Non. Cela facilite cependant le processus. Certaines personnes qui sont principalement kinesthésiques trouvent que l'absence d'image n'est pas un inconvénient, car elles peuvent facilement dire si elles se trouvent à un moment particulier dans le passé, dans ou hors du corps, même sans l'image.

5. **Si vous guérissez complètement un traumatisme et que le problème présenté par le client disparaît, est-ce que cela signifie que vous en avez fini avec la séquence du traumatisme ?**

Non. Mais c'est très probable. D'habitude, je leur demande de s'aimer eux-mêmes pendant quelques minutes pour voir s'il apparaît d'autres images dans la séquence de traumatismess. Comme autre test, vérifiez tous les traumatismes ultérieurs dans la séquence pour voir s'ils sont complètement dissous.

Parfois, vous voudrez qu'ils prêtent plus tard attention pour voir si un des sentiments revient. Mais le client peut généralement ressentir une sorte d'agacement, que quelque chose ne va pas tout à fait bien, provenant des traumatismes antérieurs cachés. Leur demander s'ils se sentent attirés plus tôt dans le temps fonctionne habituellement. Je vous recommande de continuer, surtout si vous n'avez pas trouvé de blessure physique.

6. **Quelle est une façon très simple d'aider votre client à guérir pendant qu'il est dans un traumatisme ?**

Pratiquez la technique de s'aimer soi-même.

7. **Si le client pratique correctement le WHH, quelle est malgré tout la principale erreur qu'il commet encore ?**

Ne pas continuer assez longtemps. C'est pourquoi nous avons inclus la règle des 3 minutes dans les étapes du processus du WHH. Souvent, il ne réalise pas ce que ressentent les personnes guéries et ne réalise donc pas que leur douleur n'est pas « normale » ou « naturelle quand on vieillit ».

8. **Lorsque le client pratique le WHH, vous attendez-vous à ce que le client se sente pire ou mieux que quand il est arrivé ?**

Pire.

9. **Quel moyen simple permet d'obtenir une image du traumatisme lorsqu'on travaille avec une blessure corporelle ?**

Aidez le client à se détendre. Demandez-lui de guetter l'apparition et la disparition d'une image, tel un flash, lorsque vous appuyez brusquement et doucement sur la zone endommagée. Répétez le processus jusqu'à ce qu'il ait l'image bien en vue.

10. **Quel est le meilleur moment pour guérir, c'est-à-dire est-ce quand vous vous sentez vraiment bien ou quand vous vous sentez vraiment mal ?**

Quand vous vous sentez vraiment mal. Souvent, le client se rend inconsciemment la vie aussi misérable que possible pour recréer le niveau d'intensité du traumatisme dans le but d'essayer de le guérir. Cette stratégie fonctionne cependant rarement et détruit la vie des gens.

Après tout, il est logique que, lorsque vous vous sentez bien, vous résistiez consciemment ou inconsciemment à vous sentir mal !

11. **Lorsque vous êtes en conflit ou en difficulté avec quelqu'un d'autre, comment savoir si c'est l'un de vos traumatismes qui est activé ?**

Si vous ne vous sentez pas calme, paisible et léger (CPL) en même temps que vous avez des sentiments à propos d'une situation, alors l'émotion provient TOUJOURS de traumatismes dans le passé. Peu importe ce que vos amis disent à propos de la situation ! Ce test s'applique réellement au contenu émotionnel. Ainsi, votre client peut dire qu'il a tapoté jusqu'à avoir obtenu le calme, la paix et la légèreté (CPL), mais qu'il est toujours malade ou blessé. Leur problème est souvent encore lié à du matériel traumatique du passé qui n'est pas directement lié aux émotions, tel que les trous, les traumatismes générationnels, etc.

Un autre exemple : Toute personne dans l'état de Beauté Fondamentale ressent le calme, la paix et la légèreté, mais peut encore agir de manière dysfonctionnelle sous l'impulsion de vieux traumatismes qui ne sont pas directement liés à des émotions. (Mais c'est bien mieux que la conscience ordinaire !) Ces mêmes personnes peuvent toujours être affectées au niveau où opère le DPR, ce qui correspond également fondamentalement à des traumatismes.

12. **Si votre client ne guérit pas pendant la séance, qu'est-ce que cela signifie ? (Trois raisons possibles).**

- Vous avez un sentiment traumatique similaire, même si vous ne pouvez pas le ressentir consciemment.

- Inconsciemment, vous ne voulez pas que le client guérisse.

- Votre technique ou vos indications sur la technique n'étaient pas adéquates.

13. Quelles sont les caractéristiques d'une mémoire utérine guérie ?

Si le traumatisme était un souvenir de l'utérus, le fœtus se sentira CPL, sera intérieurement lumineux et aura la sensation d'être très grand dans chaque partie du corps. Il n'y aura pas de douleur ou de sensation physique. Le fœtus se sentira « entier » après la guérison. C'est une caractéristique des souvenirs de l'utérus que d'être très grand et lumineux après la guérison d'un traumatisme, et cela se produit rarement pour les traumatismes après la naissance.

14. Le traumatisme est-il constitué de souvenirs similaires ou de sentiments similaires ?

D'émotions et de sentiments similaires. L'histoire peut complètement changer, y compris les sexes ou les circonstances. Ce fait n'est souvent pas compris par les clients, alors ils refusent de vous parler de la mémoire antérieure lorsque vous travaillez avec eux parce qu'ils pensent qu'elle n'est pas « pertinente ». Les prévenir à l'avance peut leur faire gagner beaucoup de temps et de travail !

15. L'une des implications de ce travail est que les personnes aveugles ont des images visuelles du traumatisme. Cela s'est-il avéré être vrai ?

Oui. Voir le livre *Mindsight* pour en savoir plus.

16. Quand pourriez-vous utiliser la technique « no breath » (« sans respiration ») ?

Elle évoque des traumatismes à la naissance. Nous ne vous recommandons pas de l'utiliser à cette fin, mais plutôt pour aider les clients qui sont coincés dans leurs souvenirs de naissance, généralement parce que, inconsciemment, ils ne peuvent pas se résoudre à ressentir l'horrible sensation de ne pas pouvoir respirer.

17. Quelle est la composante clé contenue dans la technique s'aimer soi-même (pas la partie amour) qui aide à la guérison ?

L'acceptation.

18. Pourquoi une thérapie normale qui consiste à se souvenir d'un traumatisme n'aide-t-elle pas le client ?

Alors que le client se souvient du traumatisme, il répète l'erreur initiale de rester en dehors du corps.

19. Que signifie se sentir grand à la fin de la guérison d'un traumatisme utérin (ou d'un traumatisme plus tard dans la vie, d'ailleurs) ?

Cela signifie que les dommages physiques ont été guéris. Restez avec l'augmentation de la taille jusqu'à ce qu'il n'y ait plus de changement pendant quelques minutes afin d'être sûr de tout avoir guéri. L'augmentation de la taille est particulièrement perceptible pour les clients qui travaillent sur les traumatismes intra-utérins.

20. Pouvez-vous être grand dans certaines zones de votre corps et petit dans d'autres lorsque vous effectuez une guérison prénatale ? Dans l'affirmative, qu'est-ce que cela veut dire ?

Oui, cela signifie que les dommages ont été guéris dans les régions où vous êtes grand, mais pas dans les régions où vous êtes petit. Assurez-vous de continuer jusqu'à ce que toutes les régions soient uniformément grandes.

21. Vous devriez avertir vos clients qu'il peut se produire quels problèmes suite à une séance de WHH ?

Ils sont énumérés dans le document à l'intention des clients, mais, pour résumer : la fatigue, pouvant durer plusieurs jours en cas de guérison d'un traumatisme grave ; un autre traumatisme qui n'est pas lié au travail que vous avez effectué remonte à la surface, car il était maintenu hors de la conscience par celui que vous venez de guérir ; ne pas terminer la séquence de traumatismess et avoir un client se sentir pire que lorsqu'il est arrivé ; avoir un souvenir antérieur qui commence tout juste à faire surface, juste assez pour donner des symptômes physiques pénibles ; la découverte d'un trou ou d'une perte d'âme avec des symptômes pénibles.

Ainsi, le matériel découvert, mais non guéri pourrait causer beaucoup de détresse pendant un certain temps. Je dis aux clients de me contacter immédiatement si quelque chose de tel arrive - certains ne le feraient pas, pensant que cela pourrait leur coûter plus cher ou pour d'autres raisons.

22. Est-ce que c'est être vaniteux que de s'aimer soi-même ? Beaucoup de clients le pensent. Que leur diriez-vous ?

S'aimer soi-même n'est PAS être vaniteux et, en fait, cela aide à accélérer la guérison du client ou l'accès au matériel traumatique ou le lâcher-prise temporaire du traumatisme. Je cite la réponse de Maarten à cette question :

« S'aimer soi-même n'est pas plus vaniteux que se haïr soi-même. S'aimer soi-même est très guérissant et grandissant, bientôt votre amour-propre se répandra aux autres. Il vaut mieux se donner l'amour dont on a besoin que de l'attendre des autres. Si vous n'avez pas une estime positive de vousmême, vous ne serez pas en mesure de reconnaître l'amour des autres pour vous. Aimez-vous vousmême et les gens suivront bientôt votre bon exemple et vous aimeront aussi. Vous aurez ainsi également plus de ressources pour aimer les autres. »

Adam ajoute : « C'est s'accepter pour ce que l'on est, comme on est. En outre, il est impossible d'aimer vraiment les autres sans s'aimer soi-même. »

23. Quelle est une astuce utile pour amener les gens à la bonne phrase pendant une séance de WHH ?

Utilisez l'approche du Focusing de Gendlin pour obtenir le « ressenti corporel » ; dites au client de continuer à parler de ses sensations corporelles dans un courant d'associations d'idées, à la recherche d'un train de pensée qui fait que les traumatismes sont ressentis comme étant PIRES ; dites quelle aurait été la phrase si le traumatisme s'était produit dans le présent et ajustez le libellé pour correspondre à l'âge chronologique du traumatisme ; dans une de mes présentations, j'ai dit qu'il fallait porter son attention sur la tête, mais, au cours des dernières années, j'ai trouvé plus utile de faire porter l'attention dans le ventre pour obtenir la phrase ; comme l'a dit Maarten, la clé est parfois d'exprimer ce que nous voulons en des termes que le client peut comprendre, par exemple « Si cette sensation de votre corps pouvait parler, que dirait-elle ? » ; et en vous détendant et en vous aimant vous-même.

24. Quelle est souvent la signification d'une sensation corporelle qui s'arrête à la ligne médiane verticale du corps, c'est-à-dire qui se trouve seulement du côté gauche ou droit du corps ?

Cela signifie que le traumatisme provient probablement d'un traumatisme du spermatozoïde si c'est à droite, ou d'un traumatisme de l'ovocyte si c'est à gauche. Bien sûr, vous auriez pu avoir dépassé le stade de la conception et avoir été blessé d'un côté, mais il est assez clair que c'est un traumatisme d'avant la conception si la douleur s'arrête brusquement à la ligne médiane.

Quiz numéro 2

1. **Y a-t-il des exceptions au principe de vouloir sauter des souvenirs afin d'obtenir le plus ancien ?**

Non. Il est cependant parfois nécessaire de guérir un traumatisme partiellement ou complètement avant de pouvoir remonter plus tôt. Et il y a parfois plus d'une « branche » à la chaîne de traumatismes, ce qui oblige le client à se rendre à chaque souvenir le plus ancien sur chaque branche.

2. **Si le client voit une vieille photo ou une mémoire reconstituée lorsqu'il régresse, est-ce que vous l'exploitez ou est-ce que vous essayez d'obtenir une mémoire réelle ?**

Exploitez-la. La raison pour laquelle le client a retrouvé cette mémoire est habituellement parce qu'elle est proche de la mémoire réelle du traumatisme. Au fur et à mesure que vous travaillez avec elle, la vraie mémoire vient habituellement à la conscience.

3. **Que signifie souvent la sensation de chaleur pendant une séance de guérison ?**

La blessure physique est en train de guérir. Par exemple, lorsque vous avez des ecchymoses sur le corps, la zone est chaude. La même situation se produit quand on pratique le WHH.

4. **Si vous voyez une sorte de structure sombre dans votre corps, qu'est-ce que vous pensez que c'est et comment pouvez-vous la guérir (2 problèmes différents) ?**

- Une structure du cerveau de la couronne - en général, elle cause de la douleur et/ou un dysfonctionnement des organes. Concentrez-vous sur l'endroit au-dessus de la tête, avec la technique de la boule de lumière ou de s'aimer soi-même, et la structure se dissoudra relativement rapidement si vous êtes dans la bonne mémoire traumatique.

- C'est le visuel d'un trou. S'il est possible d'y entrer et/ou qu'il dégage l'impression d'un vide terriblement déficient, c'est que c'est un trou. Utilisez l'astuce de la pression ou d'aller dans le trou pour trouver le dommage physique originel qui en est la cause.

5. **Le DPR répare-t-il le traumatisme sous-jacent ?**

Non. Mais en réparant le traumatisme sous-jacent, la « corde » se dissoudra.

6. **Après l'utilisation du DPR, le comportement du client va-t-il changer ? Et le vôtre ?**

Parfois oui, parfois non. Cependant, votre réaction envers le client va généralement changer, car le matériel que vous aviez l'habitude de ressentir a disparu.

7. **La guérison du traumatisme sous-jacent élimine-t-elle les connexions énergétiques ?**

Oui, elle élimine les cordes involontaires. Cependant, il est parfois difficile de trouver le bon traumatisme.

8. **Que faire si le traumatisme ne guérit pas ? Énumérez au moins 4 choses.**

- Trouvez le sentiment que le client refuse de ressentir et voyez si c'est celui-là.

- Utilisez la technique de la boule de lumière blanche.

- Utiliser la technique de s'aimer soi-même sur le client.

- Demandez au thérapeute d'utiliser la technique de s'aimer soi-même pour calmer ses propres traumatismes.

- Utilisez le WHH avec l'approche TAT si les circonstances du souvenir traumatique le permettent.

- Essayez de voir si la correction de l'inversion psychologique aide.

- Faites-les se concentrer sur leurs blessures.

- Utiliser l'hyperventilation (travail respiratoire).

- Mettez-les dans la position du corps au moment du traumatisme et faites-les effectuer les mêmes mouvements du corps.

- Utilisez le DPR sur eux.

- Assurez-vous qu'ils ont la phrase CORRECTE, utilisez le flot de conscience s'il y a un blocage (les symptômes devraient s'aggraver à mesure qu'ils se rapprochent).

- Assurez-vous qu'ils sont dans leur corps.

- Faites preuve de patience et attendez la fin de la résistance.

- Vérifiez s'il y a des copies ou un traumatisme générationnel.

- Le cas échéant, utilisez une autre thérapie énergétique telle que l'EFT ou la TAT.

- Écoutez et répétez encore et encore la commande de Gaïa.

- Regardez tout traumatisme similaire en vous, ou toute raison inconsciente pour laquelle vous ne voulez pas que le client guérisse.

- Utilisez le WHH en conjonction avec le processus de visionnage du TIR, en particulier lorsque le client ne ressent aucune émotion avec le traumatisme.

- Demandez au client s'il n'est pas en fait concentré sur une autre question.

- Surtout pour les nouveaux clients, essayez de guérir autre chose qui n'est pas très traumatique pour que le client ait une expérience de guérison afin de vérifier sa compréhension de la méthode.

- Recherchez des sentiments que le client ne veut pas ressentir (par exemple sexuel, de colère, de nausée, de joie). Particulièrement en cas de traumatisme à la naissance, recherchez la résistance à l'impression qu'il n'a pas assez d'air.

- S'il s'agit d'un travail d'autoguérison, essayez tôt le matin, juste au réveil.

- Respirez profondément pour détendre le diaphragme ou pendant de longues périodes pour accumuler un surplus d'oxygène (jusqu'à l'hyperventilation et la tétanie si nécessaire).

- Utilisez la manipulation physique du diaphragme pour relâcher sa tension, ou utilisez un mouvement de montée et de descente sur une surface pour obtenir le même effet (voir les « améliorations récentes »).

- Si un trou émerge dans la conscience, bloque-t-il le sentiment d'un vide terriblement déficient ?

- Si des expériences de perte d'âme émergent, bloquent-elles un sentiment de manque ou de perte ?

- Assurez-vous que le client comprend bien ce que vous entendez par « être dans le corps » et répétez le concept de diverses façons pour vous en assurer (par exemple « Déplacez la 'caméra' vers la droite ou vers la gauche pour comprendre que vous savez le faire, et vous pouvez maintenant vous déplacer directement dans le corps... », etc.).

- Vérifiez s'il y a un traumatisme connexe antérieur et/ou postérieur qui cause la suppression de ce traumatisme.

- Assurez-vous que le client ne juge pas ce qui s'est passé, l'acceptation est la clé.

- Assurez-vous qu'il n'est pas en train de « s'aimer soi-même » en restant en dehors de son corps, comme s'il s'étreignait dans le passé.

- Assurez-vous qu'il accepte ce qui s'est passé et qu'il n'essaie pas de le changer.

- Assurez-vous qu'il reste concentré sur le moment précis dans le temps et qu'il ne saute pas dans le temps, que ce soit à l'intérieur du traumatisme ou vers d'autres traumatismes.

- Devinez l'émotion ou la phrase qui pourrait être bloquée (par exemple : « Si quelqu'un d'autre se trouvait dans cette situation, que pourrait-il ressentir ? »)

- Attendez une autre fois que le client se sente plus mal à cause du problème (ce qui signifie qu'il est plus près du traumatisme initial et qu'il lui sera plus facile d'y accéder).

- Attendez un autre jour, peut-être que quelque chose dans l'environnement aidera à affaiblir le blocage.

- Envoyez-les à un autre thérapeute, en particulier à un thérapeute déjà dans un état de conscience extraordinaire.

9. **Quels sont les deux types de problèmes inhabituels qui ne guérissent pas avec la technique du WHH standard (la version en 8 étapes) ?**

Les copies et les traumatismes générationnels. Cependant, un certain nombre de situations exigent que vous compreniez le traumatisme qui cause indirectement le problème avant de pouvoir le guérir. (Deux problèmes qui dépassent la portée de cette formation sont les problématiques concernant le bien et le mal et les dommages physiques qui nécessitent également une guérison régénérative tels que la moelle épinière endommagée.)

10. **Que faire si une mémoire d'une vie antérieure surgit pendant la guérison ?**

Vous avez le choix - vous pouvez la guérir, ou simplement aller plus tôt au traumatisme de cette vie qui comporte un sentiment similaire (habituellement PAS une histoire semblable !). Parfois, le client a inconsciemment besoin de cet entraînement dans la vie antérieure avant de pouvoir y faire face dans cette vie.

Si le souvenir semblable de cette vie ne revient pas assez vite, guérissez la vie antérieure et recherchez à nouveau. Mais si une autre vie antérieure se présente, c'est grosso modo une perte de temps de la guérir. Au lieu de cela, concentrez-vous sur la recherche du traumatisme dans cette vie. Il y a TOUJOURS un traumatisme dans cette vie qui pousse le client à accéder à la vie antérieure.

11. **Vos clients seront-ils reconnaissants du travail de guérison que vous avez fait avec eux ?**

Généralement non. C'est le problème de l'Apex qui pose une difficulté pour toutes les thérapies de psychotraumatologie, en ce sens que les clients oublient en un jour ou deux qu'il s'agissait d'un problème important. Au lieu de cela, ils commencent à penser à quel point ils sont malheureux lorsqu'un nouveau traumatisme est activé et supposent simplement que votre travail n'a pas fait beaucoup de bien. À l'avenir, voyons si nous ne pouvons pas mettre nos clients dans un état de conscience extraordinaire semi-permanent avant la fin de la séance !!!

12. En tant que thérapeute, quelles sont les choses les plus importantes que vous devez faire avec un client avant de commencer le processus de guérison ?

En raison du problème de l'Apex, vous devez noter le problème et sa gravité sur une échelle de 0 à 10. Si vous ne facturez qu'au résultat, vous devez obtenir un accord sur ce qui constitue le résultat pour ce client. Couvrez toutes les questions de responsabilité et d'honoraires, et mentionnez éventuellement tout effet indésirable potentiel qu'ils pourraient rencontrer par la suite (voir la fiche d'exemple dans ce manuel).

13. Est-ce que votre client ou vous-même pouvez avoir des problèmes en utilisant le WHH ?

Oui. Il se peut que le client ne finisse pas de guérir, qu'un souvenir antérieur survienne et que vous ne puissiez pas l'aider parce que votre compétence ou votre niveau de guérison n'est pas suffisant. Les clients suicidaires sont ceux qu'il faut éviter si votre environnement professionnel et votre niveau de compétence ne sont pas adéquats.

Il peut se produire un phénomène plus étrange. Le client peut avoir tellement de succès dans sa guérison que son corps se détend complètement pour la première fois depuis longtemps. Il est tellement détendu qu'il ne peut pas rester éveillé. Ici, le problème est qu'il peut avoir un accident de voiture sur le chemin du retour ! Faites-lui faire une sieste au bureau avant son départ afin d'éviter ce problème.

14. Au cours d'une séance de guérison, quelles sont les deux raisons différentes qui expliquent qu'un client décrit qu'il ressent un manque ou que quelque chose lui manque, et que faire pour y remédier ?

J'ai posé cette question parce que l'expérience du client est très différente dans les deux cas, mais le libellé peut être similaire si vous ne demandez pas spécifiquement « Est-ce un 'vide déficient' ou un sentiment de 'quelque chose d'incomplet ou manquant' ? »

- Perte d'âme. Guérissez le traumatisme sous-jacent, c'est celui sur lequel vous vous trouvez et qui leur a permis de prendre conscience de la perte. Assurez-vous que l'impression qu'il manque quelque chose est bien la sensation. Une fois le traumatisme guéri, et si le sentiment de « manque » n'a pas disparu, demandez-leur de chanter la première chanson qui leur vient à l'esprit. Sinon, faites-les fredonner ou utilisez un chant rythmique si vous n'arrivez pas à les faire chanter.

- L'autre possibilité est celle des trous. Demandez-leur si ça ressemble à un vide terrible et déficient. Trouvez l'endroit dans leur corps, faites-les passer la main sur leur corps si besoin pour localiser d'où provient la sensation. Ensuite, demandez-leur d'aller dans le trou avec leur conscience (le « je »), ou d'utiliser la pression pour obtenir l'image du moment où cette zone a été endommagée.

15. Si un souvenir comporte des sentiments agréables, s'agit-il d'un traumatisme qui doit aussi être guéri ?

Oui, malheureusement, et dans mon expérience, à chaque fois (sauf pour un sentiment de bonheur sous-jacent qui est dû à un état de conscience extraordinaire. C'est généralement parce qu'il s'est passé quelque chose de mal, et le mauvais sentiment est caché sous un bon sentiment. Cela peut se produire lorsque vous vous sentez bien et que quelque chose de grave se produit soudainement et de façon inattendue. Une façon de vérifier cela est de savoir s'il y a une image hors du corps.

16. Combien de cerveaux biologiques avez-vous ?

Sept pour l'ovocyte et sept pour le spermatozoïde - neuf cerveaux différents au total. L'ovocyte et le spermatozoïde ont trois cerveaux principaux : le mental (primate, cortex), le cœur (mammalien, limbique) et le corps (reptilien, complexe R, « Hara » en japonais), et deux sous-cerveaux, le cerveau de la couronne (cortex frontal) associé au cerveau du mental et le cerveau du plexus solaire associé au cerveau du corps. De plus, le cerveau du placenta (côté ovocyte) s'appaire avec le cerveau de la colonne vertébrale (côté spermatozoïde) tandis que le cerveau du périnée (côté ovocyte) s'appaire avec le cerveau du troisième œil (côté spermatozoïde).

17. Si vous avez un traumatisme semblable à celui de votre client, sera-t-il incapable de guérir avec le WHH ?

Non, mais le résultat est moins certain. Le client peut simplement faire abstraction du fait que vous flippez inconsciemment, mais cela peut également les empêcher de guérir. On ne peut pas savoir.

18. Si vous êtes dans la « Beauté Fondamentale », faites-vous encore des connexions énergétiques via des cordes ? (Après tout, dans cet état, on ne ressent plus les traumatismes émotionnels passés.)

Oui. Même si vous ne pouvez pas sentir ou accéder facilement à de vieux traumatismes, vous continuez à connecter des cordes à d'autres personnes à cause de vos défenses de la personnalité (coquille). De plus, nous pensons que le mécanisme des cordes est en fait un mécanisme normal, qui permet une harmonie positive non seulement entre les personnes, mais aussi par exemple entre les personnes et les plantes. Malheureusement, à cause de la coquille et du matériel traumatique des gens, la finalité originelle est détournée.

19. Nommez un mécanisme qui provoque des maladies chez les gens.

- Le corps est atteint d'une maladie qui donne des symptômes semblables à ceux d'un traumatisme.

- Un traumatisme interfère avec la fonction naturelle du système immunitaire (une décision du corps), telle que la décision de ne plus vivre.

- Le corps associe une maladie au fait de se sentir mieux (par exemple avoir des parasites parce qu'ils font que le corps se sent moins seul).

20. Quelles sont les raisons typiques pour lesquelles votre client peut avoir vraiment froid pendant une séance de WHH ?

Il s'agit habituellement d'une réaction de peur, et ils ne sont souvent pas conscients d'avoir peur. Fait intéressant, j'ai aussi vu la peur localisée dans le cœur avec une sensation de brûlure. Comme l'un d'entre vous l'a mentionné, c'est peut-être aussi une réaction de choc, mais je ne pourrais pas l'affirmer sans faire de tests. Si vous restez avec cette sensation, elle passe, même si cela peut prendre un certain temps.

Le froid physique réel au moment du traumatisme peut également en être la cause, comme lorsque le bébé naît dans une salle d'opération froide.

21. Si le fœtus entend sa mère ou quelqu'un d'autre dire quelque chose au cours d'un traumatisme physique, cela peut-il poser un problème ? Que diriez-vous d'un bruit très fort ?

Oui, l'organisme peut stocker la phrase dans le mental dans une sorte de boucle sonore infinie, comme s'il s'agissait d'une bande magnétique qui passerait en boucle dans un magnétophone. Cela fait que le mental a des difficultés à réfléchir, presque comme s'il y avait une sensation de capharnaüm dans le mental. Ces phrases peuvent également nous amener à nous comporter d'une manière étrange, car nous nous y référons « inconsciemment » pour nous guider. Pire encore, le mental peut les utiliser comme mécanisme de contrôle en causant de la douleur au reste de l'organisme.

Dans des cas de bruits forts, j'ai vu que cela pouvait causer de graves acouphènes (bourdonnements d'oreilles), même si l'événement s'était produit dans l'utérus. (J'ai également vu cela causé par un vol d'âme, la voix étant réprimée dans la sensation d'un bruit dans les oreilles).

Et bien sûr, si un bruit fort est lié à un traumatisme, le moment doit finir en CPL, même si le bruit fort se produit toujours à ce moment-là.

22. Les cordes peuvent-elles être situées à différents endroits dans le corps ? Pouvez-vous avoir plus d'une corde connectée à un endroit donné ?

Oui aux deux questions.

23. Peut-il y avoir différentes phrases dans un traumatisme précis ?

Oui, je n'ai pas insisté là-dessus dans les notes, car j'essayais de les garder aussi simples que possible. Ainsi, vous pouvez percevoir une nouvelle phrase dans différentes zones d'une blessure, même si elles ont pu se produire simultanément dans un seul traumatisme. Et bien sûr, il y a toute une série de phrases liées à la phrase centrale qui s'est produite au moment du traumatisme. Le fait d'amener ces phrases secondaires à la conscience les libère, mais ne les règle pas toutes en même temps, alors que c'est le cas lorsque vous trouvez la phrase centrale. Seule la phrase centrale guérit réellement le traumatisme en induisant une fusion temporaire des cerveaux.

24. L'image la plus ancienne a-t-elle toujours exactement le même sentiment que le problème initial dont vous êtes parti ?

Là encore, je n'en parle pas dans les notes, car j'ai essayé de faire simple. Vous suivez le sentiment le plus ancien aussi loin que vous pouvez puis, quand vous continuez à remonter dans la séquence de traumatismes, vous pouvez trouver des traumatismes avec différents types de sentiments. Ils se connectent encore aux autres, mais c'est dû à une association qui n'est pas toujours évidente au début. Cependant, s'il va jusqu'au bout, le client comprendra le lien entre le traumatisme antérieur et les traumatismes ultérieurs. Les gens du TIR (Traumatic Incident Reduction) ont de très bonnes illustrations de ce principe d'enchaînement des traumatismes. Il est approprié de s'en tenir au sentiment exact pour éliminer la plainte du client, et le fait de remonter plus tôt aux images qui surgissent permet d'obtenir tout noyau central existant.

25. Chaque cerveau pense dans son propre « langage ». Quel est le « langage » du cerveau du cœur ?

Il pense en séquences d'émotions et utilise des images pour contrôler les autres cerveaux et accéder aux traumatismes pertinents. Je dis souvent aux clients qu'il n'y a pas de bonnes et de mauvaises émotions, qu'elles ne constituent qu'un langage, et que rejeter ou résister à certains sentiments, c'est exactement comme essayer de parler en s'interdisant d'utiliser un grand nombre de mots du dictionnaire.

Quiz numéro 3

1. **Que dites-vous à un client qui rencontre un « fil de fer » ou une « bouteille » dans son corps pendant la guérison d'un traumatisme ?**

Il s'agit probablement d'une structure du cerveau de la couronne. Généralement, elle cause de la douleur et/ou un dysfonctionnement des organes. Le fait de se concentrer sur l'emplacement au-dessus de la tête, avec la technique de la boule de lumière ou de s'aimer soi-même, tout en restant dans le traumatisme d'origine, va la dissoudre relativement rapidement.

2. **Faut-il d'abord guérir le bon traumatisme avant de pouvoir récupérer un morceau d'âme ?**

Non. Les techniques chamaniques vont ramener des morceaux d'âme. Cependant, nous ne savons pas si c'est permanent. La guérison du traumatisme est une solution permanente.

3. **Quelles alternatives avez-vous si le client ne veut pas chanter une chanson ?**

Fredonner, réciter. Aussi étrange que cela puisse paraître, beaucoup de clients sont trop gênés pour chanter dans votre bureau pour diverses raisons. Et le seul fait de penser à la chanson ou de se souvenir de la chanson semble ne pas être efficace.

4. **Si le client décrit un nuage qui sort de son corps au cours d'une guérison, qu'est-ce que cela signifie et que faites-vous ?**

Cela signifie qu'ils se débarrassent d'une « voix ribosomale volée », pour reprendre la terminologie chamanique. Il est très probable qu'ils la rappelleront à l'avenir, à moins que le problème sous-jacent ne soit réglé.

5. **Si, pendant une guérison, le client décrit qu'il a vu son propre corps s'éloigner de lui alors qu'il était encore dans son corps lors d'un traumatisme dans le passé, qu'est-ce que cela signifie et que faites-vous ?**

Le client est en fait témoin d'une perte d'âme. Demandez-leur de maintenir leur « soi » à l'intérieur de leur corps pendant qu'ils guérissent le traumatisme d'origine. Vous pouvez simplement guérir le traumatisme sans faire ainsi, mais l'âme doit alors revenir spontanément ou bien il faut utiliser une chanson pour l'aider.

6. **Quand est-il approprié d'utiliser un mélange d'EFT et de WHH avec un client ? Ou juste l'EFT ?**

Nous recommandons habituellement de commencer par une thérapie méridienne (comme l'EFT) pour la vitesse et la simplicité. Cependant, lorsque les résultats ne sont pas satisfaisants ou lorsque l'on est en train de tourner autour d'un problème qui entraîne des tapotements sans fin, alors une combinaison d'EFT et de WHH peut bien fonctionner. La combinaison présente tous les avantages de l'EFT et du WHH avec le seul inconvénient que la guérison pourrait être accidentellement inversée. Nous recommandons donc de résoudre les problèmes éthiques liés à l'utilisation d'une procédure qui, selon nous, peut être inversée.

7. **Quand n'est-il pas approprié d'utiliser l'EFT ou une thérapie énergétique avec un client ?**

Avec du matériel qui mettrait le client en danger si la guérison était inversée. Par exemple, utiliser l'EFT sur un vertige paralysant chez un pilote.

8. **Quel est le symptôme présenté que nous soupçonnons de souvent cacher la capacité d'ouvrir et d'utiliser le chakra du cœur ?**

Les dépendances. Il semble que le mécanisme sous-jacent est un trou dans la poitrine. Une fois guéri, demandez au client d'observer *in utero* comment il a appris à utiliser ce chakra en observant sa mère depuis l'intérieur de son ventre.

9. **Que faites-vous pour un traumatisme générationnel ?**

Essayez la TAT, c'est simple et rapide. Sinon, régressez le client jusqu'à la naissance (ou au moment approprié) où le traumatisme générationnel est acquis puis demandez-lui de le remonter de génération en génération jusqu'à son origine. C'est un peu comme voir un jeu de cartes où chaque carte représente une génération. Guérissez-le à l'origine et tous les traumatismes subséquents se dissolvent. Ou alors, guérissez le traumatisme sous-jacent dans le plexus solaire qui cause le déclenchement du traumatisme générationnel.

10. **Pour certains clients, d'où vient le traumatisme générationnel (direction dans l'espace) ?**

De devant et légèrement vers le haut à partir du plexus solaire.

11. **Quand est-il particulièrement utile d'utiliser le « visionnage » du TIR d'une séquence traumatique (deux exemples) ?**

- Le client ne peut pas sentir le contenu émotionnel d'un traumatisme.

- Il y a un contenu traumatique sur une période de temps, par exemple un viol ou un accident de voiture.

12. **Le phénomène de « choc » physique ou émotionnel pose-t-il un problème avec le WHH ?**

Non. Bien qu'il s'agisse d'un problème dans d'autres thérapies, cela ne semble pas poser de difficulté avec le WHH. À l'occasion, le client aura très froid avec ce genre de traumatisme (souvent une réaction de peur), et cela aide de les envelopper dans une couverture.

13. **Est-ce que le WHH est une thérapie énergétique, méridienne ou autre ?**

Autre. C'est une technique de régression dans la catégorie des thérapies de psychotraumatologie.

14. **La dépression est-elle un symptôme de traumatisme ?**

Il existe plusieurs phénomènes différents regroupés sous le mot dépression. Si c'est une émotion chronique qui cause le diagnostic de dépression, comme une tristesse débilitante, alors guérissez-la normalement avec le WHH. S'il s'agit d'une « vraie » dépression, c'est comme si vous aviez le « blues » ultime, mais que vous pouviez encore ressentir des émotions, quoique très discrètes. Cela doit être guéri en trouvant la phrase à laquelle vous essayez de ne pas penser. Cela éliminera la dépression, mais il faudrait pratiquer le WHH sur la raison pour laquelle vous ne vouliez pas ressentir la phrase. (J'aimerais trouver une bonne méthode pour trouver la phrase de la dépression, mais je n'y suis pas encore arrivé.)

15. **Les tests musculaires sont-ils fiables dans le travail sur les traumatismes ?**

Parfois. Parce que le test musculaire est influencé par les associations du corps et par les sentiments des gens autour de la personne testée, il peut être faussé voire délibérément trompeur. Cependant, sur les questions qui ne font pas partie de cette catégorie, il peut aussi être d'une précision étonnante. Ne pas connaître la nature de la réponse - correcte ou erronée - limite l'utilité de cette technique. De plus, certains types de problèmes n'obtiendront jamais de bons résultats dus aux impératifs que suit le cerveau du corps pour survivre. Essayer de résoudre ces problèmes donne au corps l'impression que sa survie est menacée, et il est donc impossible de faire des tests musculaires sur ces problèmes.

16. La TAT peut-elle être permanente ou est-elle réversible ?

Nous n'en sommes pas sûrs. Pour l'instant, nous pensons qu'elle peut être permanente dans certains cas et réversible dans d'autres.

17. Les trous dans les gens sont-ils communs ou peu communs ?

Ils sont très fréquents. En fait, la plupart des gens ressemblent à un fromage suisse avec très peu de fromage. La majorité des grands trous se forment à la naissance ou *in utero*. Parfois, il y a des gens qui ne sont que des trous. Ces gens ont un certain type de problème bien décrit par Cory Sea.

18. Quelles sont deux manières par lesquelles les gens peuvent se blesser l'un l'autre ou s'empêcher mutuellement de guérir, mais à distance ?

Avec des cordes ou en envoyant des « morceaux d'âme ». Il existe un autre cas, mais qui dépasse le cadre de cette formation.

19. Les thérapies méridiennes guérissent-elles les trous ?

Les thérapies méridiennes peuvent être utilisées pour guérir les trous. Allez à l'intérieur du trou jusqu'à mi-chemin puis guérissez l'image traumatique ou le moment du traumatisme. Vous pouvez aussi éliminer le sentiment de vide déficient en guérissant ce traumatisme générationnel. Cela rend les sensations de trous restantes beaucoup plus faciles à affronter.

Alternativement, vous pouvez aller à l'intérieur du trou et accepter la douleur de blessure qui se trouve dans sa couche inférieure (le trou semble sans fond, mais il a en fait un fond qui peut être atteint avec une certaine détermination).

20. Lorsque vous utilisez l'EFT ou une autre thérapie méridienne sur les maux de tête d'un client et qu'ils reviennent après un certain temps, qu'est-ce que cela signifie et comment pouvez-vous y remédier ?

C'est quelque chose que j'ai observé au fil des ans. Cela signifie habituellement qu'il y a un traumatisme à la naissance qui implique un traumatisme crânien et que l'EFT ne s'attaque pas au problème à la racine. Les régresser au moment de ces blessures graves semble faire l'affaire. Je n'ai pas essayé d'utiliser l'EFT à ce moment-là pour ce genre de blessure, mais je parie que ce serait suffisant à partir du moment où le client se trouve au bon traumatisme. J'ai observé que pour certaines personnes, le thème de la séquence de traumatismes est le sentiment de frustration.

21. Pourquoi croyons-nous que la guérison par des thérapies méridiennes est potentiellement réversible ?

D'après une expérience que nous avons menée, il semble très probable que nous ayons réussi à rétablir la charge sur un traumatisme dont la charge avait été retirée avec l'EFT. La respiration inversée semblait être une étape importante. L'autre raison est dans la littérature sur l'EFT elle-même. Les clients peuvent parfois avoir une inversion de certains traumatismes précis lorsqu'ils sont exposés à des « toxines énergétiques » auxquelles ils sont sensibles.

22. Lors du DPR, est-il acceptable de dire » en fait, c'est le problème du client qui fait qu'il mérite d'être aimé, et en fait, s'il ne l'avait pas, il mériterait moins d'être aimé » ?

Oui, c'est exactement le genre de sentiment auquel nous essayons d'arriver - c'est en fait l'amour inconditionnel - et dire qu'il mériterait moins d'être aimé est juste un truc pour comprendre le niveau du sentiment que nous essayons d'identifier.

ANNEXE J - FORMULAIRES ADMINISTRATIFS

<u>Tout problème de santé potentiellement dangereux</u>

SI VOUS AVEZ DES PROBLÈMES DE SANTÉ POTENTIELLEMENT GRAVES (TELS QUE DES DOULEURS À LA POITRINE OU DES PROBLÈMES CARDIAQUES), FAITES-LE-NOUS SAVOIR IMMÉDIATEMENT ET INSCRIVEZ-LE SUR CE FORMULAIRE ! Nous suggérons que les personnes souffrant d'une maladie cardiaque ne suivent PAS la formation, juste au cas où (nous vous rembourserons intégralement). De plus, si vous avez des problèmes physiques qui pourraient rendre ces processus difficiles à suivre ou aggraver votre état de santé, veuillez nous le faire savoir sur ce formulaire (par exemple le diabète, une blessure à la colonne vertébrale, etc.). Si tel est le cas, nous nous attendons à ce que vous travailliez avec votre médecin avant et après la formation pour vous assurer que votre état ne s'aggrave pas.

Liste personnelle de problèmes

Évaluez chaque problème sur une échelle de 0 à 10.

- **0** signifie que le problème ne comporte aucune douleur et a une intensité nulle.
- **10** signifie que c'est la douleur ou l'intensité maximale que vous puissiez imaginer.

<u>Questionnaire de base</u>

(Veuillez remplir le recto et le verso puis nous le remettre.)

NOM :

_____

1. **Techniques utilisées :**
   (pour chaque technique, veuillez indiquer un des éléments suivants : pas de formation ; formé, mais n'utilise pas ; usage occasionnel ; usage intensif ; tout autre commentaire)

   Reiki, Qigong, etc.

   _____

   Méditation personnelle

   _____

   Acupuncture, acupression

   _____

   Techniques chamaniques

   _____

   EFT, TFT, etc.

   _____

   EMDR

   _____

   TAT

   _____

   Autres techniques

   _____

   Commentaires :

2. Quelles raisons professionnelles avez-vous d'être ici ?

3. Quelles raisons personnelles avez-vous d'être ici ?

4. Qu'est-ce que vous espérez pour vous-même (au niveau personnel ou professionnel) en étant ici ?

5. Quelles sont vos craintes à l'idée d'être ici ?

Clause de non-responsabilité

(exemplaire à remettre)

Objet : Le matériel que vous allez apprendre est à la pointe de la technologie et est encore très expérimental. Les effets à long terme, s'ils existent, n'ont fait l'objet d'aucune étude ou recherche. Par conséquent, nous ne pouvons garantir que vous ou les personnes avec lesquelles vous travaillerez ne subirez pas d'effets indésirables que nous n'ayons pas prévus. Si vous n'êtes pas prêt à assumer l'entière responsabilité de ce qui se passe en utilisant notre matériel, nous exigeons que vous ne commenciez pas la formation ou la séance privée, et un remboursement complet sera effectué à l'exclusion d'un éventuel acompte. Ceci est tout à fait logique étant donné la nature de notre matériel, mais nous voulons que ce soit parfaitement explicite dès le départ.

Je soussigné (nom en lettres majuscules),
_____

habitant (adresse)
_____

_____

approuve les suivantes :

- J'assume l'entière responsabilité de mon propre bien-être émotionnel et/ou physique pendant et après cette formation ou cette séance privée.

- En tant que thérapeute, j'accepte d'enseigner aux personnes que j'aide avec les techniques de l'Institut à prendre l'entière responsabilité de leur bien-être émotionnel et/ou physique.

- J'accepte de dégager de toute responsabilité l'**Institute for the Study of Peak States**, toute personne associée à l'Institut maintenant, dans le passé ou à l'avenir, et toute autre personne impliquée dans ces techniques de l'Institut, de toute réclamation faite par quiconque que je cherche à aider avec ces techniques, y compris moi-même.

- En tant que non-initié, j'utiliserai les techniques sous la supervision d'un thérapeute ou d'un médecin qualifié, selon ce qui est légalement approprié.

- En tant que thérapeute, je n'utiliserai les techniques que si j'ai déjà une expérience adéquate en psychotraumatologie.

- Je n'utiliserai pas ces techniques pour tenter de résoudre un problème où le bon sens me dirait que ce n'est pas approprié.

- Je comprends que plusieurs des processus et techniques de cette formation sont protégés par un modèle déposé ou un brevet. Je ne les utiliserai avec mes clients qu'après avoir été certifié par l'Institut et avoir signé un contrat de licence avec l'Institut.

Signé :   Date :
_____   _____

Témoin :
_____

Clause de non-responsabilité

(copie de l'étudiant)

Objet : Le matériel que vous allez apprendre est à la pointe de la technologie et est encore très expérimental. Les effets à long terme, s'ils existent, n'ont fait l'objet d'aucune étude ou recherche. Par conséquent, nous ne pouvons garantir que vous ou les personnes avec lesquelles vous travaillerez ne subirez pas d'effets indésirables que nous n'ayons pas prévus. Si vous n'êtes pas prêt à assumer l'entière responsabilité de ce qui se passe en utilisant notre matériel, nous exigeons que vous ne commenciez pas la formation ou la séance privée, et un remboursement complet sera effectué à l'exclusion d'un éventuel acompte. Ceci est tout à fait logique étant donné la nature de notre matériel, mais nous voulons que ce soit parfaitement explicite dès le départ.

Je soussigné (nom en lettres majuscules),

_____

habitant (adresse)

_____

_____

approuve les suivantes :

- J'assume l'entière responsabilité de mon propre bien-être émotionnel et/ou physique pendant et après cette formation ou cette séance privée.

- En tant que thérapeute, j'accepte d'enseigner aux personnes que j'aide avec les techniques de l'Institut à prendre l'entière responsabilité de leur bien-être émotionnel et/ou physique.

- J'accepte de dégager de toute responsabilité l'**Institute for the Study of Peak States**, toute personne associée à l'Institut maintenant, dans le passé ou à l'avenir, et toute autre personne impliquée dans ces techniques de l'Institut de toute réclamation faite par quiconque que je cherche à aider avec ces techniques y compris moi-même.

- En tant que non-initié, j'utiliserai les techniques sous la supervision d'un thérapeute ou d'un médecin qualifié, selon ce qui est légalement approprié.

- En tant que thérapeute, je n'utiliserai les techniques que si j'ai déjà une expérience adéquate en psychotraumatologie.

- Je n'utiliserai pas ces techniques pour tenter de résoudre un problème où le bon sens me dirait que ce n'est pas approprié.

- Je comprends que plusieurs des processus et techniques de cette formation sont protégés par un modèle déposé ou un brevet. Je ne les utiliserai avec mes clients qu'après avoir été certifié par l'Institut et avoir signé un contrat de licence avec l'Institut.

Signé :   Date :

_____

Témoin :

_____

Droits d'enregistrement et de diffusion audiovisuels

Formation en Whole-Hearted Healing

Objet : Nous prévoyons d'effectuer un enregistrement audio et vidéo de la formation en Whole-Hearted Healing à laquelle vous participez. Nous espérons en faire des vidéos de démonstration et du matériel de formation. En signant ce document, vous nous donnez la permission d'utiliser les séquences vidéo et audio qui peuvent inclure votre participation. S'il y a une partie particulière de la formation que vous ne voulez pas que d'autres personnes voient ou entendent, vous devez nous le faire savoir le jour où celle-ci est enregistrée, sinon votre permission est implicite. Veuillez le noter au bas de ce formulaire. Merci !

Je soussigné _____

habitant (adresse) _____

_____

me dégage de tous les droits sur le matériel vidéo ou audio enregistré dans le cadre de cette formation en Whole-Hearted Healing™.

Signé : _____   Date : _____

Témoin : _____

Whole-Hearted Healing

Évaluation de la formation

Aidez-nous à améliorer cette formation et ces techniques en nous faisant part de vos commentaires sur ce formulaire. Veuillez indiquer à quel instructeur vous faites référence lorsque vous faites un commentaire. Le cas échéant, donnez des exemples.

Veuillez évaluer les éléments suivants en entourant la réponse appropriée.

	Besoin d'amé- lioration	Pourrait être amé- lioré	OK	Très bon	Super !
1. Date et heure	1	2	3	4	5
2. Emplacement et locaux	1	2	3	4	5
3. Coût	1	2	3	4	5
4. Durée de la formation	1	2	3	4	5
5. Pauses	1	2	3	4	5
6. Clarté des présentations et des exemples	1	2	3	4	5
7. Rythme	1	2	3	4	5
8. Style d'enseignement	1	2	3	4	5
9. Réponses aux questions	1	2	3	4	5
10. Couverture des sujets	1	2	3	4	5
11. Débit et enchaînements	1	2	3	4	5
12. Manuel	1	2	3	4	5
13. Note globale	1	2	3	4	5

1. Comment avez-vous entendu parler de cette formation ?

2. Quels ont été les aspects positifs pour vous ?

3. Qu'est-ce que vous changeriez dans la formation ?

4. Y a-t-il des sujets qui devraient être abordés de façon plus approfondie ? Lesquels ?

5. Quels avantages ou quels impacts la formation a-t-elle eu pour vous ?

6. Recommanderiez-vous cette formation à vos collègues ?

7. Veuillez noter toute critique ou toute suggestion pour améliorer la formation, ou tout autre commentaire.

ANNEXE K - QUESTIONNAIRE D'ÉVALUATION DE L'ÉTAT DE CONSCIENCE

Nom :   **Date :**

_____

Motif du questionnaire :

_____

1. Fermez les yeux. Faites-vous une idée de l'endroit où « vous » êtes à l'intérieur de votre corps, de l'endroit où se trouve votre « Centre de Conscience ». Il peut être utile de pointer votre doigt vers vous-même en commençant par le front et en descendant le long de votre corps. Arrêtez-vous quand vous arrivez au point où vous avez l'impression que c'est là que « vous » êtes. Il se peut qu'à un moment ou à un autre, « vous » soyez dispersé dans une zone diffuse de votre corps. Indiquez sur la figure à droite l'emplacement de votre Centre de Conscience.

2. Votre « Centre de Conscience » s'étend-il dans l'espace qui vous entoure ?   OUI   NON

3. Fermez les yeux et couvrez-les de vos mains. Notez le niveau de luminosité (le niveau uniforme de luminosité sous-jacent et non les zones de taches ou de couleurs). Encerclez le chiffre qui correspond le mieux.

1	**2**	**3**	**4**
Totalement noir*			Comme la lumière du soleil

* Si totalement noir, est-ce un noir fluorescent, comme si votre tête était éclairée par une lumière fluorescente ?   OUI   NON

4. Fermez les yeux. Ne pensez à rien du tout pendant 1 à 2 minutes. Remarquez à quel point le bavardage mental est présent. Encerclez le chiffre qui correspond le mieux.

1	**2**	**3**	**4**
Bavardage constant*			Silence total

* Ce serait comme si vous étiez assis dans un bar et que vous entendiez tout ce qui se dit en arrière-plan, ou peut-être comme le bourdonnement constant d'un climatiseur.   OUI   NON

5. Choisissez 4 incidents de votre passé très douloureux sur le plan émotionnel. Notez une phrase clé pour identifier chaque incident. Fermez les yeux et, pour chaque incident, ressentez la douleur émotionnelle que vous ressentez en ce moment même lorsque vous y pensez. Évaluez l'intensité de la douleur émotionnelle sur une échelle de 0 (aucune douleur, vous vous sentez paisible, calme et léger) à 10 (la douleur la plus extrême que vous puissiez imaginer).

#1 _____   0 1 2 3 4 5 6   7 8   9 10

#2 _____   0 1 2 3 4 5 6   7 8   9 10

#3 _____   0 1 2 3 4 5 6   7 8   9 10

#4	0 1 2 3 4 5 6 7 8 9 10

6. De combien d'heures de sommeil avez-vous besoin pour vous sentir reposé ? _____ horaires

7. **Question : Pourquoi êtes-vous en vie ?**   **Réponse : Simplement pour vivre, sans autre raison.**

Évaluez dans quelle mesure vous êtes d'accord ou non avec la réponse à la question ci-dessus.

1	2	3	4
Totalement en désaccord	Quelque peu en désaccord	Quelque peu d'accord	Totalement d'accord

8. **Question : Pourquoi êtes-vous en vie ?**   **Réponse : Simplement pour aimer, sans autre raison**

Évaluez dans quelle mesure vous êtes d'accord ou non avec la réponse à la question ci-dessus.

1	2	3	4
Totalement en désaccord	Quelque peu en désaccord	Quelque peu d'accord	Totalement d'accord

9. Imaginez que tous vos amis et votre famille sont morts. Vous êtes dans un pays étranger dont vous ne parlez pas la langue. Il n'y a personne que vous puissiez appeler à l'aide. Essayez vraiment de vous mettre dans cette situation un instant et de ressentir comment ce serait. Répondez maintenant aux questions ci-dessous en encerclant le chiffre le plus approprié sur l'échelle de droite.

a. Vous sentiriez-vous seul ?

1	2	3	4
Très seul			Pas du tout seul

a. Vous sentiriez-vous en sécurité ?

1	2	3	4
Pas du tout en sécurité			Tout à fait en sécurité

a. Vous sentiriez-vous anxieux ?

1	2	3	4
Très anxieux			Pas du tout anxieux

10. Prêtez attention à l'intérieur de votre corps. Bougez les bras et les jambes, respirez. Remarquez si vous ressentez des sensations lorsque vos os et vos muscles bougent ou si vous ne ressentez que de l'air à l'intérieur, comme si vous étiez vide/creux.

Évaluez votre sensation de vide/creux. REMARQUE : Il se peut que vous n'ayez que certaines parties qui semblent creuses ; si tel est le cas, faites-en la liste ci-dessous.	**1** **Pas du tout creux**	**2** **Quelques parties creuses***	**3** **Totalement creux**

- Faites la liste des parties qui sont creuses :

_____

11. Prêtez attention à votre peau. Avez-vous l'impression que votre corps s'arrête à la peau ou que vous n'avez aucune limite cutanée (comme si l'air soufflait directement à travers votre corps) ?

Évaluez votre perception de votre limite cutanée. REMARQUE : Vous ne sentirez peut-être qu'une limite cutanée partielle, si tel est le cas, décrivez-la ci-dessous.	**1** **Limite cutanée complète**	**2** **Limite cutanée partielle ***	**3** **Pas de limite cutanée**

* Faites la liste des parties qui ne présentent pas de limite cutanée :
- _____

Glossaire

Nous avons essayé d'utiliser une terminologie psychologique, chamanique ou spirituelle « standard » chaque fois que nous le pouvions.

Âme [*soul*] : Morceau d'âme ou vol d'âme ou perte d'âme. Bien décrit dans *Recouvrer son âme* de Sandra Ingerman. Impliqué dans le mécanisme sous-jacent de la schizophrénie.

Apex, phénomène ou effet [*Apex phenomenon*] : Découvert par le Dr. Roger Callahan, ceci fait référence au phénomène commun qu'une fois qu'un problème a été éliminé par une thérapie, le client essaie d'expliquer le changement par quelque chose qu'il connaît, tel que la distraction, même si l'explication ne colle pas. La définition a été élargie pour inclure le phénomène de l'oubli par le client (au point de l'incrédulité) que la problématique guérie lui ait un jour posé problème.

BSFF - Be Set Free Fast : Technique inventée par Larry Nims, un dérivé de la TFT n'utilisant que trois points méridiens. Également importante pour la technique appelée Instant BSFF où le processus est déclenché en utilisant un mot clé.

CdC - Centre de Conscience [*CoA - Center of Awareness*] : À l'aide d'un doigt, vous pouvez trouver votre Centre de Conscience en pointant du doigt l'endroit où vous êtes dans votre corps. Cela peut être à un endroit précis ou diffus, ou à plusieurs endroits en simultanés, ou à la fois à l'intérieur et à l'extérieur du corps.

Cerveau de la couronne [*crown brain*] : Les lobes préfrontaux dans le cerveau. Expérientiellement, donne l'impression d'avoir une énorme statue massive de Bouddha située au-dessus de la tête. Normalement fusionné avec le cerveau du mental.

Cerveau du cœur [*heart brain*] : Le système limbique, ou cerveau mammalien. Il pense en séquences d'émotions et s'expérimente au centre de la poitrine.

Cerveau du corps [*body brain*] : Le cerveau reptilien, à la base du crâne. Il pense en sensations corporelles gestaltiques. Il s'expérimente dans la partie inférieure du ventre. On l'appelle le *hara* en japonais. Déplace la conscience hors du corps. C'est le cerveau avec lequel nous communiquons lorsque nous faisons de la radiesthésie ou des tests musculaires.

Cerveau du mental [*mind brain*] : Le néocortex, ou cerveau primate. Il pense en pensées et s'expérimente dans la tête.

Cerveau triunique [*triune brain*] : Le cerveau est construit à partir de trois cerveaux biologiques distincts, formés au cours de l'évolution. Ce sont le Complexe R (le corps), le système limbique (le cœur) et le néocortex (le mental). Chacun est conscient de lui-même, est construit pour différentes fonctions et pense respectivement par des sensations, des sentiments ou des pensées.

Cerveaux organite [*cellular brain*] : Les organites conscients d'eux-mêmes dans le spermatozoïde, l'ovocyte ou le zygote et qui se développent plus tard dans le cerveau multicellulaire du fœtus. Équivaut à dire « cerveaux organite » ou « cerveaux cellulaire » ou « cerveaux subcellulaire ».

Chakras : Centres d'énergie associés à différentes zones du corps. Ressemblent à une boule blanche ou colorée ou à un gouvernail circulaire de bateau.

Copie [*copy*] : Expérience de reproduire les sentiments douloureux de quelqu'un d'autre ou des sensations dans votre propre corps. Une autre façon de décrire le vol d'âme chamanique.

Coquille [*shell*] : Une couche juste au niveau de la peau, faite d'éléments en lien avec ce qui compose notre esprit, et qui nous donne la sensation d'avoir une peau et garde notre conscience confinée dans notre corps. Peut être ressentie comme brûlante ou douloureuse au niveau de la peau.

CPL - Calme, Paix et Légèreté [*CPL - Calm, Peaceful and Light*] : Le point final de la guérison d'un traumatisme, atteint lorsque le client entre dans un état de conscience extraordinaire, habituellement de façon temporaire.

DPR - Distant Personality Release : Une technique pour enlever le matériel de la coquille à la limite de la peau, sur d'autres personnes ou sur soi-même.

EFT - Emotional Freedom Technique : Une thérapie qui utilise le tapotement sur les points méridiens pour éliminer l'inconfort émotionnel et physique. Classée comme thérapie energétique, dans la sous-catégorie de thérapie « énergétique » ou « méridienne ».

Esprit [*spirit*] : Voir « Soi ».

Faux Soi [*false self*] : Le soi, l'expérience de la coquille comme expérience dominante. On pourrait aussi l'appeler la personnalité. Dans l'exploration intérieure profonde, peut être vécue par l'individu comme une limitation ou une frontière douloureuse au niveau de la peau.

État de conscience extraordinaire [*peak state*] : Un des 15 états de conscience majeurs qui donne des expériences et des capacités qui ne sont pas accessibles dans la conscience ordinaire. Ressenti comme une amélioration considérable par rapport à l'état ordinaire. Peuvent exister à différents degrés et peuvent être combinés. Il existe également un certain nombre de sous-états.

Focusing : Inventée par le Dr. Eugene Gendlin, technique qui consiste à prendre conscience du cerveau du corps qui communique (le « ressenti corporel ») afin de libérer le matériel traumatique bloqué.

Fusion (d'individus) [*merging*] : Deux personnes ou plus partageant leur conscience et des souvenirs. On a l'impression que la personne qui fusionne s'agrandit pour inclure l'autre personne. Peut être dange-reuse, car il peut se produire un « vol d'âme ».

Fusion (de cerveaux) [*fusion*] : L'état d'union le plus élevé entre deux consciences cérébrales ou plus. Lorsqu'elles sont fusionnées, elles ne forment plus qu'un seul organisme sans qu'il ne subsiste d'identité distincte. Lorsque tous les cerveaux fusionnent, leur conscience « ressemble » à une boule dorée juste en dessous du nombril. Plus petit, plus dense et plus puissant que les cerveaux qui se rejoignent.

Guérison régénérative [*regenerative healing*] : Un type particulier de guérison physique qui se produit en quelques minutes seulement. L'étendue de la guérison comprend les blessures qui ne peuvent norma-lement pas guérir, comme les cicatrices, les sectionnements de la colonne vertébrale, etc. Nous l'appelions autrefois Radical Physical Healing (RPH).

Hors du corps, expérience [*OBE (Out-of-Body Experience)*] : Voir sans les yeux, du dehors du corps physique.

Identité de soi [*self-identity*] : Chacun des cerveaux biologiques prétend être quelqu'un ou quelque chose d'autre.

Inconscient [*unconscious*] : La conscience (et les actions) des cerveaux individuels lorsque le soi n'est pas fusionné avec eux. Se réfère également aux motivations du soi qui sont dues aux traumatismes de la coquille.

Instruction de Gaïa [*Gaïa instruction*] : Toutes les étapes du développement sont dirigées par Gaïa et tiennent compte des circonstances actuelles. Les instructions pour les étapes peuvent être traduites dans la langue parlée. Également appelée « commande de Gaïa ».

Inversion psychologique [*psychological reversal*] : L'individu a un engagement opposé à la guérison ou à la performance maximale au niveau de la conscience du corps. Dans les thérapies énergétiques, la guérison est bloquée à moins que l'inversion ne soit traitée. Dans le cas du WHH, elle fait que le client ne veut pas guérir, mais elle ne bloque pas directement la guérison.

Kinésiologie appliquée [*applied kinesiology*] : Développée pour la chiropratique, utilise la force musculaire changeante pour tester divers problèmes et sensibilités aux toxines. Les praticiens supposent à tort que le corps n'est pas conscient de lui-même et n'a pas ses propres motivations. Même principe que le test musculaire ou la radiesthésie.

Kundalini : Caractérisée par la sensation d'une petite zone de chaleur (environ 2,5 centimètres de diamètre), qui se déplace lentement le long de la colonne vertébrale. Cela peut durer des mois, et dans certains cas, des années. La kundalini stimule des traumatismes et d'autres expériences « spirituelles » inhabituelles, créant de graves problèmes pour la plupart des gens.

Mémoires cellulaires [*cellular memories*] : Souvenirs du spermatozoïde, de l'ovocyte et du zygote. Il s'agit notamment de sensations, d'émotions et de pensées. Également appliqué dans la littérature aux seuls souvenirs de la conscience du corps.

Méridiens [*meridians*] : Canaux d'énergie qui traversent le corps. Utilisés dans des thérapies telles que l'acupuncture et l'EFT.

Paix Intérieure, état de [*Inner Peace state*] : Un état de conscience où le passé émotionnel d'une personne n'est plus traumatisant. Un état subsidiaire de celui de la Beauté Fondamentale.

Pêche [*trolling*] : Se réfère à la recherche d'un traumatisme dans le passé sans d'abord trouver un symptôme dans le présent.

Personnalité [*personality*] : L'effet d'une couche non physique sur la peau qui donne la sensation d'avoir une limite cutanée. Rends les événements et les traumatismes « personnels ». Peut être ressentie par d'autres personnes à l'aide de cordes.

Radiesthésie [*dowsing*] : Utilisation d'un pendule ou d'un bâton pour communiquer avec la conscience du corps. Même mécanisme que pour les tests musculaires ou la kinésiologie appliquée.

Respiration, travail sur la [*breathwork*] : Utilisation de l'hyperventilation pendant de longues périodes de temps pour faciliter la guérison. Il en existe différents types.

Ressenti corporel [*felt sense*] : Nommé par le Dr Gendlin, fait référence à une conscience consciente de la façon dont le cerveau du corps pense et communique.

Sans respiration, technique de [*no breath technique*] : Retenir la respiration ou boucher le nez. Active les traumatismes réprimés autour du manque d'oxygène, en particulier au moment de la naissance.

Soi [*self*] : La partie de nous-mêmes qui se vit comme « Je suis ». Elle est éternelle. La partie de nous qui est dans toutes nos vies antérieures. Aussi appelée esprit ou conscience consciente.

SSPT (Syndrome de Stress Post-Traumatique) [*PTSD (Post Traumatic Stress Disorder)*] : Catégorie du manuel de diagnostic des problèmes psychologiques, initiée par le Dr Figley. Écrite à propos des traumatismes majeurs manifestes, mais les symptômes se manifestent dans une moindre mesure lors d'événements traumatiques mineurs apparemment insignifiants.

Structures du cerveau de la couronne [*crown brain structure*] : Elles ressemblent à des câbles ou des conteneurs à l'intérieur du corps. Elles peuvent apparaître à certains clients sous la forme d'un implant extraterrestre comme vu dans les films. Créées par le cerveau de la couronne à la suite d'un traumatisme. Elles causent souvent des douleurs physiques.

TAT (Tapas Acupressure Technique) : Inventée par Tapas Fleming initialement pour guérir les allergies, elle agit également sur les traumatismes et d'autres problèmes. Recommandée pour les traumatismes générationnels.

Test musculaire [*muscle testing*] : Communication avec la conscience du corps en utilisant la force musculaire comme indicateur. Même mécanisme que la kinésiologie appliquée, et les termes sont parfois utilisés de façon interchangeable.

Tétanie [*tetany*] : Durant un travail sur la respiration, la tétanie est l'expérience d'une paralysie partielle ou totale du corps et/ou d'une sensation de picotement. Elle est due à un traumatisme et n'est pas un problème médical.

TFT (Thought Field Therapy) : La première thérapie méridienne. A également mis en évidence le phénomène de « l'inversion psychologique » et a proposé un remède.

Thérapie énergétique [*power therapy*] : Terminologie appliquée à des thérapies extrêmement efficaces qui éliminent les symptômes du syndrome de stress post-traumatique et d'autres problèmes.

TIR (Traumatic Incident Reduction) : Une thérapie énergétique qui utilise la régression.

Traumatisme [*trauma*] : Un moment dans le temps (ou une série de moments) où sont stockées les sensations, les émotions et les pensées. Créent des difficultés pour les humains, car ils guident les comportements de façon inappropriée. Expériences généralement douloureuses ou difficiles. Les traumatismes créent un trouble de stress post-traumatique.

Traumatisme générationnel [*generational trauma*] : Problème ou croyance transmis par la lignée familiale. Peut être guéri.

Traumatisme précellulaire [*precellular trauma*] : Traumatisme du système biologique qui est le prototype de l'ovocyte ou du spermatozoïde, avant que l'ovocyte ou le spermatozoïde ne se soit formé en une cellule.

Trou [*hole*] : « Ressemble » à un trou noir dans le corps, se ressent comme un vide infiniment profond et déficient. Rencontré au cours de certaines thérapies. Ils sont causés par des dommages physiques au corps.

Union (de cerveaux) [*merging of brains*] : Les consciences des cerveaux biologiques peuvent s'assembler en diverses combinaisons. La fusion est une expérience plus extrême de l'union.

Urgence spirituelle [*spiritual emergency*] : Une expérience habituellement classée comme se rapportant à des traditions spirituelles ou mystiques, vécue comme traumatique ou accablante au point de devenir une crise.

USD - Unité Subjective de Détresse [*SUDs - Subjective Units of Distress Scale*] : Utilisée pour évaluer le degré de douleur des traumatismes. Initialement une échelle de 1 à 10, elle va maintenant couramment de 0 (aucune douleur) à 10 (le maximum de douleur qu'il est possible d'avoir).

Vies antérieures [*past lives*] : Rencontrée dans certaines thérapies, l'expérience d'avoir vécu dans le passé ou l'avenir avec un corps et une personnalité différente.

WHH (Whole-Hearted Healing) : Une technique de régression. Utilise l'expérience hors du corps pour guérir les traumatismes.

Index

www.ingramcontent.com/pod-product-compliance
Lightning Source LLC
Chambersburg PA
CBHW080043280326
41935CB00014B/1769